Gesetz

betreffend die

Schlachtvieh- und Fleischbeschau

vom 3. Juni 1900

nebst

Ausführungsbestimmungen.

Herausgegeben und erläutert

von

Dr. K. von Buchka,

Geh. Regierungsrat und vortragender Rat im Reichsschatzamt.

(Zugleich Ergänzung zu

Die Nahrungsmittelgesetzgebung

von Dr. K. von Buchka.)

Berlin.

Verlag von Julius Springer.

1902.

ISBN 978-3-642-50364-1 ISBN 978-3-642-50673-4 (eBook)
DOI 10.1007/978-3-642-50673-4

Softcover reprint of the hardcover 1st edition 1902

Vorwort.

Als Ergänzung zu der im Jahre 1901 im gleichen Verlage erschienenen

„Nahrungsmittelgesetzgebung im Deutschen Reiche“

übergebe ich im Nachstehenden das Reichsgesetz, betreffend die Schlachtvieh- und Fleischbeschau vom 3. Juni 1900, nebst den dazu ergangenen Kaiserlichen Verordnungen und Bekanntmachungen des Bundesrathes, sowie den vom Bundesrath beschlossenen Ausführungsbestimmungen der Oeffentlichkeit. Das Reichsgesetz vom 3. Juni 1900 sowie die Kaiserliche Verordnung vom 30. Juni 1900 über die theilweise Inkraftsetzung des Gesetzes hatten in der „Nahrungsmittelgesetzgebung“ u. s. w. noch Aufnahme finden können (a. a. O. S. 7 und 16). Die übrigen Kaiserlichen Verordnungen und Bekanntmachungen des Bundesrathes einschliesslich der Ausführungsbestimmungen sind seither erst veröffentlicht worden. Nachdem nun durch die Kaiserlichen Verordnungen vom 30. Juni 1900 und vom 16. Februar 1902 das Inkrafttreten einzelner Bestimmungen des Gesetzes vom 1. Oktober 1900 und vom 1. Oktober 1902 ab festgesetzt worden war und durch die Kaiserliche Verordnung vom 7. Juli 1902, betreffend die weitere Inkraftsetzung des Gesetzes bestimmt worden ist, dass das Gesetz, soweit nicht für einzelne Vorschriften ein früherer Zeitpunkt bestimmt ist, am 1. April 1903 in Kraft tritt, erschien es im Hinblick auf die grosse Bedeutung des Schlachtvieh- und Fleischbeschaugesetzes zweckmässig, das Gesetz nebst allen dazu für das deutsche Reich ergangenen, jetzt vollständig vorliegenden Ausführungsbestimmungen zusammen zu stellen und durch Beifügung erläuternder Bemerkungen das Verständniss der einzelnen darin enthaltenen Vorschriften zu erleichtern. Dabei wurde derselbe Zweck verfolgt, den ich in der Einleitung zur „Nahrungsmittelgesetzgebung“ bereits hervorgehoben habe: in erster Linie den Nahrungsmittelchemikern das Eindringen in die schwierige Materie, deren Kenntniss von ihnen verlangt werden muss, zu erleichtern. Daneben wird aber auch, wie ich hoffe, diese Bearbeitung den thierärztlichen Sachverständigen und den an der Ausführung des Gesetzes betheiligten Behörden, insonderheit auch den Zoll- und Steuerbehörden, auf deren Mitwirkung bei der Ueberwachung des in das Zollinland eingehenden Fleisches in erster Linie gerechnet wird, bei dem Studium des Gesetzes nicht unwillkommen sein.

Von einer Aufführung der in den einzelnen Bundesstaaten bereits vor dem Erlass des Reichsgesetzes ergangenen Bestimmungen bezüglich der Schlachtvieh- und Fleischbeschau, sowie der zu dem Reichsgesetz von den Bundesregierungen erlassenen Ausführungsbestimmungen habe ich geglaubt Abstand nehmen zu sollen. Es sei in Bezug hierauf insbesondere auf die technischen Erläuterungen zu dem Entwurf eines Gesetzes, betreffend die Schlachtvieh- und Fleischbeschau, Reichstags-Drucksachen, 10. Legislaturperiode, I. Session 1898/99, Nr. 138, S. 31 ff., sowie auf das für Preussen erlassene Gesetz, betreffend Ausführung des Schlachtvieh- und Fleischbeschaugesetzes vom 28. Juni 1902 (Deutscher Reichsanzeiger und Königl. Preuss. Staatsanzeiger, Nr. 162 vom 12. Juli 1902) verwiesen.

Möge dieses Werk mit derselben freundlichen Nachsicht aufgenommen werden, wie die „Nahrungsmittelgesetzgebung“.

Berlin, im Juli 1902.

K. v. Buchka.

Inhaltsverzeichniss.

Verzeichniss der Abkürzungen.

Ausführungsbestimmungen = Ausführungsbestimmungen zu dem Gesetz, betreffend die Schlachtvieh- und Fleischbeschau vom 3. Juni 1900, vom 30. Mai 1902.

Begründung = Begründung zu dem Entwurf eines Gesetzes, betreffend die Schlachtvieh- und Fleischbeschau. Reichstags-Drucksachen, 10. Legislaturperiode, I. Session 1898/99, Nr. 138.

Centralbl. f. d. Deutsche Reich = Centralblatt für das Deutsche Reich.

R.-G.-Bl. = Reichs-Gesetzblatt.

Nachdem unter dem 3. Juni 1900 das Gesetz, betreffend die Schlachtvieh- und Fleischbeschau ergangen war, wurden im Anschluss daran die nachfolgenden Verordnungen, Bekanntmachungen und Ausführungsbestimmungen erlassen:

Kaiserliche Verordnung über die theilweise Inkraftsetzung des Gesetzes, betreffend die Schlachtvieh- und Fleischbeschau, vom 30. Juni 1900;

Kaiserliche Verordnung, desgl., vom 16. Februar 1902;

Bekanntmachung, betreffend gesundheitsschädliche und täuschende Zusätze zu Fleisch und dessen Zubereitungen, vom 18. Februar 1902;

Bekanntmachung, betreffend die Ausführung des Schlachtvieh- und Fleischbeschaugesetzes, vom 30. Mai 1902;

Bekanntmachung, betreffend die Einlass- und Untersuchungsstellen für das in das Zollinland eingehende Fleisch, vom 30. Mai 1902;

Kaiserliche Verordnung über die weitere Inkraftsetzung des Gesetzes, betreffend die Schlachtvieh- und Fleischbeschau, vom 7. Juli 1902;

Bekanntmachung, betreffend das Gesetz über die Schlachtvieh- und Fleischbeschau, vom 10. Juli 1902,

sowie Ausführungsbestimmungen zu dem Gesetz, betreffend die Schlachtvieh- und Fleischbeschau, vom 30. Mai 1902.

1. Gesetz, betreffend die Schlachtvieh- und Fleischbeschau.

Vom 3. Juni 1900.

(R.-G.-Bl. S. 547.)

§ 1. Rindvieh, Schweine, Schafe, Ziegen, Pferde und Hunde, deren Fleisch zum Genusse für Menschen verwendet werden soll, unterliegen vor und nach der Schlachtung einer amtlichen Untersuchung. Durch Beschluss des Bundesraths kann die Untersuchungspflicht auf anderes Schlachtvieh ausgedehnt werden.

Bei Nothschlachtungen darf die Untersuchung vor der Schlachtung unterbleiben.

Der Fall der Nothschlachtung liegt dann vor, wenn zu befürchten steht, dass das Thier bis zur Ankunft des zuständigen Beschauers verenden oder das Fleisch durch Verschlimmerung des krankhaften Zustandes wesentlich an Werth verlieren werde oder wenn das Thier infolge eines Unglücksfalls sofort getödtet werden muss.

a) Der erste Paragraph des Gesetzes stellt die Bestimmung an die Spitze, dass die in ihm aufgeführten Thiergattungen, deren Fleisch zum Genusse für Menschen verwendet werden soll, sowohl vor der Schlachtung wie auch nach der Schlachtung einer amtlichen Untersuchung unterliegen. Dadurch ist die Handhabe geboten, die Bestimmungen dieses Gesetzes nicht nur auf die im Inlande geschlachteten Thiere, sondern auch auf das Fleisch der bereits im Auslande geschlachteten und dann zur Einfuhr gelangenden, in diesem Paragraphen namentlich aufgeführten Thiergattungen auszudehnen.

Besonders wird dies im § 13 zum Ausdruck gebracht, wo ausdrücklich bestimmt wird, dass das in das Zollinland eingehende Fleisch bei der Einfuhr einer amtlichen Untersuchung und zwar, um die Abfertigung zu erleichtern, unter Mitwirkung der Zollbehörden unterliegt.

b) Dem Bundesrath ist im § 1 die Befugniss eingeräumt, die Untersuchungspflicht auf anderes Schlachtvieh auszudehnen. Von dieser Befugniss ist in den Ausführungsbestimmungen A, § 1 Gebrauch gemacht, wo ausser den in dem vorliegenden § 1 bereits genannten Thiergattungen auch noch Esel, Maulthiere und Maulesel aufgeführt werden.

Diese letzteren Thiergattungen werden in den Ausführungsbestimmungen A, § 43, Ziffer 4, sowie D, § 26, Ziffer 2 und § 27, Ziffer I mit den Pferden als „andere Einhufer" zusammengefasst. Noch weitergehend verbieten die Ausführungsbestimmungen in D, § 5, Ziffer 2 die Einfuhr von zubereitetem Fleisch, welches von Pferden, Eseln, Maulthieren, Mauleseln oder anderen Thieren des Einhufergeschlechtes herrührt.

Eine fernere Erweiterung der Bestimmungen auf andere Thiergattungen bringen die Ausführungsbestimmungen D, § 4, Ziffer 1 und 2, wonach die Vorschriften der §§ 12 und 13 des Gesetzes sowie die gegenwärtigen Ausführungsbestimmungen auch auf Rennthiere und Wildschweine Anwendung finden, dergestalt, dass erstere dem Rindvieh, letztere den Schweinen gleichgestellt werden.

Nur bezüglich der Kennzeichnung des Fleisches werden Rennthiere und Wildschweine den Kälbern, nicht dem Rindvieh, gleichgestellt, siehe Ausführungsbestimmungen D, § 27, A, II.

Büffel unterliegen denselben Vorschriften wie Rindvieh (Ausführungsbestimmungen D, § 4, Ziffer 2). Dahingegen unterliegen anderes Wildpret einschliesslich warmblütiger Seethiere sowie Federvieh gemäss den Ausführungsbestimmungen D, § 4, Ziffer 1 weder den Einfuhrbeschränkungen in §§ 12, 13 des Gesetzes noch der amtlichen Untersuchung bei der Einfuhr (vergl. § 14 des Gesetzes).

Die gleiche Vergünstigung geniesst auch allgemein das zum Reiseverbrauch mitgeführte Fleisch, gleichviel, welcher Thiergattung es entstammt (§ 14 des Gesetzes und Ausführungsbestimmungen D, § 4, Ziffer 1).

Dahingegen finden die Vorschriften der §§ 12 und 13 des Gesetzes sowie die Ausführungsbestimmungen D auf das im kleinen Grenzverkehr sowie im Mess- und Marktverkehre des Grenzbezirkes eingehende Fleisch Anwendung, soweit die Landesregierungen nicht Ausnahmen zulassen (Ausführungsbestimmungen D, § 9).

c) Voraussetzung dafür, dass die vorstehend besonders bezeichneten Thiergattungen vor und nach der Schlachtung der amtlichen Untersuchung unterliegen, ist, dass deren Fleisch zum Genuss für Menschen verwendet werden soll. Sofern aber das in das Zollinland eingehende Fleisch nicht für den menschlichen Genuss bestimmt ist, aber dazu verwendet werden kann, darf es ohne vorherige Untersuchung zur Einfuhr zugelassen werden, wenn die Unbrauchbarmachung für den menschlichen Genuss im Wege der fabrikationsmässigen Behandlung durch geeignete Kontrolmassregeln oder mittelst Anlegung von tiefen Einschnitten und nachfolgender Behandlung mit Kalk, Theer oder rohen Steinkohlentheerölen (Karbolsäure, Kresol), bei Fetten auch mit Alkalilauge, Petroleum oder Rosmarinöl sichergestellt wird (Ausführungsbestimmungen D, § 29).

Wenn sich bei der Untersuchung vor der Schlachtung (Schlachtviehbeschau) ein Anlass ergiebt, die Schlachtung vorläufig zu verbieten (Ausführungsbestimmungen A, § 11, Ziffer 2), so kann der Besitzer auf die Verwendung des Schlachtthieres als Nahrungsmittel für Menschen verzichten. In diesem Falle hat die weitere Beschau zu unterbleiben (Ausführungsbestimmungen A, § 12).

Ferner kann das in das Zollinland eingehende, auf Grund der Untersuchung zurückgewiesene oder freiwillig zurückgezogene Fleisch, wenn es zu andern Zwecken als zum Genusse für Menschen Verwendung finden soll, unter den in den Ausführungsbestimmungen D, § 29 bezeichneten Voraussetzungen zur Einfuhr zugelassen werden (Ausführungsbestimmungen D, § 22). (Vgl. auch § 9 des Gesetzes.)

d) Die näheren Anordnungen bezüglich der vorgeschriebenen Anmeldung zur Schlachtvieh- und Fleischbeschau treffen die Landesregierungen (Ausführungsbestimmungen A, § 1).

Die Anmeldung zur Untersuchung vor dem Schlachten (Schlachtviehbeschau) darf bei Nothschlachtungen unterbleiben. Die Anmeldung zur Untersuchung nach dem Schlachten (Fleischbeschau) hat in allen Fällen der Nothschlachtung sofort nach dieser zu erfolgen, wenn das Fleisch der nothgeschlachteten Thiere zum Genusse für Menschen verwendet werden soll (Ausführungsbestimmungen A, § 2, Ziffer 1).

§ 2. Bei Schlachtthieren, deren Fleisch ausschliesslich im eigenen Haushalte des Besitzers verwendet werden soll, darf, sofern sie keine Merkmale einer die Genusstauglichkeit des Fleisches ausschliessenden Erkrankung zeigen, die Untersuchung vor der Schlachtung und, sofern sich solche Merkmale auch bei der Schlachtung nicht ergeben, auch die Untersuchung nach der Schlachtung unterbleiben.

Eine gewerbsmässige Verwendung von Fleisch, bei welchem auf Grund des Abs. 1 die Untersuchung unterbleibt, ist verboten.

Als eigener Haushalt im Sinne des Abs. 1 ist der Haushalt der Kasernen, Krankenhäuser, Erziehungsanstalten, Speiseanstalten, Gefangenanstalten, Armenhäuser und ähnlicher Anstalten sowie der Haushalt der Schlächter, Fleischhändler, Gast-, Schank- und Speisewirthe nicht anzusehen.

Dieser Paragraph bringt eine weitere Ausnahme von der Verpflichtung, Schlachtthiere vor und nach der Schlachtung der amtlichen Untersuchung zu unterwerfen. Durch diese Ausnahmebestimmung werden jedoch landesrechtliche Vorschriften über die Anmeldepflicht bei Hausschlachtungen nicht berührt (Ausführungsbestimmungen A, § 2, Ziffer 2; vgl. auch § 24, Nr. 1 des Gesetzes). Die Anmeldung zur Untersuchung nach dem Schlachten muss jedoch dann erfolgen, wenn sich bei der Schlachtung Merkmale einer die Genusstauglichkeit des Fleisches ausschliessenden Erkrankung (Ausführungsbestimmungen A, § 33 und 34) zeigen (Ausführungsbestimmungen A, § 2, Ziffer 2 und Abs. 2).

§ 3. Die Landesregierungen sind befugt, für Gegenden und Zeiten, in denen eine übertragbare Thierkrankheit herrscht, die Untersuchung aller der Seuche ausgesetzten Schlachtthiere anzuordnen.

§ 4. Fleisch im Sinne dieses Gesetzes sind Theile von warmblütigen Thieren, frisch oder zubereitet, sofern sie sich zum Genusse für Menschen eignen. Als Theile gelten auch die aus warmblütigen Thieren hergestellten Fette und Würste, andere Erzeugnisse nur insoweit, als der Bundesrath dies anordnet.

Die in diesem Paragraph gegebene Begriffserläuterung für „Fleisch" findet eine weitere Ergänzung in den Ausführungsbestimmungen D, § 1. Dort sind alle diejenigen Theile von warmblütigen Thieren aufgeführt, welche insbesondere als Fleisch anzusehen sind. Es ist also nicht ausgeschlossen, dass auch etwaige andere Theile von warmblütigen Thieren, sofern sie sich zum Genusse für Menschen eignen, als Fleisch im Sinne des Gesetzes zu gelten haben.

Insbesondere ist hervorzuheben, dass auch Fette, unverarbeitet oder zubereitet. z. B. auch Schmalz, Oleomargarin und solche Stoffe enthaltende Fettgemische, jedoch nicht Butter und geschmolzene Butter (Butterschmalz), als Fleisch im Sinne des Gesetzes anzusehen sind und den Bestimmungen des letzteren unterliegen. Das Gleiche gilt auch von Würsten und ähnlichen Gemengen von zerkleinertem Fleisch.

Dahingegen sollen andere Erzeugnisse aus Fleisch, insbesondere Fleischextrakte, Fleischpeptone, thierische Gelatine, Suppentafeln bis auf Weiteres nicht als Fleisch gelten. Auf sie finden daher die Bestimmungen des Gesetzes bis auf Weiteres keine Anwendung.

§ 5. Zur Vornahme der Untersuchungen sind Beschaubezirke zu bilden; für jeden derselben ist mindestens ein Beschauer sowie ein Stellvertreter zu bestellen.

Die Bildung der Beschaubezirke und die Bestellung der Beschauer erfolgt durch die Landesbehörden. Für die in den Armeekonservenfabriken vorzunehmenden Untersuchungen können seitens der Militärverwaltung besondere Beschauer bestellt werden.

Zu Beschauern sind approbirte Thierärzte oder andere Personen, welche genügende Kenntnisse nachgewiesen haben, zu bestellen.

a) Die Bildung der Beschaubezirke erfolgt durch die Landesbehörden (vgl. Ausführungsbestimmungen A, § 3).

b) Zu Beschauern sind entweder approbirte Thierärzte oder solche Personen zu bestellen, die nach Massgabe der hierüber ergehenden besonderen Anweisung genügende Kenntnisse nachgewiesen haben.

Indessen bleiben gewisse Prüfungen ausschliesslich den approbirten Thierärzten vorbehalten (Ausführungsbestimmungen A, § 3, Ziffer 2, 3 und 4). So bestimmt § 18 des Gesetzes, dass bei Pferden die Untersuchung durch approbirte Thierärzte vorgenommen werden muss.

Desgleichen hat der die Approbation als Thierarzt nicht besitzende Beschauer die Vornahme der Schlachtvieh- und Fleischbeschau abzulehnen und die bei ihm eingehenden Anträge ohne Weiteres an den zum Beschauer bestellten Thierarzt zu verweisen bei Eseln, Maulthieren und Mauleseln, sowie wenn aus den Angaben des Antragstellers hervorgeht, dass das Schlachtthier mit einer Krankheit behaftet ist, deren Beurtheilung dem thierärztlichen Beschauer vorbehalten ist (Ausführungsbestimmungen A, §§ 5 und 11). Ist jedoch in solchen Fällen zu befürchten, dass sich der Zustand des Schlachtthiers bis zum Erscheinen des thierärztlichen Beschauers erheblich verschlechtern wird, so hat der Beschauer die Genehmigung zur sofortigen Schlachtung zu ertheilen und im Uebrigen dafür zu sorgen, dass die Ergebnisse der Schlachtviehbeschau bei der nachfolgenden Fleischbeschau geprüft werden. Ebenso dürfen die Beschauer, welche nicht im Besitze der Approbation als Thierarzt sind, die selbständige Beurtheilung des Fleisches nur in bestimmten Fällen und nur dann übernehmen, wenn vor der Untersuchung wichtige Theile nicht entfernt sind (Ausführungsbestimmungen A, § 30, 31 und 33).

Für die Untersuchung des in das Zollinland eingehenden Fleisches ist als Beschauer ein approbirter Thierarzt und als dessen Stellvertreter ein weiterer approbirter Thierarzt zu bestellen. Jedoch können zur Ausführung der Trichinenschau und zur Unterstützung bei der Finnenschau andere Personen, welche genügende Kenntnisse nachgewiesen haben, bestellt werden (Ausführungsbestimmungen D, § 11, 1).

Mit den vorstehend angegebenen Beschränkungen dürfen zur Ausübung der Fleischbeschau ausser approbirten Thierärzten nur solche Personen amtlich verwendet werden, welche durch das Bestehen der in den

„Prüfungsvorschriften für die Fleischbeschauer"

vorgeschriebenen Prüfung genügende Kenntnisse nachgewiesen haben (Ausführungsbestimmungen A, § 3, 2 und B).

Die Prüfungskommission für Fleischbeschauer ist von der Landesregierung zu bezeichnen.

In den Ausführungsbestimmungen C ist eine

„Gemeinfassliche Belehrung für Beschauer, welche nicht als Thierarzt approbirt sind"

gegeben.

Die Vorschriften über die Prüfung und Anstellung von Personen zur amtlichen Ausübung der Trichinenschau werden durch die

„Prüfungsvorschriften für die Fleischbeschauer"

nicht berührt (Ausführungsbestimmungen B, § 1, Abs. 2).

Zur Untersuchung des ausländischen Fleisches auf Trichinen und zur Unterstützung der thierärztlichen Sachverständigen bei der Finnenschau dürfen nur solche Personen amtlich verwendet werden, welche die durch die

„Prüfungsvorschriften für die Trichinenschauer"

vorgeschriebene Prüfung bestanden haben. Die Prüfung ist vor einer von der Landesregierung zu bestimmenden thierärztlichen Amtsstelle (Centralstelle, beamteter Thierarzt) abzulegen (Ausführungsbestimmungen D, § 11, 1 und E).

In den Ausführungsbestimmungen D, Anlage b ist eine

„Anweisung für die Untersuchung des Fleisches auf Trichinen und Finnen"

gegeben.

Ferner ist in den Ausführungsbestimmungen D, Anlage a eine

„Anweisung für die thierärztliche Untersuchung des in das Zollinland eingehenden Fleisches"

enthalten.

c) Die chemischen Untersuchungen des in das Zollinland eingehenden Fleisches sind von einem besonders hierzu verpflichteten Nahrungsmittelchemiker, und nur wenn ein solcher nicht zur Verfügung steht, von einem in der Chemie hinreichend erfahrenen anderen Sachverständigen vorzunehmen.

Die Vorprüfung der Fette (Ausführungsbestimmungen D, Anlage c, C) ist von dem Chemiker oder dem Fleischbeschauer vorzunehmen. Ausnahmsweise können hiermit andere Personen, welche genügende Kenntnisse nachgewiesen haben, betraut werden (Ausführungsbestimmungen D, § 11, Ziffer 3).

Die Ausführungsbestimmungen D enthalten in Anlage c eine

„Anweisung für die Probenentnahme zur chemischen Untersuchung von Fleisch einschliesslich Fett, sowie für die Vorprüfung zubereiteter Fette“,

sowie in Anlage d eine

„Anweisung für die chemische Untersuchung von Fleisch und Fetten“ (vgl. § 22 des Gesetzes).

§ 6. Ergiebt sich bei den Untersuchungen das Vorhandensein oder der Verdacht einer Krankheit, für welche die Anzeigepflicht besteht, so ist nach Massgabe der hierüber geltenden Vorschriften zu verfahren.

Nach den Ausführungsbestimmungen A, § 6, b ist durch die Untersuchung des lebenden Thieres festzustellen, ob es mit einer Seuche behaftet ist, die nach den seuchenpolizeilichen Bestimmungen der Anzeigepflicht unterliegt, oder ob es Erscheinungen zeigt, welche den Ausbruch einer solchen Seuche befürchten lassen. Liegt ein solcher Fall vor, so sind die Beschauer nach § 9 des Gesetzes vom $\frac{\text{23. Juni 1880}}{\text{1. Mai 1894}}$ (Reichs-Gesetzbl. 1894, S. 409) verpflichtet, sofort der Polizeibehörde Anzeige zu erstatten (Ausführungsbestimmungen A, §§ 14 und 32).

Ferner ist in den Ausführungsbestimmungen A, § 15 vorgeschrieben, in welchen Fällen von Seuchen die Schlachtung unter Beachtung der Vorschriften der Ausführungsbestimmungen A, § 11 zu gestatten ist. Hat jedoch eine Feststellung der Seuchen im Sinne der §§ 12 ff. des vorstehend angezogenen Gesetzes durch den beamteten Thierarzt stattzufinden, so ist anzuordnen, dass die vom Beschauer zu bezeichnenden, für die Feststellung der Seuche erforderlichen Theile zur Verfügung des beamteten Thierarztes unter sicherem Verschluss in einem geeigneten Raume aufbewahrt werden.

§ 7. Ergiebt die Untersuchung des lebenden Thieres keinen Grund zur Beanstandung der Schlachtung, so hat der Beschauer sie unter Anordnung der etwa zu beobachtenden besonderen Vorsichtsmassregeln zu genehmigen.

Die Schlachtung des zur Untersuchung gestellten Thieres darf nicht vor der Ertheilung der Genehmigung und nur unter Einhaltung der angeordneten besonderen Vorsichtsmassregeln stattfinden.

Erfolgt die Schlachtung nicht spätestens 2 Tage nach Ertheilung der Genehmigung, so ist sie nur nach erneuter Untersuchung und Genehmigung zulässig.

Zu § 7 vgl. Ausführungsbestimmungen A, III, §§ 6 bis 16. Wichtig ist, dass die Untersuchung des lebenden Thieres zu wiederholen ist, wenn die Schlachtung nicht spätestens zwei Tage nach Ertheilung der Genehmigung erfolgt. Dies erscheint angebracht,

„weil in dem Gesundheitszustande des Thieres inzwischen wichtige, die Versagung der Genehmigung oder die Anordnung besonderer

Vorsichtsmassregeln bedingende Veränderungen eingetreten sein können. Für die Berechnung der zweitägigen Frist hat der allgemeine, auch in § 199 der Civilprozessordnung und § 187 des bürgerlichen Gesetzbuches zum Ausdruck gebrachte Grundsatz zu gelten, dass bei Fristen, für deren Anfang ein Ereigniss oder ein in den Lauf eines Tages fallender Zeitpunkt massgebend ist, der Tag nicht mitzurechnen ist, in welchen das Ereigniss oder der Zeitpunkt fällt. Für die Schlachtung stehen also ausser dem Tage, an dem die Genehmigung ertheilt ist, noch die beiden nächst folgenden Kalendertage zur Verfügung. Erfolgt die Schlachtung innerhalb dieses Zeitraumes nicht, so ist eine neue Genehmigung erforderlich."

(Begründung zu dem Entwurf eines Gesetzes, betreffend die Schlachtvieh- und Fleischbeschau; Reichstags-Drucksachen, 10. Legislaturperiode, I. Session 1898/99, Nr. 138, S. 17.)

Die Begrenzung der Rechte des Beschauers, welcher nicht approbirter Thierarzt ist, bei der Schlachtviehbeschau siehe bei § 5 des Gesetzes.

§ 8. Ergiebt die Untersuchung nach der Schlachtung, dass kein Grund zur Beanstandung des Fleisches vorliegt, so hat der Beschauer es als tauglich zum Genusse für Menschen zu erklären.

Vor der Untersuchung dürfen Theile eines geschlachteten Thieres nicht beseitigt werden.

a) „Als tauglich ist dasjenige Fleisch zu betrachten, welches von normaler Beschaffenheit ist und in gesundheitlicher Beziehung zu Bedenken keinen Anlass giebt". (Begründung zu dem Entwurf eines Gesetzes, betreffend die Schlachtvieh- und Fleischbeschau, Reichstagsdrucksachen, 10. Legislatur-Periode, I. Session 1898/99, No. 138, S. 18).

In den Ausführungsbestimmungen A, § 40, Abs. 1 ist dann noch des Näheren angegeben, dass Fleisch, welches einen Anlass zur Beanstandung auf Grund der Bestimmungen in den §§ 33 bis 37 (der Ausführungsbestimmungen A) nicht giebt, als tauglich zum Genusse für Menschen zu erklären ist. In der Begründung a. a. O. ist ausserdem aber auch noch ausdrücklich darauf hingewiesen, dass nicht immer sämmtliche, von einem Schlachtthiere herrührende Fleischtheile sich als tauglich erweisen werden, dass vielmehr von den verschiedenen Theilen eines und desselben Thieres einige als tauglich, andere als untauglich, bedingt tauglich oder minderwerthig befunden werden können. Dementsprechend führen die Ausführungsbestimmungen A im § 35 diejenigen Fälle auf, in welchen als untauglich zum Genusse für Menschen nur die veränderten Fleischtheile anzusehen sind (vgl. § 9 des Gesetzes).

b) In den Ausführungsbestimmungen A, § 40 sind ferner die Fälle aufgeführt, in welchen unbeschadet der den landesrechtlichen Vorschriften im § 24 des Gesetzes vorbehaltenen Regelung des Vertriebs und der Verwendung solchen Fleisches das taugliche Fleisch als in seinem Nahrungs- und Genusswerth erheblich herabgesetzt zu erklären ist.

Die Begründung u. s. w. sagt in Bezug auf dieses Fleisch Folgendes (a. a. O. S. 18):

„Zur Gruppe des in seinem Nahrungs- oder Genusswerth erheblich herabgesetzten Fleisches endlich zählt solches Fleisch, welches zwar keine gesundheitlichen Gefahren bietet, jedoch einen so geringen Nahrungs- oder Genusswerth aufweist, dass es als Waare von der im Verkehr allgemein vorausgesetzten Beschaffenheit nicht gelten kann".

§ 9. Ergiebt die Untersuchung, dass das Fleisch zum Genusse für Menschen untauglich ist, so hat der Beschauer es vorläufig zu beschlagnahmen, den Besitzer hiervon zu benachrichtigen und der Polizeibehörde sofort Anzeige zu erstatten.

Fleisch, dessen Untauglichkeit sich bei der Untersuchung ergeben hat, darf als Nahrungs- oder Genussmittel für Menschen nicht in Verkehr gebracht werden.

Die Verwendung des Fleisches zu anderen Zwecken kann von der Polizeibehörde zugelassen werden, soweit gesundheitliche Bedenken nicht entgegenstehen. Die Polizeibehörde bestimmt, welche Sicherungsmassregeln gegen eine Verwendung des Fleisches zum Genusse für Menschen zu treffen sind.

Das Fleisch darf nicht vor der polizeilichen Zulassung und nur unter Einhaltung der von der Polizeibehörde angeordneten Sicherungsmassregeln in Verkehr gebracht werden.

Das Fleisch ist von der Polizeibehörde in unschädlicher Weise zu beseitigen, soweit seine Verwendung zu anderen Zwecken (Abs. 3) nicht zugelassen wird.

a) „Untauglich ist dasjenige Fleisch, welches wegen der mit seinem Genusse verbundenen Gefahren für die menschliche Gesundheit von der Verwendung als Nahrungsmittel unbedingt ausgeschlossen werden muss". (Begründung u. s. w. S. 18.)

In welchen Fällen das Fleisch als untauglich zum Genusse für Menschen anzusehen ist, wird des Näheren in den Ausführungsbestimmungen A, §§ 33, 34, 35 und 36 angegeben.

Dabei wird unterschieden:

ob der ganze Thierkörper (Fleisch mit Knochen, Fett, Eingeweiden und den zum Genusse für Menschen geeigneten Theilen der Haut sowie das Blut) (§ 33),

ob der ganze Thierkörper, ausgenommen Fett (§ 34)

oder ob nur die veränderten Fleischtheile (§ 35)

als untauglich anzusehen sind.

Hundedärme sind stets als untauglich zum Genusse für Menschen zu erachten (§ 36).

b) Stellt der Beschauer bei der Fleischbeschau eine Seuche fest, für welche die Anzeigepflicht besteht, so finden die Ausführungsbestimmungen A, §§ 14 und 16 sinngemässe Anwendung (Ausführungsbestimmungen A, § 32). (Vgl. auch § 6 des Gesetzes.)

c) Beanstandetes Fleisch ist vom Beschauer vorläufig zu beschlagnahmen. Der Beschauer hat hiervon dem Besitzer oder dessen Vertreter sowie der Polizeibehörde unter Angabe des Beanstandungsgrundes sofort Mittheilung zu machen (Ausführungsbestimmungen A, § 41, Ziffer 1). Auch hat der Beschauer das untersuchte Fleisch alsbald zu kennzeichnen (Ausführungsbestimmungen A, § 42, Ziffer 1 und ebenda §§ 43 und 44).

d) Gegen die Entscheidungen der Beschauer und der Polizeibehörde kann von dem Besitzer Beschwerde erhoben werden. Die näheren Bestimmungen treffen die Landesregierungen unter Berücksichtigung der in den Ausführungsbestimmungen A, § 46 aufgeführten Gesichtspunkte. Erklärt der Besitzer beanstandeten Fleisches oder sein Vertreter sofort, dass er sich bei der Entscheidung nicht beruhigen werde, so ist das Fleisch vorläufig mit einem Erkennungszeichen zu versehen, das leicht wieder entfernt werden kann (Ausführungsbestimmungen A, § 42, Ziffer 1). Sobald das Ergebniss der Untersuchung endgültig feststeht, ist das vorläufig mit einem Erkennungszeichen versehene Fleisch zu kennzeichnen (O. § 42, Ziffer 2).

Wenn die Entscheidung des ersten Beschauers in Folge eingelegter Beschwerde oder von Aufsichts wegen abgeändert worden ist, so sind die am Fleisch nach den Ausführungsbestimmungen A, §§ 43 und 44 angebrachten Kennzeichen zu berichtigen (Ausführungsbestimmungen A, § 42, Ziffer 4).

e) Die Polizeibehörde hat über die weitere Behandlung des beanstandeten Fleisches Entscheidung zu treffen und hiervon sofort den Besitzer oder dessen Vertreter zu benachrichtigen (Ausführungsbestimmungen A, § 41, Ziffer 2).

f) Die Behandlung des als bedingt tauglich erkannten Fleisches siehe bei § 10 des Gesetzes.

g) Die unschädliche Beseitigung des beanstandeten Fleisches hat in der in den Ausführungsbestimmungen A, § 45 angegebenen Weise zu erfolgen.

Sie kann, sofern einer anderweitigen technischen Verwerthung z. B. zur Herstellung von Schmierfetten, Seifen, Lichtern, zur Fütterung von Thieren und dergleichen, gesundheitliche Bedenken nicht entgegenstehen, durch höhere Hitzegrade (Kochen, Dämpfen u. s. w.) oder auf chemischem Wege bis zur Auflösung der Weichtheile geschehen.

Sofern dies aber nicht thunlich ist, ist das Fleisch zunächst mit tiefen Einschnitten zu versehen und durch Behandeln mit solchen Mitteln, welche die Verwerthung als Nahrungs- oder Genussmittel für Menschen ausschliessen, z. B. mit Kalk, feinem trockenem Sand, mit Theer, rohen Steinkohlentheerölen (Karbolsäure, Kresol) oder mit Alpha-Naphthylamin in fünfprozentiger Lösung oder anderen ausdrücklich zugelassenen Mitteln zu übergiessen. Sodann ist das Fleisch in Gruben zu vergraben und mit einer mindestens einen Meter starken Erdschicht zu bedecken.

Die Landesregierungen können die unschädliche Beseitigung im Einzelfalle auf andere Weise, jedoch unter polizeilicher Ueberwachung zulassen (Ausführungsbestimmungen A, § 45, Ziffer 3).

§ 10. Ergiebt die Untersuchung, dass das Fleisch zum Genusse für Menschen nur bedingt tauglich ist, so hat der Beschauer es vorläufig zu beschlagnahmen, den Besitzer hiervon zu benachrichtigen und der Polizeibehörde sofort Anzeige zu erstatten. Die Polizeibehörde bestimmt, unter welchen Sicherungsmassregeln das Fleisch zum Genusse für Menschen brauchbar gemacht werden kann.

Fleisch, das bei der Untersuchung als nur bedingt tauglich erkannt worden ist, darf als Nahrungs- und Genussmittel für Menschen nicht in Verkehr gebracht werden, bevor es unter den von der Polizeibehörde angeordneten Sicherungsmassregeln zum Genusse für Menschen brauchbar gemacht worden ist.

Insoweit eine solche Brauchbarmachung unterbleibt, finden die Vorschriften des § 9 Abs. 3 bis 5 entsprechende Anwendung.

„Als bedingt tauglich hat dasjenige Fleisch zu gelten, welches in seinem natürlichen Zustande zum Genusse für Menschen ohne Gesundheitsgefährdung nicht verwendbar ist, jedoch durch entsprechende Behandlung seiner gefährlichen Eigenschaften entkleidet werden kann“ (Begründung u. s. w. S. 18).

In den Ausführungsbestimmungen A. § 37 ist des Näheren angegeben, in welchen Fällen das Fleisch als bedingt tauglich anzusehen ist.

Bezüglich der Pflicht des Beschauers, den Besitzer des Fleisches oder seinen Vertreter zu benachrichtigen und der Polizeibehörde sofort Anzeige zu erstatten, sowie auch bezüglich der Kennzeichnung und des Beschwerderechtes des Besitzers vergleiche die Bemerkungen zu § 9.

In welcher Weise das als bedingt tauglich erkannte Fleisch zum Genuss für Menschen brauchbar zu machen ist, wird in den Ausführungsbestimmungen A, § 38 und 39 des Näheren angegeben.

§ 11. Der Vertrieb des zum Genusse für Menschen brauchbar gemachten Fleisches (§ 10 Abs. 1) darf nur unter einer diese Beschaffenheit erkennbar machenden Bezeichnung erfolgen.

Fleischhändlern, Gast-, Schank- und Speisewirthen ist der Vertrieb und die Verwendung solchen Fleisches nur mit Genehmigung der Polizeibehörde gestattet; die Genehmigung ist jederzeit widerruflich. An die vorbezeichneten Gewerbetreibenden darf derartiges Fleisch nur abgegeben werden, soweit ihnen eine solche Genehmigung ertheilt worden ist. In den Geschäftsräumen dieser Personen muss an einer in die Augen fallenden Stelle durch deutlichen Anschlag besonders erkennbar gemacht werden, dass Fleisch der im Abs. 1 bezeichneten Beschaffenheit zum Vertrieb oder zur Verwendung kommt.

Fleischhändler dürfen das Fleisch nicht in Räumen feilhalten oder verkaufen, in welchen taugliches Fleisch (§ 8) feilgehalten oder verkauft wird.

§ 12. Die Einfuhr von Fleisch in luftdicht verschlossenen Büchsen oder ähnlichen Gefässen, von Würsten und sonstigen Gemengen aus zerkleinertem Fleische in das Zollinland ist verboten.

Im Uebrigen gelten für die Einfuhr von Fleisch in das Zollinland bis zum 31. December 1903 folgende Bedingungen:

1. Frisches Fleisch darf in das Zollinland nur in ganzen Thierkörpern, die bei Rindvieh, ausschliesslich der Kälber, und bei Schweinen in Hälften zerlegt sein können, eingeführt werden.

Mit den Thierkörpern müssen Brust- und Bauchfell, Lunge, Herz, Nieren, bei Kühen auch das Euter in natürlichem Zusammenhange verbunden sein; der Bundesrath ist ermächtigt, diese Vorschrift auf weitere Organe auszudehnen.

2. Zubereitetes Fleisch darf nur eingeführt werden, wenn nach der Art seiner Gewinnung und Zubereitung Gefahren für die menschliche Gesundheit erfahrungsgemäss ausgeschlossen sind oder die Unschädlichkeit für die menschliche Gesundheit in zuverlässiger Weise bei der Einfuhr sich feststellen lässt. Diese Feststellung gilt als unausführbar insbesondere bei Sendungen von Pökelfleisch, sofern das Gewicht einzelner Stücke weniger als 4 kg beträgt; auf Schinken, Speck und Därme findet diese Vorschrift keine Anwendung.

Fleisch, welches zwar einer Behandlung zum Zwecke seiner Haltbarmachung unterzogen worden ist, aber die Eigenschaften frischen Fleisches im Wesentlichen behalten hat oder durch entsprechende Behandlung wieder gewinnen kann, ist als zubereitetes Fleisch nicht anzusehen; Fleisch solcher Art unterliegt den Bestimmungen in Ziffer 1.

Für die Zeit nach dem 31. December 1903 sind die Bedingungen für die Einfuhr von Fleisch gesetzlich von Neuem zu regeln. Sollte eine Neuregelung bis zu dem bezeichneten Zeitpunkte nicht zu Stande kommen, so bleiben die im Abs. 2 festgesetzten Einfuhrbedingungen bis auf Weiteres massgebend.

a) Das Verbot der Einfuhr von Fleisch in luftdicht verschlossenen Büchsen oder ähnlichen Gefässen, von Würsten und sonstigen Gemengen aus zerkleinertem Fleische in das Zollinland, ist gemäss Kaiserlicher Verordnung vom 30. Juni 1900 vom 1. Oktober 1900 ab in Kraft getreten (Reichs-Gesetzbl. S. 775). Gleichzeitig sind die Vorschriften des § 26, Nr. 1, 2, des § 27, Nr 1 und der §§ 28 und 29, soweit sie die Zuwiderhandlungen gegen den § 12, Abs. 1 und das Verbot betreffen, Fleisch, das den Vorschriften des § 12, Abs. 1 zuwider eingeführt worden ist, als Nahrungs- oder Genussmittel für Menschen in Verkehr zu bringen, in Kraft getreten.

b) Als luftdicht verschlossene Büchsen oder ähnliche Gefässe sind nach den Ausführungsbestimmungen D, § 3, Ziffer 4, letzter Absatz insbesondere anzusehen:

„Büchsen, Dosen, Töpfe (Terrinen) und Gläser jeder Form und Grösse, deren Inhalt mit oder ohne anderweitige Vorbehandlung durch Luftabschluss haltbar gemacht worden ist“.

c) Als Würste und sonstige Gemenge aus zerkleinertem Fleische sind nach den Ausführungsbestimmungen D, § 3, Ziffer 4, 4. Abs. insbesondere anzusehen:

„Alle Waaren, welche ganz oder theilweise aus zerkleinertem Fleische bestehen und in Därme oder künstlich hergestellte Wursthüllen eingeschlossen sind, ferner Hackfleisch, Schabefleisch, Mett, Brät, Sülzen aus zerkleinertem Fleische, Fleischpulver, Fleischmehl (ausgenommen Fleischfuttermehl) mit oder ohne Zusätze“.

d) Hervorzuheben ist ferner, dass im Uebrigen die für die Einfuhr von Fleisch in das Zollinland geltenden Bedingungen nur bis zum 31. Dezember 1903 Gültigkeit besitzen, und dass für die Zeit nach dem 31. Dezember 1903 die Bedingungen für die Einfuhr von Fleisch gesetzlich von Neuem zu regeln sind. Anderenfalls bleiben die im § 12, Abs. 2 des Gesetzes festgesetzten Einfuhrbedingungen in Kraft.

e) Diese Bedingungen unterscheiden zwischen frischem und zubereitetem Fleisch.

Nach den Ausführungsbestimmungen D, § 2, Ziffer 1 ist als frisches Fleisch anzusehen Fleisch

„welches, abgesehen von einem etwaigen Kühlverfahren, einer auf die Haltbarkeit einwirkenden Behandlung nicht unterworfen worden ist, ferner Fleisch, welches zwar einer solchen Behandlung unterzogen worden ist, aber die Eigenschaften frischen Fleisches im Wesentlichen behalten hat oder durch entsprechende Behandlung wieder gewinnen kann“.

Ferner ist a. a. O. in Ziffer 2 eine Reihe von Behandlungsweisen aufgeführt, durch welche insbesondere die Eigenschaft als frisches Fleisch nicht verloren geht.

Als zubereitetes Fleisch ist nach den Ausführungsbestimmungen D, § 3, Ziffer 1 anzusehen alles Fleisch

„welches in Folge einer ihm zu Theil gewordenen Behandlung die Eigenschaften frischen Fleisches auch in den inneren Schichten verloren hat und durch eine entsprechende Behandlung nicht wieder gewinnen kann".

A. a. O. ist in Ziffer 2 eine Anzahl von Behandlungsweisen aufgeführt, durch welche Fleisch die Eigenschaft als zubereitetes Fleisch gewinnt.

Insonderheit sind als zubereitetes Fett anzusehen: ausgeschmolzenes oder ausgepresstes Fett mit oder ohne nachfolgende Raffinirung, insbesondere Schmalz, Oleomargarin, Premier jus und ähnliche Zubereitungen; ferner die thierischen Kunstspeisefette im Sinne des § 1, Abs. 4 des Gesetzes, betreffend den Verkehr mit Butter, Käse, Schmalz und deren Ersatzmitteln, vom 15. Juni 1897 (Reichs-Gesetzbl. S. 475) sowie Margarine (Ausführungsbestimmungen D, § 3, Ziffer 3).

f) Die Bestimmung, dass frisches Fleisch nur in ganzen Thierkörpern unter den im § 12, Ziffer 1 des Gesetzes vorgesehenen Einschränkungen dieser Bestimmung und mit gewissen Organtheilen verbunden in das Zollinland eingeführt werden darf, bezweckt in jedem Falle eine zuverlässige Untersuchung des Fleisches zu ermöglichen.

Als ganzer Thierkörper ist nach den Ausführungsbestimmungen D, § 2, Ziffer 3 das geschlachtete, abgehäutete und ausgeweidete Thier anzusehen, unbeschadet der in den Ausführungsbestimmungen D, § 6 enthaltenen Sonderbestimmung.

Welche Theile mit den Thierkörpern noch in natürlichem Zusammenhang verbunden sein müssen, ist in den Ausführungsbestimmungen D, § 6 des Näheren angegeben.

g) Zum § 12, Ziffer 2 des Gesetzes vgl. auch § 21 des Gesetzes.

Die Bestimmung des § 12, Ziffer 2 des Gesetzes, dass bei Sendungen von zubereitetem Fleisch, insbesondere von Pökelfleisch das Gewicht einzelner Stücke nicht weniger als 4 kg betragen muss, ausgenommen Schinken, Speck und Därme macht eine Begriffserläuterung dieser letzteren Arten von zubereitetem Fleisch nothwendig. Diese ist in den Ausführungsbestimmungen D, § 3, Ziffer 4, Absatz 1 bis 3 wie folgt gegeben.

Es sind anzusehen:

„als Schinken die von den Knochen nicht losgelösten oberen Theile des Hinter- oder Vorderschenkels vom Schwein mit oder ohne Haut;

als Speck die zwischen der Haut und dem Muskelfleische, besonders am Rücken und an den Seiten des Körpers liegende Fettschicht vom Schwein mit oder ohne Haut, auch mit schwachen in der Fettschicht eingelagerten Muskelschichten;

als Därme der Dünn- und der Dickdarm sowie die Harnblase vom Rindvieh, Schweine, Schafe und von der Ziege, der Magen vom Schweine sowie der Schlund vom Rindvieh".

§ 13. Das in das Zollinland eingehende Fleisch unterliegt bei der Einfuhr einer amtlichen Untersuchung unter Mitwirkung der Zollbehörden. Ausgenommen hiervon ist das nachweislich im Inlande bereits vorschriftsmässig untersuchte und das zur unmittelbaren Durchfuhr bestimmte Fleisch.

Die Einfuhr von Fleisch darf nur über bestimmte Zollämter erfolgen. Der Bundesrath bezeichnet diese Aemter sowie diejenigen Zoll- und Steuerstellen, bei welchen die Untersuchung des Fleisches stattfinden kann.

a) Die Mitwirkung der Zollbehörden bei der amtlichen Untersuchung des in das Zollinland eingehenden Fleisches ist vorgesehen, um die Durchführung der Kontrolle nach Möglichkeit sicher zu stellen.

b) Das nachweislich im Inlande bereits vorschriftsmässig untersuchte und nach dem Zollauslande verbrachte Fleisch ist im Falle der Zurückbringung der amtlichen Untersuchung nicht unterworfen (Ausführungsbestimmungen D, § 8).

c) Nach den Ausführungsbestimmungen D, § 10, Ziffer 2 ist unter unmittelbarer Durchfuhr derjenige Waarendurchgang zu verstehen, der sich vollzieht ohne eine längere Aufenthaltsdauer im Inland, als durch die ordnungsmässige Waarenbeförderung bedingt ist.

Aufbewahrung der Waaren in einem Zolllager unter amtlichem Verschluss ist als unmittelbare Durchfuhr nicht anzusehen.

d) Ein Verzeichniss der Einlass- und Untersuchungsstellen für das in das Zollinland eingehende Fleisch ist in den Ausführungsbestimmungen F gegeben.

§ 14. Auf Wildpret und Federvieh, ferner auf das zum Reiseverbrauche mitgeführte Fleisch finden die Bestimmungen der §§ 12 und 13 nur insoweit Anwendung, als der Bundesrath dies anordnet.

Für das im kleinen Grenzverkehre sowie im Mess- und Marktverkehre des Grenzbezirkes eingehende Fleisch können durch Anordnung der Landesregierungen Ausnahmen von den Bestimmungen der §§ 12 und 13 zugelassen werden.

a) Nach den Ausführungsbestimmungen D, § 4 finden die Vorschriften der §§ 12 und 13 des Gesetzes sowie die bezeichneten Ausführungsbestimmungen auf Rennthiere und Wildschweine Anwendung (vgl. die Bemerkungen zu § 1 des Gesetzes). Anderes Wildpret einschliesslich warmblütiger Seethiere sowie Federvieh unterliegen dahingegen weder den Einfuhrbeschränkungen in den §§ 12 und 13 des Gesetzes noch der amtlichen Untersuchung bei der Einfuhr. Das Gleiche gilt für das zum Reiseverbrauche mitgeführte Fleisch.

b) Zum zweiten Absatz des § 14 des Gesetzes vergleiche die Ausführungsbestimmungen D, § 9.

§ 15. Der Bundesrath ist ermächtigt, weitergehende Einfuhrverbote und Einfuhrbeschränkungen, als in den §§ 12 und 13 vorgesehen sind, zu beschliessen.

Von dieser Ermächtigung ist in den Ausführungsbestimmungen D, § 5 insofern Gebrauch gemacht, als auch die Einfuhr von Hundefleisch sowie von zubereitetem Fleisch, welches von Pferden, Eseln, Maulthieren, Mauleseln oder anderen Thieren des Einhufergeschlechtes herrührt, in das Zollinland verboten ist.

§ 16. Die Vorschriften des § 8 Abs. 1 und der §§ 9 bis 11 gelten auch für das in das Zollinland eingehende Fleisch. An Stelle der unschädlichen Beseitigung des Fleisches oder an Stelle der polizeilicherseits anzuordnenden Sicherungsmassregeln kann jedoch, insoweit gesundheitliche Bedenken nicht entgegenstehen, die Wiederausfuhr des Fleisches unter entsprechenden Vorsichtsmassnahmen zugelassen werden.

a) In den Ausführungsbestimmungen D, §§ 18 bis 21 sind die Vorschriften enthalten, nach welchen beanstandetes Fleisch unbeschadet weitergehender Massregeln, welche auf Grund veterinärpolizeilicher oder strafrechtlicher Bestimmungen angeordnet werden, zu behandeln ist. Dabei wird unterschieden zwischen frischem Fleisch (a. a. O. § 18), zubereitetem Fleisch, ausgenommen Fett (§ 19) und zubereitetem Fett (§ 21).

b) Bei frischem Fleisch kann sich die Beseitigung in unschädlicher Weise erstrecken auf alle Thierkörper der betreffenden Sendung (a. a. O. § 18, 1, I, A);

auf den einzelnen Thierkörper (a. a. O. § 18, 1, I, B), oder

auf die veränderten Theile, sofern die in dem angezogenen Paragraph in I unter A und B erwähnten Fälle nicht vorliegen (a. a. O. § 18, 1, I, C).

Die Zurückweisung von der Einfuhr erstreckt sich entweder auf alle Thierkörper der betreffenden Sendung (a. a. O. § 18, 1, II, A), oder

auf die einzelnen beanstandeten Thierkörper, soweit sie nicht nach den Bestimmungen des angezogenen § 18, I, unter A und B unschädlich beseitigt werden müssen (a. a. O. § 18, I, II, B).

In den a. a. O. § 18, 1, I, C, a, b, c oder e angeführten Fällen hat die Zurückweisung zu unterbleiben, sofern der Beanstandungsgrund durch Beseitigung und Vernichtung der veränderten Theile behoben wird (a. a. O. § 18, 1, II, B).

Von den Gründen der Zurückweisung a. a. O. § 18, 1, II, B, a bis g ist in Sonderheit noch zu erwähnen, dass die Zurückweisung auch erfolgen muss, wenn die Waare den Angaben in den Begleitpapieren nicht entspricht.

Doch kann die Zurückweisung aus diesem Grunde unterbleiben, wenn nachträglich für die Waaren entsprechende Begleitpapiere beigebracht werden (a. a. O. § 18, 2). Die gleiche Bestimmung gilt übrigens auch bezüglich des zubereiteten Fleisches, ausgenommen Fett (Ausführungsbestimmungen D, § 19, 2) und des zubereiteten Fettes (a. a. O § 21, 2).

c) Bei zubereitetem Fleisch, ausgenommen Fette, kann sich die Beseitigung in unschädlicher Weise

auf alle zu der betreffenden Sendung gehörigen Packstücke (Ausführungsbestimmungen D, § 19, 1, I, a);
auf das einzelne Packstück (a. a. O., b);
auf das einzelne Fleischstück (a. a. O., c) oder
auf die veränderten Theile erstrecken.

Die Zurückweisung des Fleisches von der Einfuhr hat sich, soweit es nicht nach den vorstehend angegebenen Bestimmungen unschädlich beseitigt werden muss, zu erstrecken entweder

auf das ganze Packstück (Ausführungsbestimmungen § 19, 1, II, A) oder
auf das einzelne Fleischstück (a. a. O., B).

Allgemein kann bei frischem und bei zubereitetem Fleisch in den Fällen der Ausführungsbestimmungen D, §§ 18 und 19 an Stelle der unschädlichen Beseitigung die Zurückweisung treten, wenn die das Fleisch beanstandende Beschaustelle im Auslande liegt (Ausführungsbestimmungen D, § 20). Das würde z. B. in Salzburg, Nebenzollamt I, in Basel, Zollamt am badischen Bahnhofe u. s. w. der Fall sein.

d) Bei zubereitetem Fett kommt nur Zurückweisung in Frage in den in den Ausführungsbestimmungen D, § 21 aufgeführten Fällen, und zwar kann die Zurückweisung auf Grund der Vorprüfung (Ausführungsbestimmungen D, Anlage c, C) oder auf Grund der Hauptprüfung (Ausführungsbestimmungen D, Anlage d) erfolgen.

Die Zurückweisung hat sich auf alle zu einer Sendung gehörigen Packstücke einer Fabrikation zu erstrecken, wenn die Untersuchung sämmtlicher davon entnommener Stichproben zu einer gleichen Beanstandung geführt hat. Im Uebrigen hat sich die Zurückweisung nur auf die einzelnen beanstandeten Packstücke zu erstrecken (Ausführungsbestimmungen D, § 21, Ziffer 3).

e) Beanstandetes Fleisch ist von der Beschaustelle vorläufig zu beschlagnahmen, und mit einem leicht wieder entfernbaren Erkennungszeichen zu versehen. Der Verfügungsberechtigte, die Zoll- oder Steuerstelle sowie die Polizeibehörde sind von der erfolgten Beschlagnahme unter Angabe des Beanstandungsgrundes sofort in Kenntniss zu setzen (Ausführungsbestimmungen D, § 24, 1).

Die Polizeibehörde hat alsdann über die weitere Behandlung des Fleisches gemäss den Ausführungsbestimmungen D, §§ 18 bis 21 Entscheidung zu treffen und hiervon sofort den Verfügungsberechtigten sowie nach Ablauf der Beschwerdefrist die Beschaustelle zu benachrichtigen (Ausführungsbestimmungen D, § 24, Ziffer 2).

f) Gegen die seitens der Beschaustelle im Falle der Ausführungsbestimmungen D, § 12, Abs. 4 vorgenommene Beanstandung einer Stichprobe sowie gegen die von der Polizeibehörde im Falle der §§ 18 bis 21 a. a. O. getroffene Entscheidung kann von dem Verfügungsberechtigten innerhalb einer eintägigen Frist nach der Benachrichtigung Beschwerde eingelegt werden, die in ersterem Falle bei der Beschaustelle anzumelden ist und auf Antrag des Beschwerdeführers die Aufschiebung der weiteren Untersuchung zur Folge hat. Im letzteren Falle ist die Beschwerde bei der Polizeibehörde anzumelden und hat stets aufschiebende Wirkung.

Ueber die Beschwerde entscheidet eine von der Landesregierung zu bezeichnende höhere Behörde, sofern die Beschwerde gegen das technische Gutachten gerichtet ist, nach Anhörung mindestens eines weiteren Sachverständigen. Von der endgültigen Entscheidung hat die höhere Behörde den Beschwerdeführer, die Beschaustelle, die Polizeibehörde sowie die Zoll- oder Steuerstelle sofort in Kenntniss zu setzen (Ausführungsbestimmungen D, § 30).

g) Die Polizeibehörde hat die Wiederausfuhr oder die unschädliche Beseitigung des Fleisches unter den erforderlichen Sicherungsmassregeln zu veranlassen und im Benehmen mit der Zoll- oder Steuerstelle zu überwachen (Ausführungsbestimmungen D, § 24, 3).

h) Die unschädliche Beseitigung des in das Zollinland eingeführten und beanstandeten Fleisches (Ausführungsbestimmungen D, § 28) geschieht in derselben Weise wie die unschädliche Beseitigung des bei der inländischen Fleischbeschau als untauglich zum Genusse für Menschen erachteten Fleisches (Ausführungsbestimmungen A, § 45). Ausser einigen redaktionellen Abweichungen enthält die Vorschrift für die unschädliche Beseitigung des in das Zollinland eingeführten und beanstandeten Fleisches aber auch noch zu der Bestimmung, dass die Beseitigung durch Vergraben thunlichst an Stellen, welche von Thieren nicht betreten werden, geschehen soll, den Zusatz, dass dieses Vergraben thunlichst auch nicht an Stellen zu geschehen hat, an welchen Viehfutter oder Streu gewonnen oder aufbewahrt wird.

Ausserdem ist das Verpackungsmaterial zu verbrennen oder, sofern ein solches Verfahren nicht angängig ist, anderweitig unschädlich zu beseitigen oder zu desinfiziren (Ausführungsbestimmungen D, § 28, Ziffer 4).

§ 17. Fleisch, welches zwar nicht für den menschlichen Genuss bestimmt ist, aber dazu verwendet werden kann, darf zur Einfuhr ohne Untersuchung zugelassen werden, nachdem es zum Genusse für Menschen unbrauchbar gemacht ist.

Zu diesem Paragraph vergleiche Ausführungsbestimmungen D, § 29.

§ 18. Bei Pferden muss die Untersuchung (§ 1) durch approbirte Thierärzte vorgenommen werden.

Der Vertrieb von Pferdefleisch sowie die Einfuhr solchen Fleisches in das Zollinland darf nur unter einer Bezeichnung erfolgen, welche in deutscher Sprache das Fleisch als Pferdefleisch erkennbar macht.

Fleischhändlern, Gast-, Schank- und Speisewirthen ist der Vertrieb und die Verwendung von Pferdefleisch nur mit Genehmigung der Polizeibehörde gestattet; die Genehmigung ist jederzeit widerruflich. An die vorbezeichneten Gewerbetreibenden darf Pferdefleisch nur abgegeben werden, soweit ihnen eine solche Genehmigung ertheilt worden ist. In den Geschäftsräumen dieser Personen muss an einer in die Augen fallenden Stelle durch deutlichen Anschlag besonders erkennbar gemacht werden, dass Pferdefleisch zum Vertrieb oder zur Verwendung kommt.

Fleischhändler dürfen Pferdefleisch nicht in Räumen feilhalten oder verkaufen, in welchen Fleisch von anderen Thieren feilgehalten oder verkauft wird.

Der Bundesrath ist ermächtigt, anzuordnen, dass die vorstehenden Vorschriften auf Esel, Maulesel, Hunde und sonstige seltener zur Schlachtung gelangende Thiere entsprechende Anwendung finden.

a) Gemäss den Ausführungsbestimmungen A, § 5 hat der Beschauer, welcher die Approbation als Thierarzt nicht besitzt, sowohl bei Pferden, wie auch bei Eseln, Maulthieren und Mauleseln die Vornahme der Schlachtvieh- und Fleischbeschau abzulehnen und die bei ihm eingehenden Anträge ohne Weiteres an den zum Beschauer bestellten Thierarzt zu verweisen (vgl. dazu § 18, Abs. 5 des Gesetzes).

b) Durch die Ausführungsbestimmungen D, § 5, 2 ist die Einfuhr von zubereitetem Fleisch, welches von Pferden, Eseln, Maulthieren, Mauleseln oder anderen Thieren des Einhufergeschlechts herrührt, in das Zollinland verboten (vgl. § 15 des Gesetzes).

Dahingegen ist die Einfuhr von frischem Fleisch von Pferden, Eseln, Maulthieren, Mauleseln und anderen Thieren des Einhufergeschlechts unter bestimmten Voraussetzungen gestattet (Ausführungsbestimmungen D, § 6, 3; vgl. auch a. a. O. § 18, 1, I und II).

§ 19. Der Beschauer hat das Ergebniss der Untersuchung an dem Fleische kenntlich zu machen. Das aus dem Ausland eingeführte Fleisch ist ausserdem als solches kenntlich zu machen.

Der Bundesrath bestimmt die Art der Kennzeichnung.

a) Wenn bei der inländischen Fleischbeschau der Besitzer beanstandeten Fleisches oder sein Vertreter sofort erklärt, dass er sich bei der Entscheidung nicht beruhigen werde, so ist das Fleisch vorläufig mit einem Erkennungszeichen, das leicht wieder entfernt werden kann, zu versehen. Auch können die Landesregierungen gestatten, dass in öffentlichen

Schlachthöfen von der Anbringung des Erkennungszeichens an einzelnen Organen oder Fleischtheilen abgesehen wird, wenn dieselben sofort unter amtlichen Verschluss gebracht werden (Ausführungsbestimmungen A, § 42, 1).

Vorläufig mit einem Erkennungszeichen versehenes Fleisch ist zu kennzeichnen, sobald das Ergebniss der Untersuchung endgültig feststeht (a. a. O., Ziffer 2).

Im Uebrigen erfolgt die Kennzeichnung des Fleisches mittelst Farbstempels mit nicht gesundheitsschädlicher, haltbarer blauer Farbe, oder mittelst Brandstempels in der in den Ausführungsbestimmungen A, §§ 43 und 44 näher angegebenen Weise.

b) Das in das Zollinland eingeführte Fleisch ist von der Beschaustelle auf Grund des endgültigen Ergebnisses der Untersuchung zu kennzeichnen (Ausführungsbestimmungen D, § 25, 1; vgl. a. a. O. §§ 23 und 30).

Bei zubereitetem Fleisch, ausgenommen Fett, welches in unschädlicher Weise zu beseitigen ist (Ausführungsbestimmungen D, § 19, 1, I) darf die Kennzeichnung der einzelnen Fleischstücke unterbleiben, wenn die unschädliche Beseitigung anderweitig sichergestellt ist (a. a. O. § 25, 2).

Sendungen, welche zurückzuweisen wären, weil die Waare nicht den Angaben in den Begleitpapieren entspricht, oder weil das Packstück nicht den für den Inlandsverkehr bestehenden Vorschriften entsprechend bezeichnet ist (z. B. bei Margarine und Kunstspeisefett, vgl. das Gesetz betr. den Verkehr mit Butter etc. vom 15. Juni 1897, § 2), sind im Fall einer nachträglichen Behebung dieser Anstände nur nach dem Ausfalle der Untersuchung der Waaren selbst zu kennzeichnen.

Theile von Sendungen, die im Falle der Ausführungsbestimmungen A, § 12, Abs. 6 zurückgezogen werden, sind gleichfalls zu kennzeichnen; nicht geöffnete Packstücke jedoch nur an der Aussenseite der Behälter. Bei anderen freiwillig zurückgezogenen Sendungen hat eine Kennzeichnung der nicht untersuchten Theile zu unterbleiben (Ausführungsbestimmungen D, § 25, 3).

Die Kennzeichnung erfolgt auch bei dem in das Zollinland eingeführten Fleisch mittelst Farbstempels oder mittelst Brandstempels, nach Wahl der Verfügungsberechtigten, in der in den Ausführungsbestimmungen D, §§ 26 und 27 angegebenen Weise.

§ 20. Fleisch, welches innerhalb des Reichs der amtlichen Untersuchung nach Massgabe der §§ 8 bis 16 unterlegen hat, darf einer abermaligen amtlichen Untersuchung nur zu dem Zwecke unterworfen werden, um festzustellen, ob das Fleisch inzwischen verdorben ist oder sonst eine gesundheitsschädliche Veränderung seiner Beschaffenheit erlitten hat.

Landesrechtliche Vorschriften, nach denen für Gemeinden mit öffentlichen Schlachthäusern der Vertrieb frischen Fleisches Beschränkungen, insbesondere dem Beschauzwang innerhalb der Gemeinde unterworfen werden kann, bleiben mit der Massgabe unberührt, dass ihre Anwendbarkeit nicht von der Herkunft des Fleisches abhängig gemacht werden darf.

§ 21. Bei der gewerbsmässigen Zubereitung von Fleisch dürfen Stoffe oder Arten des Verfahrens, welche der Ware eine gesundheitsschädliche Beschaffenheit zu verleihen vermögen, nicht angewendet werden. Es ist verboten, derartig zubereitetes Fleisch aus dem Ausland einzuführen, feilzuhalten, zu verkaufen oder sonst in Verkehr zu bringen.

Der Bundesrath bestimmt die Stoffe und die Arten des Verfahrens, auf welche diese Vorschriften Anwendung finden.

Der Bundesrath ordnet an, inwieweit die Vorschriften des Abs. 1 auch auf bestimmte Stoffe und Arten des Verfahrens Anwendung finden, welche eine gesundheitsschädliche oder minderwerthige Beschaffenheit der Ware zu verdecken geeignet sind.

„Um die Haltbarkeit des Fleisches zu erhöhen oder demselben ein besseres Aussehen zu verleihen, werden nicht selten Stoffe zugesetzt oder Verfahren angewandt, welche geeignet sind, den Gesundheitszustand des Konsumenten nachtheilig zu beeinflussen oder eine minderwerthige oder gesundheitsschädliche Beschaffenheit des Fleisches zu verdecken. Wenn auch Vergehen nach dieser Richtung auf Grund des Strafgesetzbuchs und des Gesetzes, betreffend den Verkehr mit Nahrungsmitteln u. s. w. verfolgt werden können, so ist im Einzelfall der Nachweis der Strafthat häufig erschwert“ (Begründung u. s. w. S. 65).

Aus diesem Grunde und in Ausführung der Bestimmungen des vorliegenden Gesetzesparagraphen hat der Bundesrath beschlossen, dass die Vorschriften des § 21, Abs. 1 des Gesetzes auf die folgenden Stoffe sowie auf die solche Stoffe enthaltenden Zubereitungen Anwendung finden:

Borsäure und deren Salze; Formaldehyd; Alkali- und Erdalkali-Hydroxyde und -Karbonate; schweflige Säure und deren Salze, sowie unterschwefligsaure Salze; Fluorwasserstoff und dessen Salze; Salicylsäure und deren Verbindungen; Chlorsaure Salze; Farbstoffe jeder Art, jedoch unbeschadet ihrer Verwendung zur Gelbfärbung der Margarine und zum Färben der Wursthüllen, sofern diese Verwendung nicht anderen Vorschriften zuwiderläuft (Bekanntmachung, betreffend gesundheitsschädliche und täuschende Zusätze zu Fleisch und dessen Zubereitungen, vom 18. Februar 1902).

Diesen Bestimmungen entsprechend darf auch Fleisch, welches mit einem der vorbezeichneten Stoffe oder mit einer solche Stoffe enthaltenden Zubereitung behandelt worden ist, in das Zollinland nicht eingeführt werden (Ausführungsbestimmungen D, § 5, Ziffer 3).

§ 22. Der Bundesrath ist ermächtigt,

1. Vorschriften über den Nachweis genügender Kenntnisse der Fleischbeschauer zu erlassen,

2. Grundsätze aufzustellen, nach welchen die Schlachtvieh- und Fleischbeschau auszuführen und die weitere Behandlung des Schlachtviehs und Fleisches im Falle der Beanstandung stattzufinden hat,

3. die zur Ausführung der Bestimmungen in dem § 12 erforderlichen Anordnungen zu treffen und die Gebühren für die Untersuchung des in das Zollinland eingehenden Fleisches festzusetzen.

a) In Ausführung der Bestimmung zu Ziffer 1 des vorstehenden Paragraphen sind die

„Prüfungsvorschriften für die Fleischbeschauer“ (Ausführungsbestimmungen B)

erlassen. Durch diese Vorschriften werden die Vorschriften über die Prüfung und Anstellung von Personen zur amtlichen Ausübung der Trichinenschau nicht berührt (siehe unten).

Sie beziehen sich im Uebrigen auf die Personen, welche, ohne die Approbation als Thierarzt zu besitzen, ausser den approbirten Thierärzten zur Ausübung der Fleischbeschau amtlich verwendet zu werden wünschen.

Die Prüfungskommissionen werden von den Landesregierungen bezeichnet.

Als Fachvorbildung wird von den Bewerbern um Zulassung zur Prüfung ein mindestens vier Wochen lang dauernder, regelmässiger, theoretischer und praktischer Unterricht in der Schlachtvieh- und Fleischbeschau in einem öffentlichen Schlachthofe unter Leitung eines die Fleischbeschau dort amtlich ausübenden Thierarztes gefordert. Die Prüfung ist eine theoretische und praktische. Alle drei Jahre haben sich die Fleischbeschauer, sofern sie weiter amtlich thätig zu sein wünschen, einer Nachprüfung vor einem hiermit beauftragten beamteten Thierarzte zu unterziehen.

Wer die Prüfung bestanden hat, erhält einen Befähigungsausweis (Ausführungsbestimmungen B, Unteranlage).

Personen, welche, ohne als Thierarzt approbirt zu sein, sich gewerbsmässig mit der Ausübung der Thierheilkunde beschäftigen, oder welche das Fleischer- oder Abdeckereigewerbe, den Fleisch- oder Viehhandel betreiben oder Agenten eines Viehversicherungsunternehmens sind, dürfen als Fleischbeschauer nicht angestellt werden.

Der Unterweisung der Fleischbeschauer, welche nicht als Thierarzt approbirt sind, dient die

„Gemeinfassliche Belehrung für Beschauer, welche nicht als Thierarzt approbirt sind“ (Ausführungsbestimmungen C).

Sie zerfällt in zwei Abschnitte:

„Gesundheitszeichen der Schlachtthiere im lebenden und geschlachteten Zustande“; und:

„Die Kennzeichen der wichtigsten Krankheiten bei lebenden und geschlachteten Thieren nebst Bemerkungen über die Schlachtvieh- und Fleischbeschau."

Ausserdem bringt ein Anhang eine Belehrung über:

„Unschädliche Beseitigung des beanstandeten Fleisches" (vgl. Ausführungsbestimmungen A, § 45);

„Reinigung und Desinfektion der Messer und Hände" (vgl. Ausführungsbestimmungen A, §§ 19 und 16); und:

„Uebersichtliche Darstellung der Formen der Tuberkulose bei Schlachtthieren und der gesundheitspolizeilichen Behandlung des Fleisches tuberkulöser Thiere.

b) Ferner sind für diejenigen Personen, welche zur Untersuchung des ausländischen Fleisches auf Trichinen und zur Unterstützung der thierärztlichen Sachverständigen bei der Finnenschau amtlich verwendet zu werden wünschen, die

„Prüfungsvorschriften für die Trichinenschauer"

erlassen (Ausführungsbestimmungen E).

Die Prüfung ist vor einer von der Landesregierung zu bestimmenden thierärztlichen Amtsstelle (Zentralstelle, beamteter Thierarzt u. s. w.) abzulegen.

Als Fachvorbildung für die Zulassung zur Prüfung wird verlangt, dass der Bewerber mindestens 14 Tage lang einen regelmässigen theoretischen und praktischen Unterricht in der Trichinen- und Finnenschau auf einem öffentlichen Schlachthofe unter Leitung eines die Fleischbeschau dort amtlich ausübenden Thierarztes mit Erfolg genossen hat. Die Ausbildung bei einer von der Landesregierung hierzu ermächtigten, mit den erforderlichen Einrichtungen versehenen Zoll- oder Steuerstelle, bei welcher die Untersuchung von Fleisch durch einen amtlich die Fleischbeschau ausübenden Thierarzt stattfindet, oder auf einem mit einer Hochschule in Verbindung stehenden thierärztlichen Institute kann der Ausbildung auf einem Schlachthofe gleich geachtet werden.

Die Prüfung ist eine theoretische und eine praktische.

Alle drei Jahre haben sich die Trichinenschauer, sofern sie als öffentliche Trichinenschauer weiterhin thätig zu sein wünschen, einer Nachprüfung vor einem hiermit beauftragten beamteten Thierarzte zu unterziehen.

Wer die Prüfung bestanden hat, erhält einen Befähigungsausweis (Ausführungsbestimmungen E, Unteranlage).

Personen, welche das Fleischergewerbe, den Fleisch- oder Viehhandel betreiben, dürfen als Trichinenschauer nicht angestellt werden.

(Vergleiche hierzu auch § 24 des Gesetzes.)

c) Durch die

„Bekanntmachung, betreffend die Ausführung des Schlachtvieh- und Fleischbeschaugesetzes vom 3. Juni 1900", vom 30. Mai 1902,

sind die vom Bundesrath beschlossenen Ausführungsvorschriften zu dem Gesetze betreffend die Schlachtvieh- und Fleischbeschau vom 3. Juni 1900 veröffentlicht worden.

Ausser den zu den vorstehend besprochenen Paragraphen bereits erörterten Vorschriften sind hier insonderheit die Bestimmungen zu erwähnen, welche Bezug haben auf die Ausführung der Untersuchungen. Hierfür sind massgebend:

1. „Anweisung für die thierärztliche Untersuchung des in das Zollinland eingehenden Fleisches" (Ausführungsbestimmungen D, Anlage a);
2. „Anweisung für die Untersuchung des Fleisches auf Trichinen und Finnen" (Ausführungsbestimmungen D, Anlage b);
3. „Anweisung für die Probenentnahme zur chemischen Untersuchung von Fleisch einschliesslich Fett sowie für die Vorprüfung zubereiteter Fette" (Ausführungsbestimmungen D, Anlage c);
4. „Anweisung für die chemische Untersuchung von Fleisch und Fetten" (Ausführungsbestimmungen D, Anlage d).

(Vergleiche ausserdem bezüglich der Schlachtvieh- und Fleischbeschau im Inlande Ausführungsbestimmungen A, §§ 6, 7, 8, 17, 21 bis 29; bezüglich der Untersuchung des in das Zollinland eingehenden Fleisches Ausführungsbestimmungen D, §§ 11 bis 16.)

d) Jeder Beschauer hat für die Schlachtvieh- und Fleischbeschau ein Tagebuch zu führen, in welches sämmtliche zur Beschau angemeldeten Thiere, die Ergebnisse der Beschau und die hierauf getroffenen Anordnungen einzutragen sind (Ausführungsbestimmungen A, § 47; ebenda Anlage 1 und Unteranlage).

Ausserdem hat er alljährlich eine statistische Zusammenstellung der Jahresergebnisse der Beschau nach einem vom Bundesrathe festzustellenden Formulare bei der von der Landesregierung zu bestimmenden Stelle einzureichen.

Der Reichskanzler ist ermächtigt, anzuordnen, dass die statistischen Zusammenstellungen oder Auszüge daraus von den Landesregierungen an eine von ihm zu bezeichnende Stelle eingereicht werden (Ausführungsbestimmungen A, § 47, 5).

Desgleichen ist an jeder Beschaustelle für ausländisches Fleisch ein Fleischbeschaubuch nach vorgeschriebenem Muster von dem Beschauer zu führen, in welches alle Untersuchungen und deren Ergebnisse sowie die endgültige Entscheidung einzutragen sind (Ausführungsbestimmungen D, § 31).

Endlich haben auch die Trichinenschauer ein „Trichinenschaubuch" nach vorgeschriebenem Muster zu führen (Ausführungsbestimmungen D, Anlage b, § 10).

e) Die gesammte Thätigkeit der Beschauer ist nach Massgabe der von den Landesregierungen zu erlassenden Vorschriften dergestalt einer fachmännischen Kontrolle zu unterwerfen, dass in jedem Fleischbeschaubezirke mindestens alle zwei Jahre eine Revision stattfindet (Ausführungsbestimmungen A, § 47).

§ 23. Wem die Kosten der amtlichen Untersuchung (§ 1) zur Last fallen, regelt sich nach Landesrecht. Im Uebrigen werden die zur Ausführung des Gesetzes erforderlichen Bestimmungen, insoweit nicht der Bundesrath für zuständig erklärt ist oder insoweit er von einer durch § 22 ertheilten Ermächtigung keinen Gebrauch macht, von den Landesregierungen erlassen.

§ 24. Landesrechtliche Vorschriften über die Trichinenschau und über den Vertrieb und die Verwendung von Fleisch, welches zwar zum Genusse für Menschen tauglich, jedoch in seinem Nahrungs- und Genusswerth erheblich herabgesetzt ist, ferner landesrechtliche Vorschriften, welche mit Bezug auf

1. die der Untersuchung zu unterwerfenden Thiere,
2. die Ausführung der Untersuchungen durch approbirte Thierärzte,
3. den Vertrieb beanstandeten Fleisches oder des Fleisches von Thieren der im § 18 bezeichneten Arten

weitergehende Verpflichtungen als dieses Gesetz begründen, sind mit der Massgabe zulässig, dass ihre Anwendbarkeit nicht von der Herkunft des Schlachtviehs oder des Fleisches abhängig gemacht werden darf.

§ 25. Inwieweit die Vorschriften dieses Gesetzes auf das in die Zollausschlüsse eingeführte Fleisch Anwendung zu finden haben, bestimmt der Bundesrath.

§ 26. Mit Gefängniss bis zu sechs Monaten und mit Geldstrafe bis zu 1500 Mark oder mit einer dieser Strafen wird bestraft:

1. Wer wissentlich den Vorschriften des § 9 Abs. 2, 4, des § 10 Abs. 2, 3, des § 12 Abs. 1 oder des § 21 Abs. 1, 2 oder einem auf Grund des § 21 Abs. 3 ergangenen Verbote zuwiderhandelt;
2. wer wissentlich Fleisch, das den Vorschriften des § 12 Abs. 1 zuwider eingeführt oder auf Grund des § 17 zum Genusse für Menschen unbrauchbar gemacht worden ist, als Nahrungs- oder Genussmittel für Menschen in Verkehr bringt;
3. wer Kennzeichen der im § 19 vorgesehenen Art fälschlich anbringt oder verfälscht, oder wer wissentlich Fleisch, an welchem die Kennzeichen fälschlich angebracht, verfälscht oder beseitigt worden sind, feilhält oder verkauft.

§ 27. Mit Geldstrafe bis zu 150 Mark oder mit Haft wird bestraft:

1. Wer eine der im § 26 Nr. 1 und 2 bezeichneten Handlungen aus Fahrlässigkeit begeht;

2. wer eine Schlachtung vornimmt, bevor das Thier der in diesem Gesetze vorgeschriebenen oder einer auf Grund des § 1 Abs. 1 Satz 2, des § 3, des § 18 Abs. 5 oder des § 24 angeordneten Untersuchung unterworfen worden ist;

3. wer Fleisch in Verkehr bringt, bevor es der in diesem Gesetze vorgeschriebenen oder einer auf Grund des § 1 Abs. 1 Satz 2, des § 3, des § 14 Abs. 1, des § 18 Abs. 5 oder des § 24 angeordneten Untersuchung unterworfen worden ist;

4. wer den Vorschriften des § 2 Abs. 2, des § 7 Abs. 2, 3, des § 8 Abs. 2, des § 11, des § 12 Abs. 2, des § 13 Abs. 2 oder des § 18 Abs. 2 bis 4, im gleichen wer den auf Grund des § 15 oder des § 18 Abs. 5 erlassenen Anordnungen oder den auf Grund des § 24 ergehenden landesrechtlichen Vorschriften über den Vertrieb und die Verwendung von Fleisch zuwiderhandelt.

§ 28. In den Fällen des § 26 Nr. 1 und 2 und des § 27 Nr. 1 ist neben der Strafe auf die Einziehung des Fleisches zu erkennen. In den Fällen des § 26 Nr. 3 und des § 27 Nr. 2 bis 4 kann neben der Strafe auf die Einziehung des Fleisches oder des Thieres anerkannt werden. Für die Einziehung ist es ohne Bedeutung, ob der Gegenstand dem Verurtheilten gehört oder nicht.

Ist die Verfolgung oder Verurtheilung einer bestimmten Person nicht ausführbar, so kann auf die Einziehung selbständig erkannt werden.

§ 29. Die Vorschriften des Gesetzes, betreffend den Verkehr mit Nahrungsmitteln, Genussmitteln und Gebrauchsgegenständen, vom 14. Mai 1879 (R.-G.-Bl. S. 145), bleiben unberührt. Die Vorschriften des § 16 des bezeichneten Gesetzes finden auch auf Zuwiderhandlungen gegen die Vorschriften des gegenwärtigen Gesetzes Anwendung.

Der betreffende Paragraph des Nahrungsmittelgesetzes bestimmt, dass in dem Urtheil oder dem Strafbefehl angeordnet werden kann, dass die Verurtheilung auf Kosten des Schuldigen öffentlich bekannt zu machen sei; ferner, dass auf Antrag des freigesprochenen Angeschuldigten das Gericht die öffentliche Bekanntmachung der Freisprechung anzuordnen hat.

§ 30. Diejenigen Vorschriften dieses Gesetzes, welche sich auf die Herstellung der zur Durchführung der Schlachtvieh- und Fleischbeschau erforderlichen Einrichtungen beziehen, treten mit dem Tage der Verkündigung dieses Gesetzes in Kraft.

Im Uebrigen wird der Zeitpunkt, mit welchem das Gesetz ganz oder theilweise in Kraft tritt, durch Kaiserliche Verordnung mit Zustimmung des Bundesraths bestimmt.

Durch Kaiserliche Verordnung vom 30. Juni 1900 ist § 12, Abs. 1 des Gesetzes am 1. Oktober 1900 in Kraft getreten; gleichzeitig damit auch die Vorschriften des § 26, Nr. 1, 2, des § 27, Nr. 1 und der §§ 28 und 29, soweit sie die Zuwiderhandlungen gegen den § 12, Abs. 1 und das Verbot betreffen, Fleisch, das den Vorschriften des § 12, Abs. 1 zuwider eingeführt worden ist, als Nahrungs- oder Genussmittel für Menschen in Verkehr zu bringen.

Ferner tritt gemäss Kaiserlicher Verordnung vom 16. Februar 1902 § 21 des Gesetzes am 1. Oktober 1902 in Kraft; gleichzeitig damit die Vorschriften des § 26, Nr. 1, des § 27, Nr. 1 und der §§ 28 und 29, soweit sie die Zuwiderhandlungen gegen den § 21, Abs. 1, 2 oder gegen ein auf Grund des § 21, Abs. 3 ergangenes Verbot betreffen.

2. Kaiserliche Verordnung über die theilweise Inkraftsetzung des Gesetzes, betreffend die Schlachtvieh- und Fleischbeschau vom 3. Juni 1900.

Vom 30. Juni 1900.

(R.-G.-Bl. S. 775.)

Der § 12 Abs. 1 des Gesetzes, betr. die Schlachtvieh- und Fleischbeschau, vom 3. Juni 1900 (R.-G.-Bl., S. 547) tritt am 1. Oktober 1900 in Kraft. Gleichzeitig treten die Vorschriften des § 26 Nr. 1, 2, des § 27 Nr. 1 und der §§ 28, 29 in Kraft, soweit sie die Zuwiderhandlungen gegen den § 12 Abs. 1 und das Verbot betreffen, Fleisch, das den Vorschriften des § 12 Abs. 1 zuwider eingeführt worden ist, als Nahrungs- oder Genussmittel für Menschen in Verkehr zu bringen.

3. Kaiserliche Verordnung über die theilweise Inkraftsetzung des Gesetzes, betr. die Schlachtvieh- und Fleischbeschau vom 3. Juni 1900.

Vom 16. Februar 1902.

(R.-G.-Bl. S. 47.)

Der § 21 des Gesetzes, betreffend die Schlachtvieh- und Fleischbeschau, vom 3. Juni 1900 (Reichs-Gesetz-Bl. S. 547) tritt am 1. Oktober 1902 in Kraft. Gleichzeitig treten die Vorschriften des § 26 No. 1, des § 27 No. 1 und der §§ 28, 29 in Kraft, soweit sie die Zuwiderhandlungen gegen den § 21 Abs. 1, 2 oder gegen ein auf Grund des § 21 Abs. 3 ergangenes Verbot betreffen.

---

4. Bekanntmachung, betr. gesundheitsschädliche und täuschende Zusätze zu Fleisch und dessen Zubereitungen.

Vom 18. Februar 1902.

(R.-G.-Bl. S. 48.)

Auf Grund der Bestimmungen in § 21 des Gesetzes, betreffend die Schlachtvieh- und Fleischbeschau, vom 3. Juni 1900 (R.-G.-Bl. S. 547) hat der Bundesrath die nachstehenden Bestimmungen beschlossen:

Die Vorschriften des § 21 Abs. 1 des Gesetzes finden auf die folgenden Stoffe sowie auf die solche Stoffe enthaltenden Zubereitungen Anwendung:

Borsäure und deren Salze,
Formaldehyd,
Alkali- und Erdalkali-Hydroxyde und -Karbonate,
Schweflige Säure und deren Salze sowie unterschweflig-saure Salze,
Fluorwasserstoff und dessen Salze,
Salicylsäure und deren Verbindungen,
Chlorsaure Salze.

Dasselbe gilt für Farbstoffe jeder Art, jedoch unbeschadet ihrer Verwendung zur Gelbfärbung der Margarine und zum Färben der Wursthüllen, sofern diese Verwendung nicht anderen Vorschriften zuwiderläuft.

Eine technische Begründung des vorstehenden Bundesrathsbeschlusses ist im Deutschen Reichsanzeiger vom 24. Februar 1902, Nr. 47, 1. Beilage abgedruckt worden (vgl. auch Zeitschr. f. Unters. d. Nahrungs- u. Genussmittel, 1902, S. 333 ff.). Diese technische Begründung bespricht nach einem ersten Abschnitt: „Allgemeine Gesichtspunkte" in einem „Besonderen Theil" die vorstehend einzeln aufgeführten Mittel, und entwickelt die Gründe, welche zu einem Verbot ihrer Verwendung bei der gewerbsmässigen Zubereitung von Fleisch geführt haben.

Vergleiche ferner hierzu auch die folgenden in den „Arbeiten aus dem Kaiserlichen Gesundheitsamte", Band XIX, 1902, Heft 1 abgedruckten Arbeiten:

E. Rost. Ueber die Wirkungen der Borsäure und des Borax auf den thierischen und menschlichen Körper, mit besonderer Berücksichtigung ihrer Verwendung zum Konserviren von Nahrungsmitteln (S. 1 ff.).

Rubner. Ueber die Wirkung der Borsäure auf den Stoffwechsel des Menschen (S. 70 ff.).

R. O. Neumann. Ueber den Einfluss des Borax auf den Stoffwechsel des Menschen (S. 89 ff.).

A. Heffter. Ueber den Einfluss der Borsäure auf die Ausnutzung der Nahrung (S. 97 ff.).

G. Sonntag. Ueber die quantitative Untersuchung des Ablaufs der Borsäureausscheidung aus dem menschlichen Körper (S. 110 ff.).

A. Weitzel. Ueber die Labgerinnung der Kuhmilch unter dem Einfluss von Borpräparaten und anderen chemischen Stoffen (S. 126 ff.).

E. Polenske. Ueber den Borsäuregehalt von frischen und geräucherten Schweineschinken nach längerer Aufbewahrung in Boraxpulver oder pulverisirter Borsäure (S. 167 f.).

5. Bekanntmachung, betr. die Ausführung des Schlachtvieh- und Fleischbeschaugesetzes vom 3. Juni 1900.

Vom 30. Mai 1902.

(Beilage zum Centralbl. f. d. Deutsche Reich, Nr. 22, S. 1*.)

Auf Grund der Bestimmungen im § 1 Abs. 1, § 12 Abs. 2 Nr. 1, § 14 Abs. 1, § 15, § 18 Abs. 5, § 19 Abs. 2, § 21 Abs. 2, 3, § 22 des Gesetzes, betreffend die Schlachtvieh- und Fleischbeschau, vom 3. Juni 1900 (Reichs-Gesetzbl. S. 547) hat der Bundesrath die nachstehend*) abgedruckten Ausführungsvorschriften beschlossen.

*) Unter Ziffer 7.

6. Bekanntmachung, betr. die Einlass- und Untersuchungsstellen für das in das Zollinland eingehende Fleisch.

Vom 30. Mai 1902.

(Beilage zum Centralbl. f. d. Deutsche Reich, Nr. 22, S. 1*.)

Auf Grund des § 13 Abs. 2 des Gesetzes, betr. die Schlachtvieh- und Fleischbeschau, vom 3. Juni 1900 (Reichs-Gesetzbl. S. 547) hat der Bundesrath nachstehende Bestimmungen beschlossen:

1. Die Einfuhr von Fleisch in das Zollinland darf nur über die in dem anliegenden Verzeichnisse, Spalte 2, aufgeführten Zollämter erfolgen; die Untersuchung des eingeführten Fleisches findet bei einer der in Spalte 4 aufgeführten Zoll- oder Steuerstellen statt;
2. die Einfuhr der mit der Post eingehenden Sendungen darf über sämmtliche Grenzzollstellen erfolgen;
3. die Bundesregierungen sind ermächtigt, die Einfuhr und die Untersuchung von Fleisch bei einzelnen der in dem Verzeichniss aufgeführten Stellen auf bestimmte Tage zu beschränken.

---

7. Kaiserliche Verordnung über die weitere Inkraftsetzung des Gesetzes, betreffend die Schlachtvieh- und Fleischbeschau vom 3. Juni 1900.

Vom 7. Juli 1902.

(R.-G.-Bl. S. 241.)

Das Gesetz, betreffend die Schlachtvieh- und Fleischbeschau, vom 3. Juni 1900 (Reichs-Gesetzbl. S. 547), tritt, insoweit nicht für einzelne Vorschriften ein früherer Zeitpunkt bestimmt ist, am 1. April 1903 in Kraft.

---

8. Bekanntmachung, betreffend das Gesetz über die Schlachtvieh- und Fleichbeschau vom 3. Juni 1900.

Vom 10. Juli 1902.

(R.-G.-Bl. S. 242.)

Auf Grund der Bestimmungen im § 1 Abs. 1, § 12 Abs. 2 Nr. 1, § 14 Abs. 1, § 15, § 18 Abs. 5 des Gesetzes, betreffend die Schlachtvieh- und Fleischbeschau, vom 3. Juni 1900 (Reichs-Gesetzbl. S. 547) hat der Bundesrath Nachstehendes beschlossen:

1. Der amtlichen Untersuchung vor und nach der Schlachtung (§ 1 Abs. 1 des Gesetzes) unterliegen

auch Esel, Maulthiere und Maulesel. Die Bestimmungen im § 18 des Gesetzes finden auch auf Esel, Maulthiere und Maulesel Anwendung.

2. Bei der Einfuhr frischen Fleisches müssen ausser den im § 12 Abs. 2 Nr. 1 des Gesetzes bezeichneten Organen in natürlichem Zusammenhange mit den Thierkörpern verbunden sein:

   bei Rindvieh, ausgenommen Kälber, der Kopf oder der Unterkiefer mit den Kaumuskeln; Gehirn und Augen dürfen fehlen. Auch darf der Kopf getrennt von dem Thierkörper beigebracht werden, sofern er und der Thierkörper derart mit Zeichen oder Nummern versehen sind, dass die Zusammengehörigkeit ohne Weiteres erkennbar ist;

   bei Schweinen der Kopf mit Zunge und Kehlkopf; Gehirn und Augen dürfen fehlen;

   bei Pferden, Eseln, Maulthieren, Mauleseln und anderen Thieren des Einhufergeschlechts der Kopf, der Kehlkopf und die Luftröhre sowie die ganze Haut, bei letzterer genügt die Verbindung an einer Stelle.

3. Die Bestimmungen in §§ 12, 13 des Gesetzes finden auch auf Rennthiere und Wildschweine mit der Massgabe Anwendung, dass erstere dem Rindvieh, letztere den Schweinen gleichgestellt werden.

4. Die Einfuhr von Hundefleisch sowie von zubereitetem Fleische, das von Pferden, Eseln, Maulthieren, Mauleseln oder anderen Thieren des Einhufergeschlechts herrührt, ist verboten.

---

9. Ausführungsbestimmungen zu dem Gesetze, betreffend die Schlachtvieh- und Fleischbeschau vom 3. Juni 1900 (Reichs-Gesetzbl. S. 547).

A. Untersuchung und gesundheitspolizeiliche Behandlung des Schlachtviehs und Fleisches bei Schlachtungen im Inlande.

I. Anmeldung zur Schlachtvieh- und Fleischbeschau.

§ 1. Wer Rindvieh, Schweine, Schafe, Ziegen, Pferde, Esel, Maulthiere, Maulesel oder Hunde schlachtet oder schlachten lassen will, hat dies nach näherer Anordnung der Landesregierung zum Zwecke der Schlachtvieh- und Fleischbeschau anzumelden, wenn das Fleisch zum Genusse für Menschen verwendet werden soll und nicht einer der Ausnahmefälle des § 2 vorliegt.

§ 2. Die Anmeldung zur Untersuchung vor dem Schlachten (Schlachtviehbeschau) darf unterbleiben

1. bei Nothschlachtungen (vergl. § 1 Abs. 3 des Gesetzes);

   Der Fall der Nothschlachtung liegt dann vor, wenn zu befürchten steht, dass das Thier bis zur Ankunft des zuständigen Beschauers verenden oder das Fleisch durch Verschlimmerung des krankhaften Zustandes wesentlich an Werth verlieren werde oder wenn das Thier in Folge eines Unglücksfalls sofort getödtet werden muss.

   Die Anmeldung zur Untersuchung nach dem Schlachten (Fleischbeschau) hat sofort nach der Nothschlachtung zu erfolgen. Sie hat auch dann und zwar sofort nach der Ausweidung zu erfolgen, wenn das Fleisch von Thieren, deren Tod durch Schädel- oder Halswirbelbruch, Erschiessen in Nothfällen, Blitzschlag, Verblutung oder Erstickung in Folge eines Unglücksfalls oder durch ähnliche äussere Einwirkungen ohne vorherige Krankheit plötzlich eingetreten ist (vergl. § 33 Abs. 2), zum Genusse für Menschen verwendet werden soll;

2. — unbeschadet landesrechtlicher Vorschriften über die Anmeldepflicht bei Hausschlachtungen (§ 24 Nr. 1 des Gesetzes) — bei Schlachtthieren, deren Fleisch ausschliesslich im eigenen Haushalte des Besitzers (vergl. § 2 Abs. 3 des Gesetzes) verwendet werden soll, sofern sie keine Merkmale einer die Genusstauglichkeit des Fleisches ausschliessenden Erkrankung (vergl. § 33) zeigen.

   In diesem Falle ist eine Anmeldung zur Untersuchung nach dem Schlachten nur erforderlich, wenn sich bei der Schlachtung Merkmale einer die Genusstauglichkeit des Fleisches ausschliessenden Erkrankung (vergl. §§ 33, 34) zeigen.

II. Beschaubezirke. Beschauer.

§ 3. (1) Die Bildung der Beschaubezirke und die Bestellung von Beschauern erfolgt nach § 5 des Gesetzes durch die Landesbehörden.

(2) Zu Beschauern sind entweder approbirte Thierärzte oder solche Personen zu bestellen, die nach Massgabe der hierüber ergehenden besonderen Anweisung genügende Kenntnisse nachgewiesen haben.

(3) Die letztgenannten Personen dürfen jedoch vorbehaltlich weitergehender landesrechtlicher Einschränkungen (vergl. § 24 Nr. 2 des Gesetzes) die Schlachtvieh- und Fleischbeschau nur insoweit ausüben, als sie nicht im Gesetze (§ 18 Abs. 1) und in dieser Ausführungsanweisung approbirten Thierärzten ausschliesslich zugewiesen ist.

(4) Für Beschaubezirke, in denen nicht die gesammte Schlachtvieh- und Fleischbeschau approbirten Thierärzten übertragen ist, müssen daher auch solche Thierärzte als Beschauer für die ihnen vorbehaltenen Zweige der Schlachtvieh- und Fleischbeschau bestellt werden.

(5) Der Beschauer darf die Schlachtvieh- und Fleischbeschau nur in dem Bezirk ausüben, für welchen er bestellt ist, jedoch können als Stellvertreter, welche in Behinderungsfällen der zuständigen Beschauer einzutreten haben, auch Beschauer benachbarter Bezirke bestellt werden.

§ 4. (1) Der Beschauer hat allen in ordnungsmässiger Weise an ihn ergehenden Aufforderungen zur Ausübung seines Amtes alsbald Folge zu leisten und hierbei den Wünschen der Antragstelle in Bezug auf Zeit und Ort der Untersuchung thunlichst zu ensprechen. Die bei ihm eingehenden Anträge hat er binnen einer Frist von 24 Stunden in dem Tagebuche (vergl. § 47, Anlage 1) zu vermerken.

(2) Die Beschauzeit kann nach näherer Anordnung der Landesregierung auf bestimmte Tagesstunden beschränkt werden.

§ 5. Besitzt der Beschauer nicht die Approbation als Thierarzt, so hat er die Vornahme der Schlachtvieh- und Fleischbeschau abzulehnen und die bei ihm eingehenden Anträge ohne Weiteres an den zum Beschauer bestellten Thierarzt zu verweisen:

1. bei Pferden, Eseln, Maulthieren, Mauleseln;
2. wenn aus den Angaben des Antragstellers hervorgeht, dass das Schlachtthier mit einer Krankheit behaftet ist, deren Beurtheilung dem thierärztlichen Beschauer vorbehalten ist (vergl. § 11).

III. Schlachtviehbeschau.

Allgemeine Bestimmungen.

§ 6. (1) Die Schlachtviehbeschau hat möglichst kurz vor der Schlachtung zu geschehen (vergl. auch § 11 Abs. 3). Sie ist zu wiederholen, wenn die Schlachtung nicht spätestens zwei Tage nach Ertheilung der Genehmigung erfolgt (vergl. § 7 des Gesetzes).

(2) Durch die Untersuchung des lebenden Thieres ist festzustellen:

a) ob es Erscheinungen einer Krankheit zeigt, welche von Einfluss auf die Genusstauglichkeit des Fleisches ist;

b) ob es mit einer Seuche behaftet ist, die nach den seuchenpolizeilichen Bestimmungen der Anzeigepflicht unterliegt, oder ob es Erscheinungen zeigt, welche den Ausbruch einer solchen Seuche befürchten lassen.

Anweisung für die Untersuchung.

§ 7. (1) Bei der Schlachtviehbeschau sind die Thiergattung und das Geschlecht, bei kranken und krankheitsverdächtigen Thieren auch das Alter, die Farbe und sonstige Kennzeichen festzustellen. Es ist zu prüfen, ob die Thiere einen gesunden Eindruck machen; liegende Thiere sind aufzutreiben, lahme vorzuführen. Das Augenmerk ist besonders zu richten auf:

1. den Ernährungszustand;
2. die Körperhaltung, den Stand und Gang, den Blick und die Aufmerksamkeit auf die Umgebung;
3. die Körperoberfläche (Haut, Haar, äussere Körperwärme, besondere Veränderungen);
4. die Verdauungsorgane (Lippen, Nasenspiegel, Nahrungsaufnahme, Wiederkäuen, Hinterleib — Füllung, Pansenbewegungen —, Beschaffenheit des Kothes);
5. die Scham, die Scheide und das Euter;
6. die Athmungsorgane (Nasenöffnungen, Athmung).

(2) Zeigen sich bei Rindvieh, ausgenommen Kälber, oder bei Pferden oder anderen Einhufern Störungen des Allgemeinbefindens, so ist die innere Körperwärme mit einem amtlich geprüften ärztlichen Thermometer zu messen.

(3) Bei den einzelnen Schlachtthiergattungen sind mit besonderer Sorgfalt diejenigen Körpertheile zu untersuchen, an welchen diesen Thiergattungen eigenthümliche, in gesundheits- und seuchenpolizeilicher Hinsicht wichtige Erkrankungen vorkommen.

§ 8. Bei den einzelnen Thiergattungen ist namentlich zu achten, und zwar

bei Rindern auf Milzbrand, Rauschbrand, Rinderseuche, Maul- und Klauenseuche, sowie auf fieberhafte Allgemeinerkrankungen, die sich an Erkrankungen des Euters und der Geburtswege, des Darmes, der Gelenke und der Klauen anschliessen, bei Kälbern auf Diphtherie, Ruhr und Nabelerkrankungen mit anschliessenden Gelenkanschwellungen oder fieberhaften Allgemeinleiden,

bei Pferden auf Rotz, Räude und fieberhafte Allgemeinerkrankungen in Folge örtlicher Erkrankungen, insbesondere der Gelenke, Sehnenscheiden und Hufe,

bei Schweinen auf Maul- und Klauenseuche, Rothlauf, Schweineseuche und Schweinepest,

bei Schafen und Ziegen auf Räude, Milzbrand, Drehkrankheit, Wassersucht,

bei Hunden auf Tollwuth.

Verfahren nach der Untersuchung.

§ 9. Die Schlachtung ist zu verbieten, wenn bei dem Thiere Milzbrand, Rauschbrand, Rinderseuche, Tollwuth, Rotz, Rinderpest oder der Verdacht einer dieser Seuchen festgestellt ist.

§ 10. In allen anderen Fällen hat der Beschauer, falls er approbirter Thierarzt ist, die Schlachtung zu gestatten (vergl. jedoch § 11 Abs. 4, § 15).

§ 11. (1) Ist der Beschauer nicht approbirter Thierarzt, so hat er die Erlaubniss zur Schlachtung nur dann zu ertheilen, wenn das Schlachtthier Erscheinungen einer Krankheit überhaupt nicht oder lediglich von solchen Krankheiten aufweist, welche nur unerheblich sind und das Allgemeinbefinden nicht wesentlich stören, ferner bei Knochenbrüchen und sonstigen schweren Verletzungen, bei Vorfall der Gebärmutter, sofern derselbe im unmittelbaren Anschluss an die Geburt eingetreten ist, Geburtshindernissen, Aufblähen nach Aufnahme von Grünfutter oder bei drohender Erstickung, in diesen Fällen jedoch nur dann, wenn nach dem Eintreten des Schadens höchstens 12 Stunden verstrichen sind, und nur unter der Bedingung, dass die Schlachtung sofort vorgenommen wird.

(2) In allen anderen Fällen hat er die Schlachtung vorläufig zu verbieten (vergl. jedoch Abs. 3) und den Besitzer an den thierärztlichen Beschauer zu verweisen. Letzterem hat er das Ergebniss der Schlachtviehbeschau mitzutheilen. Die Verweisung an den thierärztlichen Beschauer hat insbesondere dann zu geschehen, wenn bei der Schlachtviehbeschau festgestellt werden:

1. Krankheiten in Folge der Geburt mit Störungen des Allgemeinbefindens;

2. krankhafte, namentlich blutige oder mit Fieber verbundene Durchfälle;
3. mit Störung des Allgemeinbefindens einhergehende Euterentzündungen;
4. Nabelerkrankungen junger Thiere, sofern sich Gelenkanschwellungen oder fieberhafte Allgemeinleiden anschliessen;
5. an Wunden und Geschwüre sich anschliessende Allgemeinerkrankungen.

(3) Ist in den Fällen des Abs. 2 zu befürchten, dass sich der Zustand des Schlachtthiers bis zum Erscheinen des thierärztlichen Beschauers erheblich verschlechtern wird, so hat der Beschauer die Genehmigung zur sofortigen Schlachtung zu ertheilen, im Uebrigen dafür zu sorgen, dass die Ergebnisse der Schlachtviehbeschau bei der nachfolgenden Fleischbeschau geprüft werden.

(4) Der gemäss Abs. 2 zugezogene thierärztliche Beschauer hat nach Aufnahme des Befundes bei dem erkrankten Thiere die Schlachtung, sofern nicht die Voraussetzungen des § 9 vorliegen, zu gestatten, jedoch nur unter der Bedingung, dass sie alsbald nach der Schlachtviehbeschau ausgeführt wird.

§ 12. Verzichtet der Besitzer in den Fällen des § 11 Abs. 2 auf die Verwendung des Schlachtthiers als Nahrungsmittel für Menschen, so hat die weitere Beschau zu unterbleiben.

§ 13. Das Ergebniss der Untersuchung und die auf Grund derselben zu treffenden Massnahmen sind den Besitzern der Schlachtthiere mitzutheilen. In öffentlichen Schlachthöfen, in denen die Vornahme der Schlachtvieh- und Fleischbeschau durch geeignete Massnahmen gesichert ist, darf diese ausdrückliche Mittheilung unterbleiben, sofern ein Grund zur Beanstandung sich nicht ergeben hat.

§ 14. (1) Die Beschauer sind nach § 9 des Gesetzes vom $\frac{\text{23. Juni 1880}}{\text{1. Mai 1894}}$ (Reichs-Gesetzbl. 1894 S. 409) verpflichtet, sobald sie eine Seuche, die der Anzeigepflicht unterliegt, oder Erscheinungen ermitteln, die den Ausbruch einer solchen Seuche befürchten lassen, sofort der Polizeibehörde davon Anzeige zu erstatten.

(2) Zugleich soll der Beschauer den Besitzer der kranken oder verdächtigen Thiere auf seine im § 9 a. a. O. vorgeschriebene Verpflichtung, die Thiere von Orten fern zu halten, an denen die Gefahr der Ansteckung fremder Thiere besteht, aufmerksam machen.

§ 15. Ist das Schlachtthier mit einer der nachstehenden Seuchen:

Maul- und Klauenseuche, Lungenseuche des Rindviehs, Pockenseuche der Schafe, Beschälseuche der Pferde, Bläschenausschlag der Pferde und des Rindviehs, Räude der Pferde, Esel, Maulthiere, Maulesel und Schafe, Schweineseuche, Schweinepest und Rothlauf der Schweine

oder mit Erscheinungen behaftet, welche den Verdacht des Ausbruchs einer dieser Seuchen begründen, so ist die Schlachtung unter Beachtung der Vorschriften im § 11 der gegenwärtigen Ausführungsbestimmungen zu gestatten. Sofern jedoch eine Feststellung der Seuchen im Sinne der §§ 12 ff. des Gesetzes vom $\frac{\text{23. Juni 1880}}{\text{1. Mai 1894}}$ (Reichs-Gesetzbl. 1894 S. 409) durch den beamteten Thierarzt stattzufinden hat, ist anzuordnen, dass die vom Beschauer zu bezeichnenden, für die Feststellung der Seuche erforderlichen Theile zur Verfügung des beamteten Thierarztes unter sicherem Verschluss in einem geeigneten Raume aufbewahrt werden.

§ 16. Ist der Beschauer mit Thieren in Berührung gekommen, welche mit einer übertragbaren Krankheit behaftet waren, so hat er Hände und Arme, sowie beim Vorhandensein von Maul- und Klauenseuche Kleidung und Schuhwerk vor dem Verlassen des Seuchengehöfts gründlich zu reinigen und darf in diesem Falle, bevor er Kleidung und Schuhwerk gewechselt hat, andere Ställe nicht betreten.

IV. Fleischbeschau.

Allgemeine Bestimmungen.

§ 17. (1) Die Fleischbeschau hat möglichst im Anschluss an die Schlachtung zu erfolgen und ist — abgesehen von öffentlichen Schlachthöfen — thunlichst von demselben Beschauer (§ 3 Abs. 5) auszuführen, welcher die Schlachtviehbeschau vorgenommen hatte.

(2) Vor der Besichtigung durch den Beschauer ist eine Zerlegung des geschlachteten Thieres nicht gestattet; doch darf das Thier dergestalt enthäutet werden, dass die Haut noch an einer Stelle mit dem Körper zusammenhängt, auch dürfen Bauch-, Becken- und Brusteingeweide, bei Schweinen, Schafen und Ziegen auch die Zunge im natürlichen Zusammenhange mit den Halsorganen und den Organen der Brusthöhle herausgenommen werden. Ferner darf das Thier in der Längsrichtung zertheilt sein; Kopf und Unterfüsse

dürfen bei Rindvieh, ausgenommen Kälber, sowie bei Schafen, Ziegen und Pferden aus ihren Verbindungen mit dem Thierkörper gelöst werden. Weitere Ausnahmen können für öffentliche Schlachthöfe von der Landesbehörde zugelassen werden.

(3) Werden gleichzeitig mehrere Thiere derselben Art geschlachtet, so sind die herausgenommenen Eingeweide in der Nähe der Thierkörper derart zu verwahren, dass ihre Zugehörigkeit zu den einzelnen Körpern ausser Zweifel steht.

(4) Vor der Untersuchung dürfen Theile eines geschlachteten Thieres weder entfernt noch einer weiteren Behandlung unterzogen werden. Schweine dürfen gebrüht werden.

§ 18. Sind vor der Beschau bereits einzelne für die Beurtheilung der Genusstauglichkeit des Fleisches wichtige Körpertheile entfernt worden, so darf die Fleischbeschau nur von dem thierärztlichen Beschauer vorgenommen werden. Das Fleisch darf nur dann für genusstauglich oder bedingt tauglich erklärt werden, wenn die Beschau der vorhandenen Fleischtheile in Verbindung mit den Ergebnissen der Schlachtviehbeschau und den sonst eingezogenen Erkundigungen ein sicheres Urtheil ermöglicht.

§ 19. Bei der Untersuchung geschlachteter Thiere soll der Beschauer mindestens zwei geeignete Messer zur Hand haben, welche in sauberem Zustande zu erhalten sind. Durch Krankheitsstoffe verunreinigte Messer dürfen ohne vorherige Reinigung und Desinfektion zum Anschneiden gesunder Körpertheile nicht benutzt werden.

§ 20. Sofern besondere Hülfeleistungen bei der Fleischuntersuchung erforderlich sind und der Besitzer oder dessen Vertreter eine geeignete Hülfskraft auf Ansuchen des Beschauers nicht stellt, ist der Beschauer berechtigt, die weitere Untersuchung abzulehnen, bis dem Ansuchen entsprochen wird.

Anweisung für die Untersuchung.

§ 21. (1) Der Beschauer soll die zur Untersuchung in das Fleisch oder die Organe anzulegenden Schnitte nicht in grösserer Anzahl oder in grösserem Umfang ausführen, als zur Erreichung des Zweckes nöthig ist und in den §§ 22 bis 29 vorgeschrieben ist.

(2) Beim Anschneiden kranker Theile ist eine Verunreinigung des Fleisches, des Fussbodens, der Hände u. s. w. mit Krankheitsstoffen thunlichst zu vermeiden.

8. die Milz;
9. die Nieren mit ihren Lymphdrüsen sowie die Harnblase
10. die Gebärmutter mit Scheide und Scham (besonders sorgfältig bei Thieren, welche kurz vor der Schlachtung geboren haben oder Scheidenausfluss oder krankhafte Veränderungen der Gebärmutteroberfläche zeigen);
11. das Euter und dessen Lymphdrüsen;
12. das Muskelfleisch, einschliesslich des zugehörigen Fett- und Bindegewebes, der Knochen, der Gelenke, des Brust- und Bauchfells. In Verdachtsfällen sind die Lymphdrüsen am Brusteingange, die Bug-, Lenden-, Darmbein-, Kniefalten- und Schamdrüsen zu untersuchen.

§ 24. Bei Rindern sind ausserdem die Zunge, das Herz, die äusseren und inneren Kaumuskeln, letztere unter Anlegung ergiebiger, parallel mit dem Unterkiefer verlaufender Schnitte. sowie die bei der Schlachtung zu Tage tretenden Fleischtheile auf Finnen zu untersuchen. Besteht der Verdacht, dass Leberegel vorhanden sind, so ist an der Leber je ein Schnitt senkrecht zu der Magenfläche, quer durch die Hauptgallengänge sowie neben dem Spigel'schen Lappen bis auf die Gallengänge anzulegen; den Landesregierungen bleibt vorbehalten, anzuordnen, dass diese Leberuntersuchung regelmässig stattfindet. Die Nieren sind aus ihrer Fettkapsel zu lösen. Bei Kühen ist die Gebärmutter durch einen Querschnitt zu öffnen.

§ 25. Bei Kälbern sind auch der Nabel und die Gelenke zu besichtigen und im Verdachtsfall anzuschneiden. Die Untersuchung auf Finnen erfolgt wie bei Rindern, sie fällt aber für Kälber unter sechs Wochen weg. Die Untersuchung des Kopfes mit seinen Drüsen, soweit sie nicht zur Finnenuntersuchung nothwendig ist, sowie die Untersuchung der Nieren darf bei Kälbern jeden Alters unterbleiben, sofern nicht der Verdacht einer Erkrankung vorliegt.

§ 26. Bei Pferden ist auch die Schleimhaut der Luftröhre, des Kehlkopfs, der Nasenhöhle und ihrer Nebenhöhlen zu untersuchen, nachdem der Kopf in der Längsrichtung neben der Mittellinie durchgesägt oder durchgehauen und die Nasenscheidewand herausgenommen ist.

§ 27. Schweine, ausgenommen Spanferkel, sind vor der Untersuchung durch Spalten der Wirbelsäule und des Kopfes in Hälften zu zerlegen, die Liesen (Flohmen, Lünte, Schmer, Wammen-

(3) Sobald der nicht als Thierarzt approbirte Beschauer erkennt, dass er zur Entscheidung nicht zuständig ist (§§ 30 und 31), hat er die Untersuchung zu unterbrechen; die Zuziehung des thierärztlichen Beschauers erfolgt nach näherer Anordnung der Landesregierung.

§ 22. (1) Die Untersuchung der einzelnen Theile des Thierkörpers hat nach den in §§ 23 bis 29 angegebenen Grundsätzen zu erfolgen und soll in der Regel in der dort angegebenen Reihenfolge geschehen.

(2) Die in Betracht kommenden Körpertheile sind zu besichtigen, die Lungen, die Leber, die Milz, die Gebärmutter, das Euter und die Zunge auch zu durchtasten. Das Blut ist auf seine Farbe, färbende Kraft, Gerinnungsfähigkeit und auf die Beimengung fremder Bestandtheile zu prüfen. Bei denjenigen Theilen, bei denen die Besichtigung oder Durchtastung zur Ermittelung von Krankheitszuständen nicht ausreicht, sind die tieferen Schichten durch Einschnitte und Zerlegungen gemäss den nachfolgenden Vorschriften freizulegen und zu untersuchen. Die zu untersuchenden Lymphdrüsen sind der Länge nach zu durchschneiden. Liegen krankhafte Veränderungen vor, deren Erkennung eine weitergehende Untersuchung erforderlich macht, so ist eine solche entsprechend der Lage des Falles vorzunehmen (vergl. auch § 29); nöthigenfalls sind verdächtige oder erkrankte Theile anzuschneiden.

§ 23. Bei der Beschau sind im Allgemeinen zu berücksichtigen:

1. das Blut;
2. der Kopf und die oberen Hals- und Kehlgangslymphdrüsen (Lösung der Zunge so weit, dass die Maul- und Rachenschleimhaut in ihrem ganzen Umfange zu sehen ist);
3. die Lungen, sowie die Lymphdrüsen an der Lungenwurzel und im Mittelfell (Anlegung eines Querschnitts im unteren Drittel der Lungen);
4. der Herzbeutel und das Herz (Anlegung eines Längsschnitts, durch den beide Kammern geöffnet werden und die Scheidewand der Kammern durchschnitten wird);
5. das Zwerchfell;
6. die Leber und die Lymphdrüsen an der Leberpforte;
7. der Magen und der Darmkanal, das Gekröse, die Gekrösdrüsen und das Netz;

fett) sind zu lösen. Die zu Tage tretenden Fleischtheile, insbesondere an den Hinterschenkeln, am Bauche, am Zwerchfell, an den Zwischenrippenmuskeln, am Nacken, am Herzen, an der Zunge und am Kehlkopfe sind auf Finnen zu untersuchen. Wenn auf andere Weise ausreichend sichergestellt ist, dass Finnen nicht vorhanden sind, so darf auf Antrag des Besitzers von der Spaltung der Wirbelsäule und des Kopfes abgesehen werden.

§ 28. Bei Schafen und Ziegen ist die Leber stets zu untersuchen und zwar in der im § 24 bezeichneten Weise. Das Anschneiden des Herzens sowie der Lymphdrüsen am Kopfe und an den Lungen ist nur im Falle des Verdachts einer Erkrankung erforderlich.

§ 29. Liegt eine Nothschlachtung oder einer der anderen, im § 2 Nr. 1 bezeichneten Fälle vor, so ist die Untersuchung aller Organe einschliesslich der Lymphdrüsen besonders sorgfältig vorzunehmen. Namentlich ist festzustellen, ob eine ordnungsmässige Schlachtung oder etwa eine Tödtung im Verenden begriffener Thiere oder eine scheinbare Schlachtung bereits verendeter Thiere vorliegt, sowie ob in den Fällen des § 2 Nr. 1 die Ausweidung unmittelbar nach dem Tode der Thiere erfolgt ist (vergl. § 33 Abs. 2).

Verfahren nach der Untersuchung.

§ 30. Beschauer, welche nicht im Besitze der Approbation als Thierarzt sind, dürfen die selbständige Beurtheilung des Fleisches nur in folgenden Fällen und nur dann übernehmen, wenn vor der Untersuchung wichtige Theile nicht entfernt sind:

1. wenn bei der Untersuchung alle Theile des Schlachtthiers gesund befunden werden oder nur folgende Mängel am Fleische festgestellt sind:
   a) thierische Schmarotzer, ausgenommen jedoch die gesundheitsschädlichen Finnen (beim Rinde Cysticercus inermis, beim Schweine, Schafe, Hunde und bei der Ziege Cysticercus cellulosae);
   b) bindegewebige Verwachsungen von Organen ohne Eiterung und ohne übelriechende wässerige Ergüsse, sowie vollständig abgekapselte Eiterherde;
   c) Entzündungen der Haut ohne ausgebreitete Bildung von Eiter oder Jauche;
   d) örtlich begrenzte Geschwülste;

e) örtliche Strahlenpilzkrankheit;

f) Tuberkulose eines Organs oder Tuberkulose, die nicht auf ein Organ beschränkt ist, in letzterem Falle jedoch nur dann, wenn die Krankheit nicht ausgedehnt, die Verbreitung derselben nicht auf dem Wege des grossen Blutkreislaufs erfolgt ist, hochgradige Abmagerung nicht vorliegt, ausgedehnte Erweichungsherde fehlen und die veränderten Theile (vergl. § 35 Nr. 4) leicht und sicher entfernbar sind;

g) Nesselfieber (Backsteinblattern), leichte Formen von Maul- und Klauenseuche oder von Rothlauf der Schweine, ferner Bläschenausschlag an den Geschlechtstheilen;

h) Schwund von Organen oder einzelnen Muskeln;

i) Missbildungen, wenn eine Störung des Allgemeinbefindens oder eine Veränderung der Fleischbeschaffenheit damit nicht verbunden ist;

k) einfache Knochenbrüche, auf mechanischem Wege entstandene Blutergüsse, Farbstoffablagerungen, Verhärtungen und Verkalkungen in einzelnen Organen und Körpertheilen;

l) Vorhandensein von Mageninhalt oder sonstigen Verununreinigungen in den Lungen oder im Blute;

m) Beschmutzung und Verunreinigung des Fleisches durch Insekten, Verschimmeln u. s. w., sowie Veränderung desselben durch Aufblasen;

2. in den im § 33 Abs. 1 Nr. 12, 13, 16, 17 und Abs. 2 bezeichneten Fällen der Genussuntauglichkeit des Fleisches, sowie in allen anderen Fällen, in welchen der Besitzer oder dessen Vertreter mit der unschädlichen Beseitigung des von dem Beschauer für genussuntauglich erachteten Fleisches einverstanden ist.

§ 31. In allen im § 30 nicht aufgeführten Fällen bleibt die Entscheidung dem zuständigen thierärztlichen Beschauer vorbehalten.

§ 32. Stellt der Beschauer eine Seuche fest, für welche die Anzeigepflicht besteht, so finden die Bestimmungen der §§ 14 und 16 sinngemässe Anwendung.

Grundsätze für die Beurtheilung der Genusstauglichkeit des Fleisches.

§ 33. (1) Als untauglich zum Genusse für Menschen ist der ganze Thierkörper (Fleisch mit Knochen, Fett, Eingeweiden und den zum Genusse für Menschen geeigneten Theilen der Haut sowie das Blut) anzusehen, wenn einer der nachstehend aufgeführten Mängel festgestellt worden ist:

1. Milzbrand;
2. Rauschbrand;
3. Rinderseuche;
4. Tollwuth;
5. Rotz (Wurm);
6. Rinderpest;
7. eitrige oder jauchige Blutvergiftung, wie sie sich anschliesst namentlich an eitrige oder brandige Wunden, Entzündungen des Euters, der Gebärmutter, der Gelenke, der Sehnenscheiden, der Klauen und der Hufe, des Nabels, der Lungen, des Brust- und Bauchfells, des Darmes;
8. Tuberkulose, wenn das Thier in Folge der Erkrankung hochgradig abgemagert ist;
9. Rothlauf der Schweine, wenn eine erheblichere Veränderung des Muskelfleisches oder des Fettgewebes besteht;
10. Schweineseuche und Schweinepest, wenn erhebliche Abmagerung oder eine schwere Allgemeinerkrankung eingetreten ist;
11. Starrkrampf, wenn die Ausblutung mangelhaft ist und sinnfällige Veränderungen des Muskelfleisches bestehen;
12. Gelbsucht, wenn sämmtliche Körpertheile auch nach Ablauf von 24 Stunden noch stark gelb oder gelbgrün gefärbt oder wenn die Thiere abgemagert sind;
13. hochgradige allgemeine Wassersucht;
14. Geschwülste, wenn solche an zahlreichen Stellen des Muskelfleisches, der Knochen oder Fleischlymphdrüsen vorhanden sind;
15. Finnen (Cysticercus cellulosae) oder Trichinen bei Hunden;
16. hochgradiger Harn- oder Geschlechtsgeruch, widerlicher Geruch oder Geschmack des Fleisches nach Arzneimitteln, Desinfektionsmitteln u. dergl., auch nach der Kochprobe und dem Erkalten;
17. vollständige Abmagerung des Thieres in Folge einer Krankheit;

16. oberflächliche Fäulniss, Schimmelbildung und dergl. an einzelnen Körpertheilen;
17. Verunreinigung des Fleisches mit Eiter, Jauche und Entzündungsprodukten;
18. Vorhandensein von Mageninhalt oder Brühwasser oder sonstigen Verunreinigungen in den Lungen oder im Blute;
19. Veränderung des Fleisches durch Aufblasen sowie derartige Beschmutzung des Fleisches, dass eine gründliche Reinigung der beschmutzten Theile nicht ausführbar ist.

§ 36. Hundedärme sind stets als untauglich zum Genusse für Menschen anzusehen.

§ 37. Als bedingt tauglich sind anzusehen:

I. das Fett in den Fällen des § 34, ferner

II. das ganze Fleischviertel, in welchem eine tuberkulös veränderte Lymphdrüse sich befindet, soweit es nicht nach § 35 Nr. 4 als untauglich anzusehen ist, endlich

III. der ganze Thierkörper (vergl. § 33) mit Ausnahme der nach § 35 etwa als untauglich zu erachtenden Theile, wenn einer der nachstehenden Mängel festgestellt worden ist:

1. Tuberkulose, die nicht auf ein Organ beschränkt ist, sofern hochgradige Abmagerung nicht vorliegt und entweder
   a) ausgedehnte Erweichungsherde vorhanden sind oder
   b) Erscheinungen einer frischen Blutinfektion, jedoch nur in den Eingeweiden oder im Euter vorliegen;
2. Rothlauf der Schweine, falls nicht die Bestimmung im § 33 Nr. 9 Anwendung zu finden hat;
3. Schweineseuche und Schweinepest, falls nicht die Bestimmung im § 33 Nr. 10 Anwendung zu finden hat;
4. gesundheitsschädliche Finnen im Sinne des § 34 Nr. 2 bei Rindvieh, Schweinen, Schafen und Ziegen, falls nicht die Bestimmung daselbst Anwendung zu finden hat; jedoch mit Ausnahme des Falles, dass sich nur eine Finne vorgefunden hat, auch nachdem eine Durchsuchung des ganzen Körpers nach Zerlegung des Fleisches in Stücke von ungefähr 2½ Kilogramm Gewicht vorgenommen ist (vergl. § 40 Nr. 2).

   Leber, Milz, Nieren, Magen und Darm der finnigen Thiere und das Fett der finnigen Rinder sind als genusstauglich zu behandeln, sofern sie bei sorgfältiger Untersuchung finnenfrei befunden sind.

§ 38. (1) Das als bedingt tauglich erkannte Fleisch ist zum Genusse für Menschen brauchbar gemacht, wenn es der nachstehend vorgeschriebenen Behandlung (vergl. auch § 39) unterworfen worden ist:

I. das Fett durch Ausschmelzen:
in den Fällen zu § 34;

II. das Fleisch und das Fett

a) durch Kochen oder Dämpfen:
bei Tuberkulose in den Fällen zu § 37 unter II und III Nr. 1;

b) durch Kochen, Dämpfen oder Pökeln:
1. bei Rothlauf der Schweine in den Fällen zu § 37 unter III Nr. 2,
2. bei Schweineseuche und Schweinepest in den Fällen zu § 37 unter III Nr. 3,
3. bei Finnen der Schweine, Schafe und Ziegen in den Fällen zu § 37 unter III Nr. 4 mit der dort angegebenen Einschränkung bei einfinnigen Thieren;

c) durch Kochen, Dämpfen, Pökeln oder Durchkühlen:
bei Finnen des Rindviehs in den Fällen zu § 37 unter III Nr. 4 mit der dort angegebenen Einschränkung bei einfinnigen Thieren.

(2) An Stelle des Kochens oder Pökelns kann für Fett das Ausschmelzen treten.

§ 39. Die Behandlung des Fleisches behufs Brauchbarmachung zum Genusse für Menschen (§ 38) hat nach folgenden Vorschriften zu geschehen:

1. Das Ausschmelzen des Fettes ist nur dann als genügend anzusehen, wenn es entweder in offenen Kesseln vollkommen verflüssigt oder in Dampfapparaten vor dem Ablassen nachweislich auf mindestens 100° C. erwärmt worden ist.
2. Das Kochen des mit thierischen Schmarotzern durchsetzten Fleisches in Wasser ist nur dann als genügend anzusehen, wenn es unter der Einwirkung der Hitze in den innersten Schichten grau (Rindfleisch) oder grauweiss (Schweinefleisch) verfärbt und wenn der von frischen Schnittflächen abfliessende Saft eine röthliche Farbe nicht mehr besitzt. Das Fleisch von Thieren, welche mit pflanzlichen Schmarotzern (Infektionskeimen) behaftet sind, ist in Stücken von nicht über 15

Centimeter Dicke mindestens $2^1/_2$ Stunden in kochendem Wasser zu halten.

3. Das Dämpfen des Fleisches (in Dampfkochapparaten) ist als ausreichend nur dann anzusehen, wenn das Fleisch, auch in den innersten Schichten, nachweislich 10 Minuten lang einer Hitze von 80° C ausgesetzt gewesen ist, oder wenn das in nicht über 15 cm dicke Stücke zerlegte Fleisch bei $^1/_2$ Atmosphäre Ueberdruck mindestens zwei Stunden lang gedämpft und auch in den innersten Schichten grau (Rindfleisch) oder grauweiss (Schweinefleisch) verfärbt und wenn der von frischen Schnittflächen abfliessende Saft eine röthliche Farbe nicht mehr besitzt.
4. Behufs Pökelung ist das Fleisch in Stücke von nicht über $2^1/_2$ kg Schwere zu zerlegen. Diese Stücke sind in Kochsalz zu verpacken oder in eine Lake von mindestens 25 Gewichtstheilen Kochsalz auf 100 Gewichtstheile Wasser zu legen. Diese Pökelung hat mindestens drei Wochen zu dauern.

   Wenn die Pökellake mittelst Lakespritzen eingespritzt wird, genügt ein 14tägiges Aufbewahren des so behandelten Fleisches unter polizeilicher Kontrole.
5. Die Durchkühlung des Fleisches zum Zwecke der Abtödtung der Rinderfinnen hat 21 Tage in Kühl- oder Gefrierräumen zu erfolgen, welche eine tadellose Frischerhaltung des Fleisches ermöglichen.

Weitere Behandlung und Kennzeichnung des Fleisches.

§ 40. Der Beschauer hat Fleisch, welches einen Anlass zur Beanstandung auf Grund der Bestimmungen in den §§ 33 bis 37 nicht giebt, als tauglich zum Genusse für Menschen zu erklären. Jedoch ist das taugliche Fleisch als in seinem Nahrungs- und Genusswerth erheblich herabgesetzt zu erklären, unbeschadet der den landesrechtlichen Vorschriften im § 24 des Gesetzes vorbehaltenen Regelung des Vertriebs und der Verwendung solchen Fleisches, wenn einer der nachstehenden Mängel festgestellt ist:

1. Tuberkulose, die nicht auf ein Organ beschränkt ist, wenn hochgradige Abmagerung nicht vorliegt, auch ausgedehnte Erweichungsherde nicht vorhanden sind und entweder

a) die tuberkulösen Veränderungen sich nicht bloss in den Eingeweiden und im Euter vorfinden, jedoch Erscheinungen einer frischen Blutinfektion fehlen oder

b) die Krankheit sonst an den veränderten Organen eine grosse Ausdehnung erlangt hat;

2. Vorhandensein nur einer gesundheitsschädlichen Finne im Sinne des § 34 Nr. 2 bei Rindvieh, Schweinen, Schafen und Ziegen[1], wenn sich weitere Finnen nicht vorfinden, auch nachdem eine Durchsuchung des ganzen Körpers nach Zerlegung des Fleisches in Stücke von etwa $2^1/_2$ kg Gewicht vorgenommen ist;

3. fischiger oder thraniger Geruch oder Geschmack, ferner sonstige mässige Abweichung in Bezug auf Geruch und Geschmack sowie solche Abweichungen in Bezug auf Farbe, Zusammensetzung und Haltbarkeit, namentlich oberflächliche Zersetzung, mässiger unangenehmer Harngeruch, Geschlechtsgeruch, Geruch nach Arznei- oder Desinfektionsmitteln und dergl., mässige Wässerigkeit, mässige Gelbfärbung in Folge von Gelbsucht, mässige Durchsetzung mit Blutungen, Miescher'schen Schläuchen (vergl. jedoch § 34 Nr. 3, § 35 Nr. 1) oder Kalkablagerungen;

4. vollständige Abmagerung, wenn nicht der Fall des § 33 Nr. 17 vorliegt,

5. Unreife oder nicht genügende Entwickelung der Kälber;

6. unvollkommenes Ausbluten, insbesondere bei nothgeschlachteten Thieren und in den im § 2 Nr. 1 bezeichneten plötzlichen Todesfällen, sofern nicht Veränderungen vorliegen, welche eine Behandlung des Fleisches nach Massgabe der Bestimmungen in den §§ 33 und 34 erforderlich machen.

§ 41. (1) Beanstandetes Fleisch ist vom Beschauer vorläufig zu beschlagnahmen. Der Beschauer hat hiervon dem Besitzer oder dessen Vertreter sowie der Polizeibehörde unter Angabe des Beanstandungsgrundes sofort Mittheilung zu machen.

(2) Die Polizeibehörde hat über die weitere Behandlung des beanstandeten Fleisches gemäss §§ 38, 39 und 45 Entscheidung zu

treffen und hiervon sofort den Besitzer oder dessen Vertreter zu benachrichtigen.

§ 42. (1) Der Beschauer hat das untersuchte Fleisch alsbald zu kennzeichnen. Nur wenn der Besitzer beanstandeten Fleisches oder sein Vertreter sofort erklärt, dass er sich bei der Entscheidung nicht beruhigen werde, ist das Fleisch vorläufig mit einem Erkennungszeichen, das leicht wieder entfernt werden kann, zu versehen. Die Landesbehörden können gestatten, dass in öffentlichen Schlachthöfen von der Anbringung des Erkennungszeichens an einzelnen Organen oder Fleischtheilen abgesehen wird, wenn dieselben sofort unter amtlichen Verschluss gebracht werden.

(2) Vorläufig mit einem Erkennungszeichen versehenes Fleisch ist zu kennzeichnen, sobald das Ergebniss der Untersuchung endgültig feststeht.

(3) In den Fällen der §§ 35, 36 darf die Kennzeichnung der einzelnen Stücke unterbleiben, wenn die unschädliche Beseitigung anderweit sicher gestellt ist.

(4) Die am Fleische nach §§ 43, 44 angebrachten Kennzeichen sind zu berichtigen, wenn die Entscheidung des ersten Beschauers in Folge eingelegter Beschwerde (§ 46) oder von Aufsichtswegen abgeändert worden ist.

§ 43. (1) Die Kennzeichnung des Fleisches erfolgt mittelst Farbstempels mit nicht gesundheitsschädlicher, haltbarer blauer Farbe oder mittelst Brandstempels.

(2) Jeder Stempel trägt als Aufschrift den Namen oder das Zeichen des Schaubezirkes. Thierärzten ist es gestattet, einen Stempel mit ihrem Namen zu verwenden, wenn sie ausserhalb ihres gewöhnlichen Schaubezirkes abzustempeln haben.

(3) Die Stempel, ausgenommen die für Fleisch von Einhufern und Hunden bestimmten, sind für das bei der Untersuchung tauglich befundene Fleisch von kreisrunder Form bei mindestens 3,5 cm Durchmesser; für das im Nahrungs- und Genusswerth erheblich herabgesetzte (minderwerthige) Fleisch von gleicher Form, jedoch umschlossen von einem gleichseitigen Vierecke; für das bei der Untersuchung als zum Genuss untauglich befundene und unschädlich zu beseitigende Fleisch von dreieckiger Form bei mindestens 5 cm Seitenlänge; für das zum Genusse bedingt taugliche Fleisch von viereckiger Form mit mindestens 4 cm Seitenlänge.

Tauglich. **Erheblich herabgesetzt im Nahrungs- und Genusswerthe.** **Untauglich.** **Bedingt tauglich.**

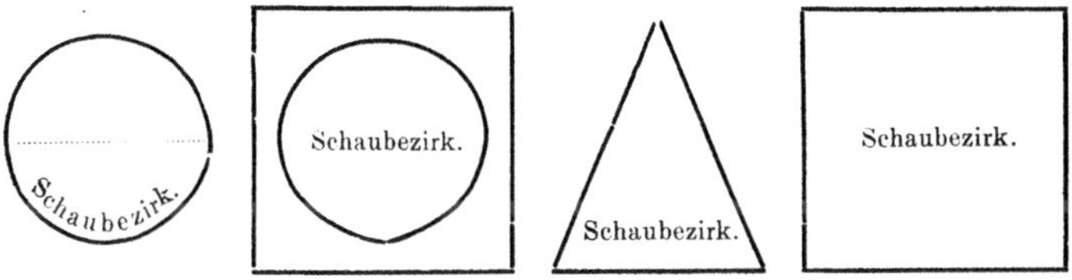

(4) Das tauglich befundene Fleisch von Pferden und anderen Einhufern ist mit einem rechteckigen Stempel von mindestens 5 und 2 cm Seitenlänge zu versehen. Derselbe trägt ausser dem Namen des Beschaubezirkes die Aufschrift „Pferd“.

Fleisch von Einhufern.

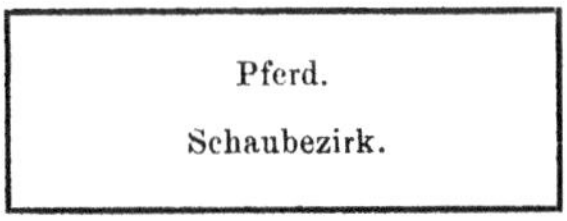

(5) Für das tauglich befundene Hundefleisch ist ein rechteckiger Stempel von mindestens 5 und 2 cm Seitenlänge zu verwenden, welcher ausser dem Namen des Beschaubezirkes die Aufschrift „Hund“ trägt.

Hundefleisch.

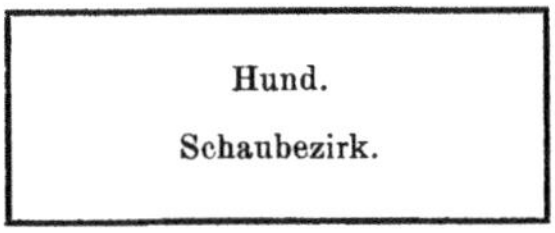

(6) An jedem Stempel müssen die Schriftzeichen und die Ränder scharf ausgeprägt sein.

§ 44. (1) Die Stempelabdrücke sind an jeder Körperhälfte mindestens an den nachverzeichneten Körperstellen anzubringen und zwar:

I. Bei Rindern und Pferden, Eseln, Maulthieren und Mauleseln:

1. auf der Seitenfläche des Halses,
2. an der hinteren Vorarmfläche,
3. auf der Schulter,
4. auf dem Rücken in der Nierengegend,
5. auf der inneren und

6. auf der äusseren Fläche des Hinterschenkels,
7. an der Zunge und am Kopfe.

II. Bei Kälbern, erforderlichenfalls nach Lostrennung der Haut an den betreffenden Stellen:
1. auf der Schulter oder an der hinteren Vorarmfläche,
2. neben dem Nierenfett oder auf dem Rücken,
3. auf der Brust,
4. auf der Keule, am Becken oder am Unterschenkel.

III. Bei Schweinen:
1. am Kopfe,
2. auf der Seitenfläche des Halses,
3. auf der Schulter,
4. auf dem Rücken,
5. auf dem Bauche,
6. auf der Aussenfläche des Hinterschenkels.

IV. Bei Schafen, Ziegen und Hunden, erforderlichenfalls nach Lostrennung der Haut an den betreffenden Stellen:
1. auf dem Halse,
2. auf der Schulter,
3. auf dem Rücken,
4. an der inneren Fläche des Hinterschenkels.

Bei nicht enthäuteten Lämmern genügt die Stempelung in der Nähe des Schaufelknorpels und neben dem Nierenfette.

(2) Ausserdem ist der Beschauer verpflichtet, auf Wunsch des Besitzers die Stempelabdrücke noch an weiteren Stellen des Thierkörpers anzubringen.

(3) Im Falle des § 40 Nr. 2 ist jedes einzelne Fleischstück zu stempeln.

Unschädliche Beseitigung des beanstandeten Fleisches.

§ 45. (1) Die unschädliche Beseitigung des Fleisches hat zu erfolgen entweder durch höhere Hitzegrade (Kochen oder Dämpfen bis zum Zerfalle der Weichtheile, trockene Destillation, Verbrennen) oder auf chemischem Wege bis zur Auflösung der Weichtheile. Die hierdurch gewonnenen Erzeugnisse können technisch verwendet werden.

(2) Wo ein derartiges Verfahren unthunlich ist, erfolgt die Beseitigung durch Vergraben thunlichst an Stellen, welche von

Thieren nicht betreten werden. Vor dem Vergraben ist das Fleisch mit tiefen Einschnitten zu versehen und mit Kalk oder feinem trockenen Sande zu bestreuen oder mit Theer, rohen Steinkohlentheerölen (Karbolsäure, Kresol) oder Alpha-Naphthylamin in fünfprozentiger Lösung zu übergiessen. Die Gruben sind so tief anzulegen, dass die Oberfläche des Fleisches von einer mindestens 1 Meter starken Erdschicht bedeckt ist. Der Reichskanzler ist ermächtigt, weitere als die vorstehend bezeichneten Mittel zur unschädlichen Beseitigung zuzulassen.

(3) Auch kann nach näherer Anordnung der Landesregierung im Einzelfalle die unschädliche Beseitigung auf andere Weise zugelassen werden, jedoch nur mit der Massgabe, dass die unschädliche Beseitigung polizeilich überwacht wird. Mit thierischen Schmarotzern durchsetzte Fleischtheile sind jedoch stets nach Vorschrift der Abs. 1 und 2, trichinöses Fleisch nur nach Massgabe des Abs. 1 unschädlich zu machen.

Rechtsmittel.

§ 46. Gegen die Entscheidungen der Beschauer und der Polizeibehörde kann von dem Besitzer Beschwerde eingelegt werden. Die näheren Bestimmungen sind von den Landesregierungen mit der Massgabe zu erlassen, dass im Falle der Beanstandung durch einen thierärztlich nicht vorgebildeten Beschauer das Gutachten eines approbirten Thierarztes eingeholt werden muss und im Falle der Beanstandung durch einen approbirten Thierarzt mindestens noch ein weiterer geeigneter Sachverständiger anzuhören ist.

Beschaubücher.

§ 47. (1) Jeder Beschauer hat ein Tagebuch nach Anlage 1 zu führen, in welches sämmtliche zur Beschau angemeldeten Thiere, die Ergebnisse der Beschau und die hierauf getroffenen Anordnungen einzutragen sind.

(2) Ausserdem hat er alljährlich eine statistische Zusammenstellung der Jahresergebnisse der Beschau nach einem vom Bundesrathe festzustellenden Formulare bei der von der Landesregierung zu bestimmenden Stelle einzureichen.

(3) An Stelle des Tagebuchformulars nach Anlage 1 dürfen in Landestheilen, in denen für die Beschauer schon jetzt andere Formulare vorgeschrieben sind, diese in Gebrauch befindlichen Formulare auf Anordnung der Landesregierung noch bis zum

31. Dezember 1909 zur Verwendung gelangen, sofern sie derart eingerichtet sind, dass darin die erforderlichen Angaben nach Anlage 1 enthalten sind.

(4) Die Landesregierungen können anordnen, dass an Orten, wo mehrere Beschauer angestellt sind (z. B. in Schlachthöfen), die Bücher gemeinsam geführt werden.

(5) Der Reichskanzler ist ermächtigt, anzuordnen, dass die statistischen Zusammenstellungen oder Auszüge daraus von den Landesregierungen an eine von ihm zu bezeichnende Stelle eingereicht werden.

(6) Auf Verlangen hat der Beschauer eine besondere Bescheinigung über die erfolgte Untersuchung nach Anlage 2 auszustellen.

(7) Die Bücher der Beschauer dürfen nicht eher als drei Jahre nach der letzten Eintragung vernichtet werden.

Beaufsichtigung der Fleischbeschau.

§ 48. Die gesammte Thätigkeit der Beschauer ist nach Massgabe der von den Landesregierungen zu erlassenden Vorschriften dergestalt einer fachmännischen Kontrole zu unterwerfen, dass in jedem Fleischbeschaubezirke mindestens alle zwei Jahre eine Revision stattfindet.

B. Prüfungsvorschriften für die Fleischbeschauer.

§ 1. Zur Ausübung der Fleischbeschau dürfen ausser approbirten Thierärzten nur solche Personen amtlich verwendet werden, welche durch das Bestehen der vorgeschriebenen Prüfung genügende Kenntnisse nachgewiesen haben.

Die Vorschriften über die Prüfung und Anstellung von Personen zur amtlichen Ausübung der Trichinenschau werden hierdurch nicht berührt.

§ 2. Die Prüfung ist vor der von der Landesregierung zu bezeichnenden Prüfungskommission für Fleischbeschauer abzulegen.

Die Prüfungskommission ist in der Weise zu bilden, dass ihr mindestens zwei Thierärzte, darunter jedenfalls ein in amtlicher Stellung befindlicher, womöglich höherer beamteter Thierarzt, angehören.

§ 3. Zur Prüfung dürfen nur zugelassen werden Bewerber männlichen Geschlechts, die

Anlage 1.

Staat: .... Jahr 19 ....

Provinz: ....

Kreis: ....

Schaubezirk: ....

Tagebuch

für

Beschauer.

Geführt von

.... zu ....
(Name des Beschauers.)

Angefangen am ....

Geschlossen am ....

Laufende Nr.	Bezeichnung des Schlachtthiers nach Art und Geschlecht [1]). (Bei Beanstandung Angabe weiterer Erkennungsmerkmale.)	Name und Wohnort des Besitzers.	Zeit der Anmeldung.		Zeit der Untersuchung vor dem Schlachten.		Zeit der Untersuchung nach dem Schlachten.		Ergebniß der Untersuchung vor dem Schlachten (ob a) dem thierärztlichen Beschauer überwiesen [2]); b) übernommen von? [3]) c) Schlachtung gestattet; d) Schlachtung verboten).
			Tag.	Std.	Tag.	Std.	Tag.	Std.	
1.	2.	3.	4.	5.	6.	7.	8.	9.	10.

Bemerkungen: [1]) Für diesen Eintrag sind die Bezeichnungen Pferd, Bulle, Ochse, Kuh, Jungrind, Kalb, Schwein, Schaf, Ziege, Hund anzuwenden. Die Bezeichnung „Jungrind" gilt für Thiere beiderlei Geschlechts.

[2]) Kommt nur für das Tagebuch in Betracht, welches von einem Beschauer geführt wird, der nicht als Thierarzt approbirt ist. Es ist der Name und Wohnort desjenigen thierärztlichen Beschauers einzutragen, an welchen die weitere Beschau überwiesen worden ist.

[3]) Kommt nur für das Tagebuch in Betracht, welches von einem Beschauer geführt wird, der als Thierarzt approbirt ist. Es ist der Name und Wohnort desjenigen nicht als Thierarzt approbirten Beschauers einzutragen, welcher

Untersuchung vor der Schlachtung ist unterblieben wegen (Angabe des Grundes: Nothschlachtung, Tod in Folge von Verunglückung, Blitzschlag, Erschießen in Nothfällen 2c.).	Ergebniß der Untersuchung nach dem Schlachten (ob a) dem thierärztlichen Beschauer überwiesen[2]; b) übernommen von?[3]; c) tauglich ohne Einschränkung; d) tauglich, aber im Nahrungs- und Genußwerth erheblich herabgesetzt [minderwerthig]; e) ganz oder theilweise beanstandet [untauglich oder bedingt tauglich]).	Grund der Beanstandung[4]) oder Minderwerthigkeitserklärung (Spalte 12 unter d)	Weitere Behandlung des beanstandeten Fleisches (ob a) vernichtet; b) nach § 45 Abs. 1 oder 3 der Ausführungsbestimmungen verwerthet; c) gekocht, gedämpft oder (Fett) ausgeschmolzen; d) gepökelt; e) gekühlt — § 39 Nr. 5 der Ausführungsbestimmungen —).	Bemerkungen (z. B. zurückgezogen, Beschwerde erhoben, Enscheidung auf die Beschwerde und dergleichen).
11.	12.	13.	14.	15.

wegen Unzuständigkeit die weitere Beschau an den thierärztlichen Beschauer abgegeben hat.

4) Unter den Beanstandungsgründen sind auch diejenigen anzuführen, welche Anlaß zur Ueberweisung der Beschau an den thierärztlichen Beschauer gewesen sind.

Jeder Beschauer hat sich auf den Eintrag der Ergebnisse der von ihm selbst vorgenommenen Untersuchungen zu beschränken. Findet die Ueberweisung der Beschau seitens eines nicht als Thierarzt approbirten Beschauers an einen thierärztlichen Beschauer statt, so hat ersterer in Spalte 10 oder 12 lediglich die Thatsache der Ueberweisung und in Spalte 13 den Grund hierfür einzutragen.

(Muster eines ausgefüllten Formulars für einen nicht als Thierarzt approbirten Beschauer.)

Unter-Anlage.

Staat: *Anhalt.* Jahr 19*03.*

Provinz: —

Kreis: *Cöthen.*

Schaubezirk: *Klein-Paschleben I.*

Tagebuch

für

Beschauer.

Geführt von

Max Schultze zu *Klein-Paschleben.*
(Name des Beschauers.)

Angefangen am *1. Januar 1903.*

Geschlossen am ....

Laufende Nr.	Bezeichnung des Schlachtthiers nach Art und Geschlecht [1]). (Bei Beanstandung Angabe weiterer Erkennungsmerkmale.)	Name und Wohnort des Besitzers.	Zeit der Anmeldung.		Zeit der Untersuchung vor dem Schlachten.		Zeit der Untersuchung nach dem Schlachten.		Ergebniß der Untersuchung vor dem Schlachten (ob a) dem thierärztlichen Beschauer überwiesen [2]); b) übernommen von? [3]); c) Schlachtung gestattet; d) Schlachtung verboten).
			Tag.	Stunde.	Tag.	Stunde.	Tag.	Stunde.	
1.	2.	3.	4.	5.	6.	7.	8.	9.	10.
1.	*Kuh*	*J. Franke, Kl. Paschleben.*	*2. I.*	*7 V.*	*2. I.*	*10 V.*	*3. I.*	*9 V.*	*Schlachtung gestattet.*
2.	*Schwein (männlich, kastrirt, schwarz gefleckt).*	*K. Schlüter, Kl. Paschleben.*	*2. I.*	*8 V.*	*2. I.*	*12 V.*	*3. I*	*2 N*	*Desgl.*
3.	*Kalb (weiblich).*	*F. Huber, Kl. Paschleben*	*4. I.*	*8 V*	*4. I.*	*11 V.*	*4 I.*	*2 N*	*Desgl.*
4.	*Kuh (schwarz mit kleinem Sterne, 8 J. a., Hornbrand 19).*	*E Schreiber, Kl. Paschleben.*	*4. I.*	*8 V*	*4. I.*	*9 V.*	–	–	*Dem Thierarzte Lehman in Frentz überwiesen.*
5.	*Ochse (roth, 6 J. a., rechte Hüfte Schnittzeichen II).*	*J. Lutz, Burgwedel.*	*7. I*	*8 V.*	–	–	*7. I*	*10 V.*	–
6.	*6 Schafe (2 weibliche, 4 Hammel).*	*M. Müller, Gr. Paschleben*	*7. I.*	*9 V.*	*7 I.*	*12 V.*	*7. I*	*3 N.*	*Schlachtung gestattet.*
7.	*Kuh (rothbunt, 4 J. a.)*	*J. Lezius, Kl. Paschleben.*	*12. I.*	*8 V.*	*12 I.*	*9 V.*	*12. I.*	*[illegible] N*	*Desgl*
8.	*Ochse (weiss mit schwarzen Flecken am Halse).*	*H. Müller, Burgwedel.*	*13. I.*	*8 V*	*13. I.*	*10 V.*	–	–	*Schlachtung verboten.*
9.	*Jungrind (männlich, kastrirt).*	*M. Franz, Gr. Paschleben.*	*13. I.*	*12 V.*	–	–	–	–	–
10.	*Schwein (Eber).*	*G. Trautmann, Burgwedel.*	*14 I*	*9 V.*	*14. I.*	*10 V.*	–	–	*Schlachtung gestattet.*
11.	*Jungrind (männlich, kastrirt, 2 J. a., rothbunt, Ohrmarke S. V.)*	*K. Schlüter, Kl. Paschleben.*	*15. I.*	*8 V.*	–	–	*16. I.*	*8 V*	–
12.	*Kuh.*	*Derselbe*	*16. I.*	*8 V.*	*17. I.*	*8 V.*	*17. I.*	*3 N.*	*Schlachtung gestattet.*
13.	*Kuh (schwarz, kleiner Stern, etwa 10 J. a.).*	*J. Heise, Burgwedel.*	*17. I.*	*5 N.*	*18. I.*	*8 V.*	*18. I.*	*12 V.*	*Desgl*

Bemerkungen: [1]) Für diesen Eintrag sind die Bezeichnungen: Pferd, Bulle, Ochse, Kuh, Jungrind, Kalb, Schwein Schaf, Ziege, Hund anzuwenden. Die Bezeichnung „Jungrind" gilt für Thiere beiderlei Geschlechts.

[2]) Kommt nur für das Tagebuch in Betracht, welches von einem Beschauer geführt wird, der nicht als Thierarzt approbirt ist. Es ist der Name und Wohnort desjenigen thierärztlichen Beschauers einzutragen, an welchen die weitere Beschau überwiesen worden ist.

[3]) Kommt nur für das Tagebuch in Betracht, welches von einem Beschauer geführt wird, der als Thierarzt approbirt ist. Es ist der Name und Wohnort desjenigen nicht als Thierarzt approbirten

Untersuchung vor der Schlachtung ist unterblieben wegen (Angabe des Grundes: Nothschlachtung, Tod in Folge von Verunglückung, Blitzschlag, Erschießen in Nothfällen 2c.).	Ergebniß der Untersuchung nach dem Schlachten (ob a) dem thierärztlichen Beschauer überwiesen [2]); b) übernommen von? [3]); c) tauglich ohne Einschränkung; d) tauglich, aber im Nahrungs- und Genußwerth erheblich herabgesetzt [minderwerthig]; e) ganz oder theilweise beanstandet [untauglich oder bedingt tauglich]).	Grund der Beanstandung [4]) oder Minderwerthigkeitserklärung (Spalte 12 unter d).	Weitere Behandlung des beanstandeten Fleisches (ob a) vernichtet; b) nach §. 45 Abs. 1 oder 3 der Ausführungsbstimmungen verwerthet; c) gekocht, gedämpft oder (Fett) ausgeschmolzen; d) gepökelt; e) gekühlt — §. 39 Nr. 5 der Ausführungsbestimmungen —).	Bemerkungen (z. B. zurückgezogen, Beschwerde erhoben, Entscheidung auf die Beschwerde und dergleichen).
11.	12	13.	14.	15.
—	*Tauglich ohne Einschränkung.*	—	—	
—	*Dem Thierarzte Lehmann in Frentz überwiesen.*	*Trichinenverdacht*	—	
—	*Tauglich ohne Einschränkung.*	—	—	
—	—	*Enterentzündung mit Störung des Allgemeinbefindens.*	—	
Nothschlachtung.	*Dem Thierarzte Lehmann in Frentz überwiesen.*	*Rauschbrandverdacht.*	—	
—	*5 Schafe tauglich ohne Einschränkung. 1 Schaf (weiss mit schwarzem Kopfe) theilweise als untauglich beanstandet.*	*Leberegel.*	*Leber (etwa 500 g) vernichtet.*	
—	*Lunge, Leber, Brustfell theilweise als untauglich beanstandet.*	*Tuberkulose.*	*Lunge, Leber, Brustfell (etwa 8 kg) vernichtet.*	*Beschwerde erhoben. Entscheidung durch den Thierarzt Lehmann in Frentz bestätigt.*
—	—	*Milzbrand.*	—	*Anzeige bei der Polizei.*
—	—	—	—	*Anmeldung zurückgezogen.*
—	—	—	—	*Fleischbeschau vorgenommen durch den Stellvertreter Mann in Schierstadt.*
—	*Dem Thierarzte Lehmann in Frentz überwiesen.*	*Tuberkulose und Gelbsucht.*	—	*Schlachtviehbeschau vorgenommen von dem Vertreter Kunze in Geutz.*
—	*Tauglich ohne Einschränkung.*	—	—	
—	*Ganz beanstandet.*	*Tuberkulose mit hochgradiger Abmagerung.*	*Vernichtet.*	*Der Besitzer erklärte sich mit der Beanstandung einverstanden.*

Beschauers einzutragen, welcher wegen Unzuständigkeit die weitere Beschau an den thierärztlichen Beschauer abgegeben hat.

4) Unter den Beanstandungsgründen sind auch diejenigen aufzuführen, welche Anlaß zur Ueberweisung der Beschau an den thierärztlichen Beschauer gewesen sind.

Jeder Beschauer hat sich auf den Eintrag der Ergebnisse der von ihm selbst vorgenommenen Untersuchungen zu beschränken. Findet die Ueberweisung der Beschau seitens eines nicht als Thierarzt approbirten Beschauers an einen thierärztlichen Beschauer statt, so hat ersterer in Spalte 10 oder 12 lediglich die Thatsache der Ueberweisung und in Spalte 13 den Grund hierfür einzutragen.

Anlage 2

Bescheinigung.

Herr .... in ....
schlachtete heute ein[1]) ....

Die Beschau im lebenden Zustand ist am ....
.... Uhr .... vorgenommen und ergab, daß das Thier
.... war.

[2]) ....
....
....
....

Die Beschau im geschlachteten Zustand ist am ....
.... Uhr .... vorgenommen und ergab, daß das
Fleisch des Thieres als ....
.... zu erachten war.

Zu beanstanden war: ....
....
....

Bemerkungen[3]): ....
....

Nummer des Tagebuchs: ....

...................., den .... 19......

....

Beschauer. Thierarzt. Schauamt.[4])

---

[1]) Bezeichnung des Schlachtthiers nach Art und Geschlecht.

[2]) Ist die Schlachtvieh- und Fleischbeschau von zwei verschiedenen Beschauern ausgeführt, so hat an dieser Stelle derjenige Beschauer, welcher das Thier in lebendem Zustand untersucht hat, Ort und Zeit der Untersuchung sowie seinen Namen mit Amtsbezeichnung und die Nummer seines Tagebuchs einzutragen.

[3]) Bei Nothschlachtungen ist ein besonderer Vermerk einzutragen.

[4]) Nichtzutreffendes ist durchzustreichen.

1. das 23. Lebensjahr vollendet und das 50. Lebensjahr noch nicht überschritten haben;
2. körperlich tauglich, insbesondere im Vollbesitz ihrer Sinne sind;
3. mindestens vier Wochen lang einen regelmässigen theoretischen und praktischen Unterricht in der Schlachtvieh- und Fleischbeschau in einem öffentlichen Schlachthofe unter Leitung eines die Fleischbeschau dort amtlich ausübenden Thierarztes genossen haben.

Die Landesregierung bezeichnet die Schlachthöfe, bei denen die Ausbildung erfolgen darf, sowie die Leiter des Unterrichts.

Ausnahmsweise dürfen Bewerber zugelassen werden, die das 23. Lebensjahr noch nicht vollendet oder das 50. Lebensjahr bereits überschritten haben.

Die Zulassung zur Prüfung ist zu versagen, wenn Thatsachen vorliegen, welche die Unzuverlässigkeit des Nachsuchenden in Bezug auf die Ausübung des Berufs als Fleischbeschauer darthun.

Ueber die Zulassung zur Prüfung entscheidet der Vorsitzende der Prüfungskommission. Gegen die Versagung kann von dem Zurückgewiesenen Beschwerde eingelegt werden. Die näheren Bestimmungen hierüber sind von den Landesregierungen zu erlassen.

§ 4. Dem Gesuch um Zulassung zur Prüfung sind ausser einem Altersnachweise (§ 3 Abs. 1 Nr. 1), einem ärztlichen Zeugniss über die erforderliche Körperbeschaffenheit (§ 3 Abs. 1 Nr. 2) und einer Bescheinigung über die vorgeschriebene Ausbildung (§ 3 Abs. 1 Nr. 3) ein kurzer selbstgeschriebener Lebenslauf und ein amtliches Führungszeugniss beizufügen.

§ 5. Durch die Prüfung ist festzustellen, ob der Prüfling diejenigen Kenntnisse und Fertigkeiten besitzt, welche für Personen, die nicht die Approbation als Thierarzt besitzen, zur Ausübung der Schlachtvieh- und Fleischbeschau nach Massgabe des Gesetzes sowie der zugehörigen Ausführungsbestimmungen erforderlich sind.

Die Prüfung zerfällt in einen theoretischen und in einen praktischen Theil.

§ 6. Im theoretischen Theile der Prüfung soll der Prüfling die erforderlichen Kenntnisse auf nachstehenden Gebieten nachweisen:

1. Hauptkennzeichen der Gesundheit an lebenden Thieren;

2. Benennung und regelrechte Beschaffenheit der einzelnen Organe und sonstigen Körpertheile der geschlachteten Thiere;
3. Grundzüge der Lehre vom Blutkreislauf und vom Lymphstrom in Beziehung auf die Verbreitung von Krankheitserregern im Thierkörper;
4. hauptsächliche Schlachtmethoden und gewerbsmässige Ausführung der Schlachtungen;
5. Wesen und Merkmale der für die Fleischbeschau vornehmlich in Betracht kommenden Thierkrankheiten und fehlerhaften Zustände des Fleisches;
6. wesentliche Bestimmungen über die Schlachtvieh- und Fleischbeschau im Inlande;
7. wichtigste Bestimmungen über die Bekämpfung der Viehseuchen, namentlich in Bezug auf die Anzeigepflicht, Massnahmen vor polizeilichem Einschreiten und Schlachtverbote;
8. Führung der Dienstbücher und Erstattung kurzer schriftlicher Berichte.

§ 7. Im praktischen Theile der Prüfung hat der Prüfling innerhalb einer angemessenen Zeit folgende Arbeiten auszuführen:

1. Aufnahme der Erkennungsmerkmale sowie Untersuchung und Beurtheilung eines lebenden Schlachtthiers mit Rücksicht auf die Genusstauglichkeit des Fleisches gemäss den Ausführungsbestimmungen zu dem Gesetze;
2. vollständige Untersuchung und Beurtheilung eines geschlachteten Rindes, eines Schweines und eines anderen Stückes Kleinvieh (Kalb, Schaf oder Ziege) nach Vorschrift der einschlägigen Bestimmungen;
3. Bestimmung der Thierart, von welcher ein vorgelegtes Organ herstammt;
4. Bestimmung und Erläuterung mehrerer veränderter Körpertheile von Schlachtthieren mit Rücksicht auf die Fleischbeschau.

§ 8. Das Schlussergebniss der Prüfung wird in gemeinsamer Berathung der Mitglieder der Prüfungskommission festgestellt.

Die Prüfung gilt als bestanden, wenn die Mehrheit der Mitglieder, darunter der Vorsitzende, dies erklärt. Gehören der Kommission nur zwei Mitglieder an, so ist Stimmeneinheit erforderlich.

Wer die Prüfung besteht, erhält einen von dem Vorsitzenden der Prüfungskommission nach anliegendem Muster auszufertigenden Befähigungsausweis (S. 66).

Im Falle Nichtbestehens der Prüfung hat der Vorsitzende einen entsprechenden Vermerk in die Bescheinigung über die genossene Ausbildung (§ 3 Abs. 1 Nr. 3) einzutragen.

Die Wiederholung der Prüfung ohne Wiederholung der Ausbildung (§ 3 Abs. 1 Nr. 3) darf nur vor derjenigen Prüfungskommission erfolgen, welche die erste Prüfung abgenommen hat, und zwar frühestens vier Wochen nach der vorangegangenen Prüfung und höchstens zweimal. Hat der Prüfling so mangelhafte Kenntnisse und Fertigkeiten gezeigt, dass eine Wiederholung der Ausbildung vor erneuter Zulassung zur Prüfung erforderlich erscheint, so ist ihm dies bei Mittheilung des Ausfalls der Prüfung zu eröffnen.

§ 9. Die Fleischbeschauer haben sich, sofern sie weiter amtlich thätig zu sein wünschen, alle drei Jahre einer Nachprüfung vor einem hiermit beauftragten beamteten Thierarzte zu unterziehen. Hierbei ist unter sinngemässer Anwendung der Bestimmungen der §§ 6 und 7 festzustellen, ob der Prüfling in theoretischer und praktischer Hinsicht die behufs zuverlässiger Ausübung der Schlachtvieh- und Fleischbeschau erforderlichen Kenntnisse und Fertigkeiten noch besitzt. Der Ausfall der Nachprüfung ist auf dem Befähigungsausweise von dem prüfenden Thierarzte zu vermerken.

Der Befähigungsausweis erlischt

1. wenn der Fleischbeschauer die Nachprüfung nicht bestanden hat; dies gilt auch dann, wenn er sich etwa der Nachprüfung schon vor Ablauf von drei Jahren unterzogen hat;
2. wenn sich der Fleischbeschauer nicht vor Ablauf von drei Jahren zur Nachprüfung gemeldet hat;
3. wenn der Inhaber des Befähigungsausweises zwei Jahre hindurch weder als Fleischbeschauer amtlich thätig gewesen ist, noch während dieser Zeit einen Beruf ausgeübt hat, welcher ihn dauernd mit den für die Ausübung der Fleischbeschau in Betracht kommenden Verhältnissen in nahe Beziehungen brachte.

Der Befähigungsausweis kann wiedergewonnen werden

im Falle unter 1 durch Bestehen der wiederholten Nachprüfung innerhalb sechs Monaten,

im Falle unter 2 durch Bestehen der Nachprüfung, falls sich der Prüfling vor Ablauf von fünf Jahren seit dem Bestehen der ersten Prüfung meldet; erfolgt die Meldung später, so kann der Befähigungsausweis nur durch Ablegung der

Prüfung vor der Prüfungskommission im vollen Umfange der §§ 5 bis 7 wieder erworben werden,

im Falle unter 3 nur durch Wiederholung der Prüfung vor der Prüfungskommission im vollen Umfange der §§ 5 bis 7.

§ 10. Personen, welche zur Zeit des Inkrafttretens des Gesetzes die Befähigung zur Ausübung der Fleischbeschau auf Grund eines staatlich anerkannten Befähigungsausweises bereits besitzen, sind von der Ablegung der Prüfung befreit, sofern die Erwerbung dieses Befähigungsausweises unter Voraussetzungen und Bedingungen erfolgte, welche hinsichtlich des geforderten Masses der Kenntnisse und Fertigkeiten den vorstehenden Prüfungsvorschriften im Wesentlichen entsprechen. Der Bundesrath bestimmt, welche bisher geltenden landesrechtlichen Vorschriften über die Ertheilung von Befähigungsausweisen als diesen Anforderungen entsprechend anzusehen sind.

Personen, welche einen Befähigungsausweis zwar nicht nach Massgabe des Abs. 1, aber doch auf Grund einer staatlich geordneten Prüfung erworben haben oder zur Zeit des Inkrafttretens des Gesetzes bereits ein Jahr lang bei einer öffentlichen Fleischbeschau als Fleischbeschauer amtlich thätig gewesen sind, dürfen bei tadelloser Dienstführung auf Empfehlung ihrer Anstellungsbehörden ohne Beibringung des Nachweises über die vorgeschriebene Ausbildung (§ 3 Abs. 1 Nr. 3) zur weiteren Ausübung der Fleischbeschau zugelassen werden, wenn sie sich innerhalb sechs Monaten nach dem Inkrafttreten des Gesetzes an zuständiger Stelle melden und innerhalb eines Jahres nach dem Inkrafttreten des Gesetzes eine Prüfung vor einem von der Landesregierung zu bezeichnenden beamteten Thierarzte bestehen. Diese Prüfung, zu welcher auch Personen zugelassen werden dürfen, die das fünfzigste Lebensjahr überschritten haben, hat sich nur auf den praktischen Theil der im § 9 vorgeschriebenen Nachprüfung zu erstrecken.

Die in Abs. 1 und 2 genannten Fleischbeschauer haben sich der Nachprüfung nach Massgabe der Bestimmungen im § 9 zum ersten Male spätestens drei Jahre nach dem Inkrafttreten des Gesetzes zu unterziehen.

§ 11. Personen, welche, ohne als Thierarzt approbirt zu sein, sich gewerbsmässig mit der Ausübung der Thierheilkunde beschäftigen oder welche das Fleischer- oder Abdeckereigewerbe, den Fleisch- oder Viehhandel betreiben oder Agenten eines Viehversicherungsunternehmens sind, dürfen als Fleischbeschauer nicht angestellt werden.

Unter-Anlage.

Befähigungsausweis.

Herrn .... geboren am ....
in .... Kreis (Bezirk u. s. w.) ....
wohnhaft zu .... wird hiermit bescheinigt, daß er von der unterzeichneten Prüfungskommission am .... 19 .. in der theoretischen und praktischen Fleischbeschau auf Grund der Prüfungsvorschriften vom .... geprüft worden ist und diese Prüfung bestanden hat.

Ort und Datum.

Die .... Prüfungskommission für Fleischbeschauer.

....

Dienststempel. Vorsitzender.

§ 9 der Prüfungsvorschriften für die Fleischbeschauer lautet:

Die Fleischbeschauer haben sich, sofern sie weiter amtlich thätig zu sein wünschen, alle drei Jahre einer Nachprüfung vor einem hiermit beauftragten beamteten Thierarzte zu unterziehen. Hierbei ist unter sinngemäßer Anwendung der Bestimmungen der §§ 6 und 7 festzustellen, ob der Prüfling in theoretischer und praktischer Hinsicht die behufs zuverlässiger Ausübung der Schlachtvieh- und Fleischbeschau erforderlichen Kenntnisse und Fertigkeiten noch besitzt. Der Ausfall der Nachprüfung ist auf dem Befähigungsausweise von dem prüfenden Thierarzte zu vermerken.

Der Befähigungsausweis erlischt
1. wenn der Fleischbeschauer die Nachprüfung nicht bestanden hat; dies gilt auch dann, wenn er sich etwa der Nachprüfung schon vor Ablauf von drei Jahren unterzogen hat;
2. wenn sich der Fleischbeschauer nicht vor Ablauf von drei Jahren zur Nachprüfung gemeldet hat;
3. wenn der Inhaber des Befähigungsausweises zwei Jahre hindurch weder als Fleischbeschauer amtlich thätig gewesen ist, noch während dieser Zeit einen Beruf ausgeübt hat, welcher ihn dauernd mit den für die Ausübung der Fleischbeschau in Betracht kommenden Verhältnissen in nahe Beziehungen brachte.

Der Befähigungsausweis kann wiedergewonnen werden
- im Falle unter 1 durch Bestehen der wiederholten Nachprüfung innerhalb sechs Monaten,
- im Falle unter 2 durch Bestehen der Nachprüfung, falls sich der Prüfling vor Ablauf von fünf Jahren seit dem Bestehen der ersten Prüfung meldet; erfolgt die Meldung später, so kann der Befähigungsausweis nur durch Ablegung der Prüfung vor der Prüfungskommission im vollen Umfange der §§ 5 bis 7 wieder erworben werden,
- im Falle unter 3 nur durch Wiederholung der Prüfung vor der Prüfungskommission im vollen Umfange der §§ 5 bis 7.

Herr .... hat am ....

vor mir die Nachprüfung gemäß § 9 der Prüfungsvorschriften für die Fleischbeschauer bestanden.

Ort und Datum. Unterschrift

Dienststempel. mit Amtsbezeichnung.

Herr .... hat am ....

vor mir die Nachprüfung gemäß § 9 der Prüfungsvorschriften für die Fleischbeschauer bestanden.

Ort und Datum. Unterschrift

Dienststempel. mit Amtsbezeichnung.

Herr .... hat am ....

vor mir die Nachprüfung gemäß § 9 der Prüfungsvorschriften für die Fleischbeschauer bestanden.

Ort und Datum. Unterschrift

Dienststempel. mit Amtsbezeichnung.

C. Gemeinfassliche Belehrung für Beschauer, welche nicht als Thierarzt approbirt sind.

Inhalt.

Erster Abschnitt.

Gesundheitszeichen der Schlachtthiere im lebenden und geschlachteten Zustande.

I. Gesundheitszeichen der Schlachtthiere im lebenden Zustande.

II. Gesundheitszeichen der Schlachtthiere in geschlachtetem Zustande.

Zweiter Abschnitt.

Die Kennzeichen der wichtigsten Krankheiten bei lebenden und geschlachteten Thieren nebst Bemerkungen über die Schlachtvieh- und Fleischbeschau.

I. Infektionskrankheiten.

Erster Abschnitt.

Gesundheitszeichen der Schlachtthiere im lebenden und geschlachteten Zustande.

I. Gesundheitszeichen der Schlachtthiere im lebenden Zustande.

Um festzustellen, ob ein Schlachtthier Erscheinungen einer Krankheit nicht oder nur Erscheinungen von solchen Krankheiten zeigt, welche unerheblich sind und das Allgemeinbefinden nicht wesentlich stören, sind bei der Untersuchung der Reihe nach folgende Kennzeichen der Gesundheit zu beachten (§ 7)[1]).

1. Ernährungszustand.

Gesunde Thiere, welche zum Schlachten bestimmt werden, sind gewöhnlich gut genährt. Bei ungenügender Ernährung, übermässiger Anstrengung, starker Milchnutzung sowie während der Entwicklung und im höheren Lebensalter sind auch gesunde Thiere mager. Dieser natürliche Vorgang wird hauptsächlich durch den Schwund des Fettgewebes herbeigeführt.

2. Körperhaltung, Stand, Gang, Blick, Aufmerksamkeit auf die Umgebung.

Gesunde Thiere haben einen freien Blick, sind lebhaft und aufmerksam auf ihre Umgebung.

Gesunde Rinder tragen den Kopf hoch, halten den Rücken gerade, belasten ihre vier Füsse gleichmässig, treten auf Antrieb leicht zur Seite und sind, wenn sie liegen und nicht zu stark ermüdet sind, leicht zum Aufstehen zu bringen. Nach dem Aufstehen pflegen gesunde Thiere den Rücken zu krümmen. Alte, abgetriebene oder hochgemästete Stücke sind weniger lebhaft als junge, ausgeruhte, nicht gemästete Thiere.

Gesunde Schafe tragen den Kopf hoch, richten die Ohren auf und widersetzen sich dem Versuche, sie zu greifen.

Gesunde Ziegen sind gewöhnlich lebhafter als Schafe, wenden sich herantretenden Personen zu, sind aber stets bereit, zu entweichen.

Gesunde Schweine bewegen sich im Freien grunzend und schnüffelnd meist mit gesenktem Kopfe und geringeltem Schwanze.

3. Körperoberfläche.

Gesunde Thiere besitzen im Allgemeinen eine leicht verschiebbare, lose Haut, welche sich in Falten heben lässt, die rasch wieder verschwinden. Nur bei gemästeten Schweinen liegt die Haut dem Rippen-

[1]) Die in Klammern beigefügten §§ beziehen sich auf die Ausführungsbestimmungen A über die Untersuchung und gesundheitspolizeiliche Behandlung des Schlachtviehs und Fleisches bei Schlachtungen im Inlande.

körper fest an. Das Haar ist mehr oder weniger anliegend, glatt und glänzend; das Wollfliess der Schafe ist geschlossen, die Körperwärme ist regelmässig über die Körperoberfläche vertheilt, derart, dass nur die Spitzen der Ohren, die Unterfüsse und die Hörnerspitzen kühler sind. Nasenspiegel und Rüsselscheibe fühlen sich stets kalt und feucht an.

4. Verdauungsorgane.

Gesunde Thiere haben gute Fresslust und nehmen rasch ihre naturgemässe Nahrung auf. Sind sie nicht voll gesättigt, so ergreifen sie begierig hingehaltenes Futter. Bei Rindern, Schafen und Ziegen tritt bald nach der Fütterung das Wiederkäuen auf, auch rülpsen die Thiere von Zeit zu Zeit. Im Zustande der Sättigung sind die Hungergruben, besonders die linke, nahezu gefüllt, beim hungernden Thiere sind sie eingefallen. Der Koth erwachsener Rinder hat je nach der Fütterung eine verschiedene Beschaffenheit. Bei trockenem Futter ist er dickbreiig und wird von den Rindern in Fladen von bräunlich-grünlicher Farbe abgesetzt. Bei saftigem Futter ist der Mist dünnbreiig bis flüssig. Bei Kälbern ist der Koth mehr gelblich und dickbreiig. Schweinekoth ist walzenförmig oder breiartig, lehm- bis graugelb. Der Koth der Schafe und Ziegen ist schwärzlich und klein geballt.

5. Scham, Scheide, Euter.

Bei gesunden Thieren liegen die Schamlippen eng an einander. Die Schleimhaut der Scham ist blassroth. Hat ein Thier vor Kurzem geboren oder ist es nahe am Gebären, so sind die Schamlippen geschwollen und die Schleimhaut der Scham ist stärker geröthet. Vor und nach dem Gebären besteht ein Ausfluss von meist schleimiger Beschaffenheit; nach dem Gebären kann derselbe eine Zeit lang auch gelblich, dickflüssig und schwach blutstriemig sein. Das Euter fühlt sich bei milchenden Thieren gleichmässig weichkörnig, bei nicht milchenden weich und schlaff an.

6. Athmungsorgane.

Bei gesunden Thieren erfolgt das Athmen ruhig und ohne Anstrengung, so dass man es kaum wahrnimmt. Die Zahl der Athemzüge beträgt bei Rindern etwa 10 bis 30, bei Schafen und Ziegen 12 bis 22, bei Schweinen 10 bis 20 in der Minute. In Folge von Aufregung, Transporten, bei grosser Hitze und nach angestrengter Bewegung kann sich die Zahl der Athemzüge erheblich steigern. Das Athmen ist hierbei aber nicht angestrengt. Die Nasenlöcher sind nicht sehr weit geöffnet und die Nasenflügel bewegen sich nur wenig. Husten besteht in der Regel nicht, und wenn er durch Zufall erregt wird, ist er kräftig und laut.

7. Die innere Körperwärme

wird mit einem amtlich geprüften Thermometer, am besten einem sogenannten Maximalthermometer festgestellt. Sie beträgt bei gesunden

Rindern	37,5	bis	39,5° C.,
Kälbern, Schafen und Ziegen .	39,0	„	40,5° C.,
Schweinen	38,5	„	40,0° C.

Wenn die Körperwärme über oder unter den vorgenannten Temperaturen liegt, so ist anzunehmen, dass die Thiere erheblich krank sind.

II. Gesundheitszeichen der Schlachtthiere in geschlachtetem Zustande.

Die für die Untersuchung wichtigsten Körpertheile (§§ 22, 23) zeigen bei gesunden Thieren folgendes Verhalten:

1. Blut.

Das aus der Schlachtwunde fliessende Blut sieht roth aus, es ist leichtflüssig und gerinnt zu einem Blutkuchen, welcher bald die Gestalt des Gefässes, in dem das Blut aufgefangen wurde, annimmt. Die Gerinnung kann durch Umrühren des frisch aufgefangenen Blutes verhindert werden.

2. Lungen.

Die kurz nach dem Tode aus der Brusthöhle genommenen Lungen fallen in der Regel zusammen. Ihre Oberfläche ist glatt und glänzend. Die Farbe ist gelblichrosaroth, später dunkelroth. Von der Schnittfläche der Lungen und aus den Luftröhrenästen lässt sich meist weisser oder röthlicher Schaum ausdrücken. Die gesunde Lunge fühlt sich weich-elastisch an. Ein in Wasser geworfenes Stück gesunder Lunge schwimmt.

3. Herzbeutel und Herz.

Im Herzbeutel gesunder Thiere ist eine geringe Menge klarer, farb- und geruchloser Flüssigkeit vorhanden. Die Aussen- und Innenflächen des Herzbeutels und des Herzens sind glatt und glänzend. Die Farbe des Herzfleisches ist rothbraun, die Konsistenz derb, besonders an der linken Herzkammer. Die Herzfurchen sind mit weissem oder gelblich-weissem Fettgewebe angefüllt.

4. Leber.

Die Leber gesunder Thiere zeigt eine glatte und glänzende Oberfläche; die Farbe ist rothbraun (lebenswarm hellbraun, später dunkelbraun, bei fetten, häufig auch bei hochträchtigen Thieren sieht das Organ gelbbraun und trübe aus). Die Konsistenz ist festweich. Bei der Leber des Schweines ist die Läppchenzeichnung deutlich erkennbar.

5. Magen und Darm.

Bei gesunden Thieren sind Magen und Darm äusserlich glatt und glänzend, ihre Wände sehen weisslich - grau bis bläulich - grau aus. Die Schleimhaut des Darmes ist grau bis graugelb, sammetähnlich, schlüpfrig.

6. Milz.

Die Farbe dieses Organs verhält sich im frischen Zustande bei den verschiedenen gesunden Schlachtthieren wie folgt: Bulle und Mastochs rothbraun, Kuh graubläulich, Kalb rothbraun-bläulich-violett, Schaf und Ziege rothbraun, später dunkelroth, Schwein unmittelbar nach der Schlachtung roth, später dunkelroth. Auch die Konsistenz zeigt Verschiedenheiten. Beim Bullen und Mastochsen ist das Organ ziemlich fest, bei der Kuh schlaff. Die Milz der Kälber und Schweine zeigt eine schlaffe Konsistenz, die Schaf- und Ziegenmilz fühlt sich weich bis elastisch an. Die Milz des Bullen und Mastochsen hat gewölbte, die der Kuh platte Flächen.

7. Nieren.

Die Nieren gesunder Thiere sehen rothbraun aus, die Konsistenz ist fest, die Oberfläche und Schnittfläche glatt und glänzend. Ihre Oberfläche und noch deutlicher die Schnittfläche der Rindenschicht lässt zahlreiche feinste rothe Pünktchen erkennen. Bei hochgemästeten Schweinen, seltener bei Rindern und Schafen, kann die Farbe der Nieren gelbbraun und trübe sein.

8. Gebärmutter.

Von aussen sieht die Gebärmutter gesunder Thiere grauweiss oder grauröthlich aus. Die Schleimhaut ist gelblich bis röthlichgrau und beim Rinde, beim Schafe und bei der Ziege mit faltenartigen Erhebungen versehen, aus denen sich bei der Trächtigkeit die sogenannten Gebärmutterknöpfe oder Cotyledonen entwickeln. Beim Schafe und bei der Ziege zeigt die Gebärmutter flache Knöpfe mit schüsselartigen Vertiefungen.

9. Das Muskelfleisch einschliesslich des zugehörigen Fett- und Bindegewebes, der Knochen und Gelenke sowie des Brust- und Bauchfells.

Bei gesunden Thieren sind das Brust- und Bauchfell glatt glänzend; hellgrau und durchsichtig. Das Muskelfleisch, das Fett- und das Bindegewebe sind bei geschlachteten Thieren nahezu blutleer. Das Fettgewebe ist bei Rindern weiss bis blassröthlich, fest und an der Oberfläche meist etwas wellig bis traubig. Der Talg von Weidethieren und älteren Kühen kann gelb aussehen. Die Knochen haben eine dicke, feste, grauweisse oder graugelbe Rindenschicht. Das Knochenmark ist fest, rein weiss bis röthlichgelb. Das Fettgewebe von Schafen und Ziegen ist weiss und fest, von Schweinen weiss, feinkörnig und weich. Das Muskelfleisch sieht aus: beim Jungrinde blassroth, beim Bullen dunkelroth, beim Ochsen hellroth, bei Kühen hell- bis dunkelroth, beim Milchkalbe hell- bis dunkelgrauroth, beim Schafe lebhaft roth, beim Schweine blassroth bis grauroth. Das Fleisch älterer Thiere ist in der Regel dunkler.

Bei mageren Thieren ist zwar wenig Fettgewebe vorhanden, doch ist dasselbe, im Gegensatze zu dem Fettgewebe der in Folge einer Krankheit abgemagerten Thiere, fest, nicht zähe, weder feucht noch sulzig; die Muskeln nicht abgemagerter Thiere fühlen sich voll, elastisch, niemals schlaff oder welk an.

10. Die Lymphdrüsen.

Die Lymphdrüsen gesunder Thiere haben eine festweiche Konsistenz und eine gelblichweisse bis graublaue Farbe, über ihre Schnittfläche ergiesst sich eine spärliche Menge Flüssigkeit. Die im Fleische gelegenen Lymphdrüsen sind etwas fester als diejenigen der Eingeweide. Bei geschlachteten gesunden Thieren findet man auf der Schnittfläche die Aussenzone mancher Lymphdrüsen roth gefärbt. Die Lymphdrüsen an den Lungen und im Gekröse sind bei älteren Wiederkäuern vielfach schwärzlich gefärbt.

Zweiter Abschnitt.

Die Kennzeichen der wichtigsten Krankheiten bei lebenden und geschlachteten Thieren nebst Bemerkungen über die Schlachtvieh- und Fleischbeschau.

I. Infektionskrankheiten.

Eine grössere Anzahl von Krankheiten des Menschen und der Thiere wird durch kleinste, nur mit Hülfe starker Vergrösserungsgläser erkennbare, zu den niedrigsten Lebewesen, insbesondere den Bakterien zählende Gebilde hervorgerufen. Diese dringen in den thierischen Körper durch natürliche Oeffnungen, z. B. das Maul, die Nase oder durch Verletzungen ein, leben und vermehren sich in demselben und bilden die eigentlichen Träger des Ansteckungsstoffs.

1. Der Milzbrand.

Der Verlauf und die Krankheitserscheinungen sind verschieden. Schafe sterben gewöhnlich plötzlich, ohne dass man vorher an ihnen erheblichere Krankheitserscheinungen bemerkt hat. Bei Rindern dauert die

Krankheit gewöhnlich mehrere Stunden bis zwei Tage. Sie zeigen ohne nachweisbare Ursache Unruhe, Aufregung oder Abstumpfung, Muskelzittern, hohes Fieber, Athembeschwerden, gesträubtes Haar, mangelnde Fresslust, Störung des Wiederkäuens, leichtes Aufblähen; die Ausflüsse aus den natürlichen Körperöffnungen können mit geringen Mengen Blut vermischt sein. In manchen Fällen findet man schnell wachsende Anschwellungen oder umschriebene Knoten an der Körperoberfläche; die letzteren sind anfänglich heiss und schmerzhaft, später kalt und schmerzlos.

Das Blut ist dunkelroth, theerartig. Das Muskelfleisch kann dunkelroth gefärbt, weich und mit Blutungen durchsetzt sein. Unter der Haut finden sich gelbe, sulzige Massen, gelbe, wässerige Flüssigkeit oder rothsulzige Einlagerungen. Die Milz ist in den meisten Fällen gleichmässig oder beulig stark geschwollen, schwarzroth, weich, auf der Schnittfläche entleert sich theerartiges Blut. Unter den serösen Häuten und in der nicht selten entzündeten Darmschleimhaut machen sich häufig Blutpunkte bemerkbar. Beim Schweine ist das gesammte Bindegewebe am Halse wässerig-blutig durchtränkt.

In vielen Fällen sind die erwähnten Kennzeichen der Krankheit nur undeutlich vorhanden oder es fehlen manche derselben. Als der Milzbrandkrankheit besonders verdächtig haben zu gelten alle Rinder, deren Milz geschwollen und erweicht ist, welche blutigen Durchfall hatten und bei denen die Darmschleimhaut geschwollen, mit Blutpunkten oder Blutstreifen besetzt ist und ein chokoladenfarbener bis schwarzrother blutiger Darminhalt gefunden wird.

Auf Milzbrand ist namentlich zu achten bei Rindern, Schafen und Ziegen (§ 8). Die Schlachtung ist zu verbieten (§ 9). Der Polizeibehörde ist Anzeige zu erstatten (§§ 14, 32). Die Fleischbeschau bleibt dem Thierarzte vorbehalten (§ 31). Der Beschauer hat Hände und Arme gründlich zu reinigen und zu desinfiziren (§ 16); vergl. auch Anhang Nr. 2. Diese Schutzmassregel ist überhaupt allen beim Schlachten behülflich gewesenen Personen dringend zu empfehlen. Personen, welche Wunden an den Händen haben, sollten, auch wenn die Verletzungen nur unbedeutend sind, ohne Verzug die Hülfe des Arztes in Anspruch nehmen. Die Gefahr der Uebertragung des Milzbrandes von Thier auf Mensch beim Abhäuten und Zerlegen von Thieren ist sehr gross; der Milzbrand ist auch beim Menschen eine schwere, oft tödliche Krankheit.

2. Rauschbrand.

Für diese Krankheit sind fast ausschliesslich die Rinder (zwischen 1 und 4 Jahren) empfänglich; in seltenen Fällen wird sie bei Schafen und nur ganz ausnahmsweise bei anderen Thierarten beobachtet. Die Krankheit endet fast immer nach $1^1/_2$ bis 3 Tagen tödlich.

Bei der Lebendbeschau fallen die grosse Abstumpfung der Thiere in Folge hohen Fiebers sowie flache, teigige, beim Ueberstreichen knisternde („rauschende"), sich rasch ausbreitende Anschwellungen besonders an den Oberschenkeln, am Halse, an den Schultern sowie an der Unterbrust und in der Rücken- und Kreuzgegend auf.

Bei der Untersuchung des geschlachteten Thieres findet man an der Stelle der Anschwellungen das Bindegewebe der Unterhaut sowie zwischen und in den Muskeln mit Gasblasen und Blut durchsetzt und das angrenzende Muskelfleisch schmutzigbraun bis schwarz verfärbt, morsch und eigenthümlich widerlich ranzig riechend.

Auf die Schlachtvieh- und Fleischbeschau finden die Bemerkungen zu Nr. 1 (Milzbrand) sinngemässe Anwendung.

3. Die Rinderseuche.

Die Rinderseuche tritt in drei Formen auf (Hautform, Lungenform und Darmform).

Bei der Hautform bestehen schweres Fieber und umfangreiche heisse, feste Anschwellungen am Kopfe, Halse und Triele. Der Tod tritt regelmässig nach 12 bis 36 Stunden ein. Am geschlachteten Thiere sind milzbrandähnliche Veränderungen vorhanden, nämlich blutig-wässerige Ergüsse im Unterhautbindegewebe, kleine Blutungen in allen Organen, graubraune Verfärbung der Leber, der Nieren und des Herzfleisches. Die Milz ist jedoch stets unverändert.

Bei der Lungenform findet man die Erscheinungen einer frischen Lungenbrustfellentzündung und kleine Blutungen in den Organen. Die Krankheit dauert 5 bis 8 Tage.

Die Darmform tritt meist in Verbindung mit einer der beiden anderen Formen auf und ist durch blutige Beschaffenheit des Kothes in Folge blutiger Entzündung des Darmes gekennzeichnet.

Auf die Schlachtvieh- und Fleischbeschau finden die Bemerkungen zu Nr. 1 (Milzbrand) sinngemässe Anwendung.

4. Die Tollwuth.

Die Tollwuth ist eine ansteckende Krankheit, welche durch den Biss wuthkranker Thiere, namentlich tollwuthkranker Hunde, auf andere Thiere sowie auf den Menschen übertragen wird.

Verdächtige Krankheitserscheinungen beim lebenden Hunde sind: Unruhe, Benagen und Fressen unverdaulicher Gegenstände, Neigung zum

Entweichen, lautloses, nicht von Knurren oder Bellen begleitetes Schnappen und Beissen nach vorgehaltenen Gegenständen, nach Thieren und Menschen, Veränderung der Stimme (bellend und heulend zugleich), schliesslich allgemeine Abstumpfung, auffällige Abmagerung, Lähmung des Unterkiefers und des Hintertheils.

Wiederkäuer und Schweine zeigen sich sehr unruhig, brüllen, blöken oder grunzen viel und mit veränderter Stimme, Rinder drängen zur Kothentleerung, magern schnell ab und werden im Hintertheile gelähmt. Bei allen Thieren dauert die Krankheit etwa 3 bis 7 Tage.

An den ausgeschlachteten Thieren findet man keine auffälligen Krankheitserscheinungen.

Auf die Schlachtvieh- uud Fleischbeschau finden die Bemerkungen zu Nr. 1 (Milzbrand) sinngemässe Anwendung.

5. Die Maul- und Klauenseuche.

Die Maul- und Klauenseuche ist eine bei Rindvieh, Schafen, Ziegen und Schweinen vorkommende fieberhafte, leicht übertragbare Krankheit, welche durch die Bildung von Bläschen und nachfolgend von Geschwüren auf der Maulschleimhaut und an den Klauen gekennzeichnet ist.

Bei Rindern äussert sich die Krankheit durch Abgeschlagenheit und Fieber, Verringerung der Fresslust, Unterbrechung des Wiederkäuens, Speichelfluss; öfters hört man einen eigenthümlichen schmatzenden Ton beim Oeffnen des Maules. Die Thiere liegen viel, stehen schwer auf, bewegen sich mühsam vorwärts oder gehen lahm. Bei der Untersuchung des Maules findet man in der ersten Zeit der Erkrankung am zahnlosen Rande des Oberkiefers, an der Zungenspitze, an der Zunge, auch auf der Schleimhaut der Unterlippe und des Maules Blasen, welche mit einer wasserhellen gelblichen Flüssigkeit gefüllt sind, bald platzen und rothe, aufgelockerte, von der Oberhaut entblösste Stellen zurücklassen. Das Klauenleiden tritt meist gleichzeitig hervor. An der Haut oberhalb der Klauen zeigt sich zuerst vermehrte Wärme, bei heller Haut auch Röthung, ferner grosse Empfindlichkeit an der Krone und in der Klauenspalte. Bald bilden sich auch hier Blasen, welche schnell platzen und wunde, später mit Krusten sich bedeckende Stellen hinterlassen.

Bei Schafen und Ziegen tritt die Krankheit seltener und dann mehr an den Füssen als an der Maulschleimhaut auf. Die Bläschen im Maule sind sehr klein und kommen meistens nur am zahnlosen Rande des Oberkiefers zum Ausbruche. Die Klauen zeigen zuerst leichte Schwellung und Röthung an der Krone und in der Klauenspalte, worauf kleine Bläschen erscheinen, welche sehr bald platzen und wunde Stellen bilden, die sich später mit Schorfen bedecken.

Schweine erkranken vorzugsweise an den Klauen, seltener am Maule. In diesem Falle erscheinen die Bläschen meistens am Rüssel, weniger im Maule selbst. Ausser den Klauen können auch die Afterklauen ergriffen werden; die Erkrankung an den Klauen kann zur Lockerung der Hornkapsel und zum Ausschuhen führen.

Die Maul- und Klauenseuche verläuft in der Regel ohne erhebliche Störungen des Allgemeinbefindens (leichte Formen). In manchen Fällen ist aber das Allgemeinbefinden der kranken Thiere sehr erheblich gestört und es sind insbesondere starke Abgeschlagenheit, Abmagerung und hohes Fieber vorhanden (schwere Formen). Ausnahmsweise entwickeln sich im Gefolge der Krankheit schleichend verlaufende Eiterungen an den Klauen, in den Klauengelenken und im Euter, welche zu einer eitrigen Blutvergiftung führen können (vergl. Nr. 17).

Auf Maul- und Klauenseuche ist namentlich zu achten bei Rindern und Schweinen (§ 8). Liegen schwere Formen der Seuche vor, so darf der nicht als Thierarzt approbirte Beschauer die Schlachtvieh- und Fleischbeschau nicht vornehmen (§§ 11, 31). Falls die Feststellung der Seuche durch den beamteten Thierarzt zu erfolgen hat, darf die Schlachtung nur unter der Bedingung gestattet werden, dass der Kopf mit der Zunge, sowie die Fussenden zur Verfügung des beamteten Thierarztes unter sicherem Verschluss in einem geeigneten Raume aufbewahrt werden (§ 15). Der Polizeibehörde ist Anzeige zu erstatten (§ 14). In allen Fällen sind die erkrankten Stellen, sowie werthlose Theile (Klauen) unschädlich zu beseitigen. Kopf und Zunge sind freizugeben, wenn sie unter amtlicher Aufsicht in kochendem Wasser gebrüht wurden (§ 35 Nr. 7). Der Beschauer hat Hände und Arme sowie Kleidung und Schuhwerk gründlich zu reinigen; Kleidung und Schuhwerk sind vor dem Betreten anderer Ställe zu wechseln (§ 16); vergl. auch Anhang Nr. 2.

6. Die Lungenseuche.

Die Lungenseuche kommt nur beim Rindvieh vor; die Thiere zeigen im lebenden Zustande folgende Krankheitserscheinungen: im Anfang tritt Fieber und ein kurzer, schmerzhafter Husten sowie etwas beschleunigtes und erschwertes Athmen auf; später besteht ein fieberhaftes Allgemeinleiden, grosse Athemnoth und schmerzhafter, dumpfer Husten.

Beim geschlachteten Thiere sieht man zunächst, jedoch nicht immer, eine gelblich, trübe, flockige Flüssigkeit aus der geöffneten Brusthöhle abfliessen, ferner faserig-schwartige Auflagerungen auf dem Brustfelle sowie Verklebungen desselben mit der kranken Lunge. Es ist gewöhnlich nur der eine oder der andere Lungenflügel erkrankt und in diesem Falle nicht lufthaltig, sondern fest und schwer. Die kranke Lunge fällt an der Luft nicht zusammen und sinkt im Wasser unter. Bisweilen beschränkt sich die Erkrankung auf kleine, nicht bis an die Oberfläche der Lungen reichende Entzündungsherde.

Durchschneidet man ein krankes Lungenstück, so erscheint die Schnittfläche bunt gefärbt (marmorirt). Das zwischen den einzelnen Lungenläppchen gelegene Bindegewebe ist stark verbreitert und in gelblich- oder grauweisse, das Lungengewebe netzartig durchziehende bis zu 8 mm breite Streifen umgewandelt. Die zwischen diesen Streifen liegenden Lungentheile zeigen stets verschiedene, theils hochrothe bis schwarzrothe, theils gelbliche, theils graue Färbung. Einzelne kleinere und grössere Herde können auch trübe, glanzlos, abgestorben und von einer mehr oder weniger derben bindegewebigen Kapsel umgeben sein. Auch kann der ganze Herd im Zusammenhang abgestorben, verkäst und abgekapselt sein.

Falls die Seuche nicht bereits durch den beamteten Thierarzt festgestellt ist, darf die Erlaubniss zur Schlachtung nur unter der Bedingung ertheilt werden, dass die Lunge zur Verfügung des beamteten Thierarztes unter sicherem Verschluss in einem geeigneten Raume aufbewahrt wird (§ 15). Der nicht als Thierarzt approbirte Beschauer darf ferner die Schlachtung nur gestatten, wenn das Allgemeinbefinden der Thiere nicht wesentlich gestört ist (§ 11). Der Polizeibehörde ist Anzeige zu erstatten (§ 14). Der Beschauer hat Hände und Arme gründlich zu reinigen (§ 16); vergl. auch Anhang Nr. 2. Die Beurtheilung des Fleisches bleibt in allen Fällen dem Thierarzte vorbehalten (§ 31).

7. Der Bläschenausschlag des Rindviehs.

Der Bläschenausschlag ist ein ansteckender Ausschlag an der Schleimhaut der Geschlechtstheile.

In leichteren Fällen ist das Allgemeinbefinden wenig gestört. Bei weiblichen Thieren findet man an der Innenfläche der Schamlippen, bei männlichen an der Ruthe linsengrosse, mit klarer, gelblicher Flüssigkeit gefüllte Bläschen, welche sich nach dem Platzen in flache, rundliche, oberflächliche Geschwüre umwandeln, die bald verschorfen und vernarben. In schwereren Fällen sind die Thiere fieberhaft erkrankt, die Geschwüre gehen mehr in die Tiefe, aus der Scheide fliessen schleimig-eitrige Massen; bei männlichen Thieren sind in diesen Fällen Ruthe und Schlauch schmerzhaft geschwollen.

Falls die Seuche nicht bereits durch den beamteten Thierarzt festgestellt ist, darf die Erlaubniss zur Schlachtung nur unter der Bedingung ertheilt werden, dass die Scheide und Scham oder die Ruthe und der Schlauch zur Verfügung des beamteten Thierarztes unter sicherem Verschluss in einem geeigneten Raume aufbewahrt werden (§ 15). Der nicht als Thierarzt approbirte Beschauer darf ferner die Schlachtung nur gestatten, wenn das Allgemeinbefinden der Thiere nicht wesentlich gestört ist (§ 11). Der Polizeibehörde ist Anzeige zu erstatten (§ 14). Der Beschauer hat Hände und Arme gründlich zu reinigen (§ 16); vergl. auch Anhang Nr. 2. Bläschenausschlag bietet keinen Anlass zur Beanstandung des Fleisches (vergl. § 40).

8. Die Pockenseuche der Schafe.

Die Pockenseuche ist eine fieberhafte Ausschlagskrankheit. Die ersten Erscheinungen bestehen in Mattigkeit, mangelhafter Futteraufnahme, Röthung der Augen, steifem Gange. Nach 1 bis 2 Tagen treten auf der Haut, namentlich am Kopfe, an den inneren Seiten der Vorder- und Hinterschenkel, an Brust und Bauch flohstichähnliche rothe Punkte auf, aus denen sich in den nächsten Tagen harte, meist flache Knötchen (Pocken) von Erbsen- bis Bohnengrösse entwickeln. Die Haut ist an den erkrankten Körperstellen, besonders im Gesicht und an den Augen, geschwollen. Daneben bestehen stärkere Thränenabsonderung, Schleimfluss aus der Nase, Verringerung der Fresslust, allgemeine Abgeschlagenheit. Nach 3 bis 4 Tagen wird der Inhalt der Knötchen eitrig. Auf der Mitte bildet sich eine Einsenkung, und auf der Oberfläche ein schwarzbrauner Schorf, der in 8 bis 14 Tagen mit Zurücklassung einer Narbe abfällt. Bei vielen Schafen erfolgt eine sehr reichliche Pockenentwicklung und mit derselben eine stärkere Entzündung der Haut. Die an manchen Stellen dicht nebeneinander entstehenden Knötchen vereinigen sich zu flachen, höckerigen Geschwülsten, die sich im weiteren Verlaufe nicht selten zu grössseren Geschwürsflächen umgestalten. Hiermit ist eine schwere Störung des Allgemeinbefindens und Abmagerung verbunden.

Bei der Polizeibehörde ist Anzeige zu erstatten (§§ 14, 32). Der Beschauer hat Hände und Arme zu desinfiziren (§ 16); vergl. auch Anhang Nr. 2. Sofern das Allgemeinbefinden erheblich gestört ist (§ 11) oder eine Entzündung der Haut mit ausgebreiteter Bildung von Eiter oder Jauche besteht (§ 30 Nr. 1 c), bleibt die Schlachtvieh- und Fleischbeschau dem Thierarzte vorbehalten. Auch in anderen Fällen darf die Erlaubnis zur Schlachtung, sofern die Seuche durch den beamteten Thierarzt noch nicht festgestellt ist, nur unter der Bedingung ertheilt werden, dass die ganze Haut zur Verfügung des beamteten Thierarztes in einem geeigneten Raume aufbewahrt wird (§ 15). Das Fleisch ist genusstauglich (§ 40).

9. Die Rinderpest.

Die Rinderpest ist eine in Deutschland fremde Seuche, welche ausser Rindvieh auch Schafe, Ziegen und andere Wiederkäuer befallen kann.

Dier ersten Krankheitserscheinungen sind nicht eigenartig, sie bestehen in Schüttelfrost, allgemeiner Mattigkeit und frühzeitigem Versiegen der Milch. Nach diesen Vorboten zeigen die Thiere beschleunigtes Athmen, fleckige oder verwaschene Röthung der sichtbaren Schleimhäute, aufgehobene Fresslust, starken Durst, Verzögerung des Kothabsatzes. Später macht sich ein zunächst wässeriger, dann wässerig-schleimiger Ausfluss aus Augen, Nase, Scheide sowie Speichelfluss bemerkbar. Der Koth wird allmählig dünnflüssiger, schliesslich stellt sich starker Durchfall unter Kolikerscheinungen und starkem Afterzwang ein, wobei die Entleerungen schleimig, übelriechend und zuweilen mit Blut gemischt sind und die Thiere sehr schnell abmagern. Nach 3 bis 4 Tagen treten die der Rinderpest eigenthümlichen Veränderungen auf. Besonders an der Schleimhaut der Lippen, der Zunge, der Backen, des Zahnfleisches, der Nase und der Scheide bilden sich hirsekorn- bis erbsengrosse, etwas erhabene Flecken oder Striemen, welche sich bald mit grauweissem, talgähnlich-schmierigem Belage bedecken, der sich leicht abheben lässt oder von selbst abstösst, und unter dem die von der Oberhaut entblösste Schleimhaut hochroth zu Tage tritt.

Beim geschlachteten Thiere zeigen sich die gleichen Veränderungen in ausgedehntem Masse auch in der Rachenschleimhaut. Diese ist fleckig geröthet und mit käsig-schmierigen Auflagerungen bedeckt, unter denen sich Geschwüre mit hochrothem Grunde befinden. Besonders auffällig sind diese Veränderungen in der Mastdarmschleimhaut. Die Schleimhaut des Labmagens ist ungemein stark geröthet und stellenweise mit kleinen braungelben, schmierig-käsigen Auflagerungen bedeckt. Dieselben Veränderungen finden sich im Zwölffingerdarme, weniger im übrigen Dünndarme. Die Gallenblase ist stets stark gefüllt und ausgedehnt. Die Schleimhaut des Kehlkopfs und der Luftröhre ist fleckig oder streifig geröthet und auf der Höhe der Krankheit mit schmierigen, weisslich- oder grüngelblichen Auflagerungen bedeckt oder mit einer dicken Schicht zähen Schleimes überzogen. Die Lungen erscheinen unverändert oder etwas blutreicher oder blasser, stark gedunsen und puffig. Das Herz ist welk und schlaff, von schmutzigbrauner Farbe.

Auf die Schlachtvieh- und Fleischbeschau finden die Bemerkungen zu Nr. 1 (Milzbrand) sinngemässe Anwendung.

10. Der Rothlauf der Schweine.

Die Krankheitserscheinungen bei lebenden Thieren sind folgende: Das Allgemeinbefinden ist hochgradig gestört. Die Thiere versagen das Futter und verkriechen sich in die Streu, ihre Eigenwärme ist erhöht. An den unteren Theilen des Rumpfes, an der Innenfläche der Hinterschenkel, am Halse und an den Ohren treten meist am zweiten Tage nach Beginn der ersten Krankheitserscheinungen hellrothe Flecke auf, welche später dunkelroth, blauroth oder braunroth werden und in einander übergehen. Diese Flecke sind weder schmerzhaft noch erhaben. Die Röthung tritt dann und wann erst kurz vor oder nach dem Tode auf. Der im Anfange der Krankheit harte Koth wird bald sehr dünn, schleimig oder blutig. Oft tritt Lähmung des Hintertheils ein. Einzelne von denjenigen Schweinen, welche die Krankheit überstehen, bleiben zeitlebens kränklich oder verenden erst nach Verlauf von Monaten.

Bei der Untersuchung geschlachteter rothlaufkranker Schweine erkennt man die Röthung der Haut besonders deutlich nach dem Brühen. Die Magen- und Darmschleimhaut ist geröthet und geschwollen, Milz und Leber lassen eine mehr oder weniger erhebliche Schwellung erkennen, erstere sieht blauroth aus, die Farbe der letzteren ist grauroth. In den Nieren findet man meist punktförmige Blutungen. Die Lymphdrüsen, insbesondere die Gekrösdrüsen, sind geschwollen, geröthet und häufig mit Blutungen durchsetzt. Der Speck sieht oft grau- bis blauroth aus. Das Muskelfleisch kann erweicht und grauroth verfärbt sein.

Wenn die Krankheit noch nicht weit fortgeschritten ist (leichte Formen des Rothlaufs), ist nur die Haut stellenweise geröthet, der Speck dagegen nicht oder wenig auffällig verfärbt und zeigt das Muskelfleisch keine durch die gewöhnliche Untersuchung feststellbare Veränderungen.

Falls die Seuche noch nicht durch den beamteten Thierarzt festgestellt ist, darf die Schlachtung nur unter der Bedingung gestattet werden, dass die erkrankten Körpertheile zur Verfügung des beamteten Thierarztes unter sicherem Verschluss in einem geeigneten Raume aufbewahrt werden (§ 15). Der Polizeibehörde ist Anzeige zu erstatten (§ 14). Nur wenn das Allgemeinbefinden nicht erheblich gestört ist (§ 11 Abs. 1) oder wenn zu befürchten steht, dass sich der Zustand des Schlachtthiers bis zum Erscheinen des thierärztlichen Beschauers erheblich verschlechtern wird, darf der nicht als Thierarzt approbirte Beschauer die Genehmigung zur sofortigen Schlachtung ertheilen (§ 11 Abs. 3). Er darf die Fleischbeschau nur dann übernehmen, wenn leichte Formen von Rothlauf vorliegen (§ 30 Nr. 1 g). In derartigen Fällen sind als untauglich zum Genusse für

Menschen nur die veränderten Theile anzusehen; der übrige Thierkörper ist bedingt tauglich (§ 37 unter III Nr. 2); Blut und Abfälle sind stets zu vernichten (§ 35 Nr. 11).

11. Das Nesselfieber.

Das Nesselfieber (Backsteinblattern) ist eine besondere leichte Form des Rothlaufs der Schweine. Die Krankheit beschränkt sich meist nur auf eine eigenthümliche Bildung von Flecken von rundlicher bis viereckiger, scharfbegrenzter Gestalt und rother bis blaurother Farbe, welche stets etwas über die Hautoberfläche hervorragen und besonders deutlich bei geschlachteten gebrühten Schweinen zu erkennen sind.

Als untauglich zum Genusse für Menschen sind nur die veränderten Theile anzusehen (§ 35 Nr. 10); die übrigen Fleischtheile sind als genusstauglich zu erklären (vergl. § 40), sofern nicht ein anderer Beanstandungsgrund vorliegt.

12. Die Schweineseuche.

Diese Seuche kommt häufig bei den Thieren mit der Schweinepest (vergl. Nr. 13) vergesellschaftet vor.

An Schweineseuche leidende lebende Thiere zeigen Athembeschwerden und Husten. Daneben können Schwäche, verringerte Fresslust, wenig hervortretende Hautröthe sowie Verstopfung vorhanden sein. Die Krankheit verläuft indess häufig ohne auffällige äussere Erscheinungen.

Mit Schweineseuche behaftete geschlachtete Thiere lassen fast regelmässig eine Lungen- und Brustfellentzündung erkennen. Der kranke Theil der Lungen sieht anfangs dunkelroth, später mehr grauroth aus, fühlt sich derb an, und in dem verdichteten Gewebe findet man scharf umschriebene gelbe oder auch grauweisse Herde. Das Lungen- und das Brustfell ist meist mit entzündet, trübe und mit faserigen bis schwartigen Auflagerungen bedeckt; die Lungen sind mit der Brustwand oft verklebt. Die Lymphdrüsen an der Lungenwurzel sind sehr saftreich, geschwollen und geröthet. Am Herzbeutel sind oft Auflagerungen oder Bindegewebswucherungen vorhanden, in Folge deren es zu Verklebungen und Verwachsungen des Herzbeutels mit dem Herzen kommen kann.

Wie beim Rothlaufe (vergl. Nr. 10) darf die Schlachtung nur bedingungsweise gestattet werden (§§ 15, 11 Abs. 1, Abs. 3). Der Polizeibehörde ist Anzeige zu erstatten (§§ 14, 32). Die Beurtheilung des Fleisches bleibt dem Thierarzte vorbehalten (§ 31).

13. Die Schweinepest.

Der Erreger der Schweinepest verursacht schwere Entzündungen des Verdauungsrohrs und Entzündungen der Haut.

Die Erscheinungen am lebenden Thiere sind: Abgeschlagenheit, Abnahme der Fresslust, Verstopfung, später stinkender Durchfall und Abmagerung, ferner mit grindartigen schwärzlichen Krusten bedeckte Flecke an Rüssel, Ohren, Hals, Rücken und After. Nicht selten findet sich eine eitrige Entzündung der Augenbindehaut vor.

Beim geschlachteten Thiere sind oberflächliche und tiefere, graue und graugelbe Verschorfungen in Form von Knötchen, grösseren Platten, bröcklichen Knöpfen und mehr oder weniger tiefgehende geschwürige Entzündungen im Bereiche des Verdauungsrohrs, insbesondere des Blind- und Grimmdarmes, vorhanden.

Auf die Schlachtvieh- und Fleischbeschau finden die Bestimmungen für Schweineseuche (vergl. Nr. 12) sinngemässe Anwendung.

14. Die Ruhr.

Als Ruhr oder weisse Ruhr bezeichnet man eine bei Kälbern, seltener bei Lämmern seuchenartig auftretende Magen- und Darmentzündung.

Am lebenden Thiere findet man einen unstillbaren Durchfall, anfangs schmierigen, hellgelben oder grünlichen, später weisslichen, dünnflüssigen, übelriechenden Koth. Der Durchfall stellt sich in den ersten Tagen nach der Geburt ein und führt meist nach ein bis zwei Tagen unter hochgradigem Kräfteverfalle zum Tode.

Erscheinungen am geschlachteten Thiere sind: Starke Abmagerung, verwaschene Röthung der Dünn- und Dickdarmschleimhaut, Schwellung und blutigwässerige Durchtränkung der Gekrösdrüsen, kleine Blutungen am serösen Ueberzuge des Herzens, am Brust- und Bauchfelle, schmutzigrothe Färbung und feuchte Beschaffenheit des Muskelfleisches.

Auf Ruhr ist namentlich zu achten bei Kälbern (§ 8). Die Schlachtvieh- und Fleischbeschau bleibt dem Thierarzte vorbehalten (§§ 11, 31).

15. Die Diphtherie der Kälber.

Der Erreger der Kälberdiphtherie ruft tiefgehende Entzündungen und Verschorfungen der Maul- und Rachenschleimhaut, manchmal auch der Schleimhaut des Kehlkopfs, der Luftröhre, des Schlundes und des Pansens hervor. Diese örtlichen Entzündungen kennzeichnen sich durch scharf begrenzte graugelbe, zerklüftete Herde, welche Geschwüre zurücklassen. Sie können schon nach kurzer Zeit zu einer schweren Lungenentzündung oder jauchigen Blutvergiftung führen, an welcher die Thiere sterben.

Auf Diphtherie ist namentlich zu achten bei Kälbern (§ 8). Die Schlachtvieh- und Fleischbeschau bleibt dem Thierarzte vorbehalten (§§ 11, 31).

16. Die jauchige Blutvergiftung.

Die jauchige Blutvergiftung ist die wichtigste Krankheit für die Fleischbeschau, da auf sie die meisten Fleischvergiftungen zurückzuführen sind. Die Krankheitskeime der jauchigen Blutvergiftung dringen von irgend einer erkrankten Stelle der äusseren Haut, der Schleimhaut der Gebärmutter, der Athmungs- oder Verdauungsorgane oder von dem noch nicht verheilten Nabel aus in die Blutbahn ein; das Krankheitsbild zeigt je nach der Art der Ansteckung gewisse Verschiedenheiten, welche die Unterscheidung mehrerer Formen der Blutvergiftung bedingen.

Die Krankheitserscheinungen am lebenden Thiere sind manchmal so wenig eigenartig, dass erst der Befund am geschlachteten Thiere in Verbindung mit dem Lebendbefunde zur sicheren Erkennung der Krankheit führt. Hohes Fieber (41 bis 42°), vor dem tödtlichen Ausgange wohl auch unternormale Temperatur, starke Beeinträchtigung des Allgemeinbefindens, grosse Schwäche und Hinfälligkeit sind Erscheinungen, welche stets den Verdacht der Blutvergiftung erwecken müssen.

Werden beim geschlachteten Thiere trübe, graugelbe Verfärbung der Leber und Nieren, trübe, graue Verfärbung des Herzfleisches, wodurch es dem gekochten Fleische ähnlich wird, vielleicht auch punktförmige Blutungen unter den serösen Häuten und Schwellung mit blutiger, wässeriger Durchtränkung sämmtlicher Lymphdrüsen gefunden, so ist das Vorhandensein einer jauchigen Blutvergiftung anzunehmen. Oft sind aber auch diese Krankheitszeichen am todten Thiere so wenig deutlich vorhanden und so leicht mit anderen fehlerhaften Zuständen, z. B. Fettansammlung in Leber und Nieren oder Fäulniss, zu verwechseln, dass nur der Thierarzt die verdächtigen Erscheinungsn richtig zu deuten vermag.

Die häufigsten Formen der jauchigen Blutvergiftung sind:

a) die sich an äussere Verletzungen und Entzündungen (brandige Wunden, Entzündung der Gelenke, Klauen, Hufe, Sehnenscheiden etc.) anschliessende Blutvergiftung;

b) die jauchige Nabelentzündung junger Thiere;

c) die blutige Darmentzündung bei Kälbern und Rindern;

d) die jauchige Gebärmutterentzündung;

e) die bösartige Euterentzündung bei Kühen;

f) die jauchige Brust- und Bauchfellentzündung.

Die Schlachtvieh- und Fleischbeschau bleibt dem Thierarzte vorbehalten (§§ 11, 31).

17. Die eitrige Blutvergiftung.

Diese Krankheit kommt oft gleichzeitig mit der jauchigen Blutvergiftung (vergl. Nr. 16) vor und entsteht durch Verschleppung von Eitererregern auf dem Wege des Blutstroms von einem örtlichen Eiterherd aus. Die Eitererreger setzen sich besonders in Lungen, Milz, Nieren, Leber, Gelenken, Knochen und Muskeln fest und erzeugen dort neue Eiterherde, welche entweder abgekapselt werden oder weiter um sich greifen, wieder in die Blutbahn einbrechen und zur Bildung von neuen Eiterherden führen.

Beim lebenden Thiere findet man allgemeine Abgeschlagenheit, verringerte Fresslust und wechselndes Fieber, zuweilen Eiterungen, von welchen die Blutvergiftung ihren Ausgang genommen hat, sowie Eiterungen mehrerer Gelenke, letztere namentlich bei Kälbern.

Beim geschlachteten Thiere kann man der Regel nach den Eiterherd, von welchem die Krankheit ausgegangen ist, nachweisen; ausserdem besteht Trübung des Herzfleisches, der Leber und Nieren (wie bei der jauchigen Blutvergiftung), ferner sind Schwellung der Milz, punktförmige Blutungen in den Nieren und frische, nicht abgekapselte Eiterherde in den verschiedensten Körpertheilen, hauptsächlich in Lungen, Milz, Nieren, Leber, Gelenken, Knochen und Muskeln, vorhanden.

Wie bei der jauchigen Blutvergiftung, kann man auch bei der eitrigen Blutvergiftung verschiedene Formen der Krankheit unterscheiden. Die häufigsten sind:

1. die eitrige Nabelvenenentzündung der Kälber;
2. die eitrigen Lungenentzündungen (besonders bei Kälbern, Schafen und Ziegen);
3. die eitrige Knochenmarkentzündung.

Die Schlachtvieh- und Fleischbeschau bleibt dem Thierarzte vorbehalten (§§ 11, 31).

18. Die Tuberkulose.

Die Tuberkulose ist die verbreitetste Krankheit unter den Rindern, verhältnissmässig häufig kommt sie auch bei Schweinen, seltener bei Kälbern, Schafen, Ziegen, Hunden und Pferden vor. Am häufigsten werden von ihr die jahraus jahrein im Stalle gehaltenen Rinder, insbesondere Kühe, betroffen.

Der Krankheitskeim dringt bei älteren Rindern am häufigsten mit der Athmungsluft durch die Lungen, bei Schweinen und Jungrindern mit der Nahrung (Milch, Molkereirückstände) in den Körper ein. Wo er sich festgesetzt hat, vermehrt er sich und erzeugt zunächst ein kaum hirsekorngrosses, durchscheinendes, graues Knötchen. Dieses trübt sich allmählich in der Mitte und wandelt sich von hier aus in eine gelbe, käsige, später kalkige Masse um, welche mit ihrer Umgebung fast unmittelbar zusammenhängt. So entsteht der einzelne Tuberkel. Derselbe wird durch Bildung neuer Knötchen in der Umgebung nach und nach grösser und wächst zu Knoten von Erbsen-, Wallnuss-, Faustgrösse und darüber heran. Schleimhauttuberkel neigen nach vollendeter Verkäsung zum Zerfall, wodurch Geschwüre entstehen. Aus letzteren können sich, hauptsächlich in den Lungen und in der Leber, unter der Einwirkung von Eitererregern ausgedehnte Erweichungsherde bilden. Diese sind gekennzeichnet durch eine erhebliche Grösse, unebene, zerfressene Wände, dünn- oder dickflüssigen Inhalt und durch das Fehlen einer Bindegewebskapsel. Die Tuberkel der serösen Häute, besonders am Brustfell und Bauchfelle, zeigen beim Rinde häufig Neigung, eine starke bindegewebige Umgrenzung zu bilden und frühzeitig zu verkalken. Diese besondere Form der Tuberkulose wird als Perlsucht bezeichnet und setzt ein mit einer röthlichen Bindegewebswucherung an der Oberfläche des Brust- oder Bauchfells, aus der sich später kleine Knötchen und grössere, höckerige Knoten oder dicke, derbe Schwarten bilden.

Auf dem Wege der Lymphbahnen wird stets ein Theil der Krankheitskeime verschleppt, wodurch es zu neuer Tuberkelbildung in den Organen und sehr bald auch zur Entstehung von Tuberkeln in den zu den betreffenden Körpertheilen gehörenden Lymphdrüsen kommt. Die Lymphdrüsen erkranken regelmässig, wenn die Keime der Tuberkulose in ein Organ gelangt sind. Dagegen kann es vorkommen, dass in den zu den veränderten Lymphdrüsen gehörenden Organen tuberkulöse Veränderungen schwer nachweisbar sind oder ganz fehlen. Deshalb ist die Untersuchung der Lymphdrüsen von grösster Wichtigkeit für den Nachweis der Tuberkulose an geschlachteten Thieren.

Die Verbreitung der Krankheit von einem Körpertheil auf andere erfolgt auf verschiedene Weise:

1. durch Verschlucken des ansteckenden Auswurfs;
2. durch den Lymphstrom;
3. durch den Blutstrom.

Durch Verschlucken tuberkulösen Auswurfs können die Lymphdrüsen der Rachenhöhle, der Darm, häufiger die Gekrösdrüsen tuberkulös werden.

Durch den Lymphstrom kann eine Darmtuberkulose auf das Bauchfell und von hier auf das Brustfell und auf die Gebärmutter übertragen werden.

Die Ausbreitung durch den Blutstrom tritt ein, wenn an einer Stelle des Körpers ein Tuberkel die Wandung eines Blutgefässes zerstört und das Blut mit Krankheitskeimen verunreinigt wird, oder wenn der Einbruch der letzteren in ein grosses Lymphgefäss, welches mit der Blutbahn in unmittelbarer Verbindung steht, erfolgt. Enthält das Blut im grossen Blutkreislaufe[1]) die Krankheitskeime, so können die Krankheitserreger auch in das Muskelfleisch gelangen. Hier siedeln sie sich zwar selten an, werden aber häufig in den im Fleische gelegenen Lymphgefässen und Lymphdrüsen festgehalten und erzeugen in diesen tuberkulöse Veränderungen. Man ist berechtigt, auf die erfolgte Ausbreitung der Tuberkulose durch den grossen Blutkreislauf zu schliessen, wenn sich in Eingeweiden, welche nur auf dem Wege des grossen Blutkreislaufs erkranken können, wie Milz oder Nieren oder in den dazu gehörigen Lymphdrüsen, Tuberkel vorfinden. Durch Vermittelung des grossen Blutkreislaufs werden nächst Milz und Nieren am häufigsten Euter, Knochen und Gelenke sowie die Bug- und Kniefaltendrüsen angesteckt.

Im Blute gehen die Erreger der Tuberkulose zu Grunde. Kreisen lebende Krankheitskeime im Blute, so spricht man von einer frischen Blutinfektion. Eine solche ist als vorhanden zu betrachten, wenn Schwellung der Milz und der Lymphdrüsen besteht oder wenn die durch Verbreitung der Krankheit durch den grossen Blutkreislauf entstandenen Tuberkel nicht über hirsekorngross sind.

Ausser durch den grossen Blutkreislauf können die Erreger der Tuberkulose auch durch den Pfortaderblutlauf verschleppt werden. Auf diese Weise entwickelt sich Tuberkulose der Leber im Anschluss an Tuberkulose des Darmes, ohne dass die Ansteckungskeime in den grossen Blutkreislauf gelangt sind.

Die Ausdehnung der Tuberkulose kann gross oder gering sein, je nachdem die Organe, das Brust- und Bauchfell sehr auffällig, in grossem Umfange verändert sind oder nicht. Eine ausgedehnte Tuberkulose kommt bei Rindern am häufigsten am Brust- und Bauchfelle vor, wobei ein grosser Theil dieser Häute, oft auch der seröse Ueberzug von Eingeweiden mit Knötchen, Knoten oder Schwarten dicht besetzt ist. Ferner trifft

---

[1]) Man unterscheidet den grossen Blutkreislauf (oder Körperkreislauf), den Lungenblutkreislauf und den Pfortaderblutlauf.

Im grossen Blutkreislaufe fliesst das Blut von der linken Herzkammer in den grössten Theil des Körpers und kehrt von dort in die rechte Vorkammer des Herzens zurück.

Der Lungenblutkreislauf vollzieht sich zwischen der rechten Herzkammer, den Lungen und der linken Vorkammer des Herzens.

Der Pfortaderblutlauf beginnt mit den aus Magen, Darm, Bauchspeicheldrüse und Milz heraustretenden Blutgefässen, welche sich zur Pfortader vereinigen. Diese mündet in die Leber und vertheilt sich in derselben. Aus den feinsten Gefässen der Pfortader wird das Blut wieder gesammelt und aus der Leber dem grossen Blutkreislaufe zugeführt.

man mitunter auch ausgedehnte tuberkulöse Veränderungen in Lungen und Leber, durch welche ein grosser Theil des Organs vollständig zerstört ist.

Die Tuberkulose ist am lebenden Thiere oft nicht oder nur schwer erkennbar. Bei Lungentuberkulose findet man Anfangs keinerlei Krankheitserscheinungen, später erst Husten sowie beschleunigtes und erschwertes Athmen. Bei Tuberkulose des Euters finden sich knotige Verhärtungen und Vergrösserung eines oder mehrerer Viertel vor. Die Euterlymphdrüsen sind dann stets vergrössert. Sehr verdächtig ist es, wenn sich bei wenig gestörtem Appetit und Wiederkäuen häufig Aufblähen zeigt; dasselbe pflegt durch tuberkulöse Vergrösserung der Mittelfelldrüsen, die auf den Schlund drücken und das Entweichen der Pansengase verhindern, hervorgerufen zu werden. In späteren Stadien der Krankheit magern die Thiere ab, die Haut liegt dem Rippenkörper fest an, das Haar wird glanzlos und der Blick stier.

Beim Schweine sind die Erscheinungen am lebenden Thiere noch weniger kennzeichnend, als beim Rinde.

Mit Rücksicht auf die Fleischbeschau sind folgende Formen der Tuberkulose, welche an geschlachteten Thieren gefunden werden, besonders hervorzuheben (vergl. auch die Uebersicht im Anhang unter Nr. 3):

1. Tuberkulose, welche zu hochgradiger Abmagerung geführt hat.
2. Tuberkulose mit Erscheinungen einer frischen Blutinfektion:
   a) auf die Eingeweide und das Euter beschränkt,
   b) nicht auf die Eingeweide und das Euter beschränkt.
3. Tuberkulose mit ausgedehnten Erweichungsherden.
4. Stark ausgedehnte Tuberkulose mehrerer Organe, jedoch ohne hochgradige Abmagerung, ohne Erscheinungen einer frischen Blutinfektion und ohne ausgedehnte Erweichungsherde.

Bei den einzelnen Schlachtthiergattungen zeigt die tuberkulöse Erkrankung gewisse Verschiedenheiten.

Beim Rinde findet man in den meisten Fällen entweder in den Lungen oder nur in deren Lymphdrüsen, oft gleichzeitig auch in den Mittelfelldrüsen kleinere oder grössere tuberkulöse Herde mit käsigem, käsig-eitrigem oder verkalktem Inhalte. Das Brustfell ist häufig, das Bauchfell nicht so oft tuberkulös erkrankt. Während die Magen- und Darmschleimhaut selten tuberkulöse Veränderungen (Knötchen und Geschwüre) zeigt, findet man die Gekrösdrüsen in vielen Fällen verändert. Tuberkulöse Herde sind zwar in der Leber häufig nicht nachzuweisen, dagegen werden die Lymphdrüsen dieses Organs oft tuberkulös gefunden.

Die Nieren erkranken fast nur bei älteren Rindern. Tuberkulose der Milz ist seltener und wird vorzugsweise bei jüngeren Thieren angetroffen. Ziemlich häufig findet man bei älteren Kühen Tuberkulose der Gebärmutter. Fleischlymphdrüsen erkranken selten an Tuberkulose, noch seltener Gehirn, Rückenmark, Knochen und Gelenke, am seltensten die Muskeln.

Beim Kalbe ist die Tuberkulose selten. Bei jüngeren Thieren findet man meist die Leber und deren Lymphdrüsen tuberkulös sowie eine Verbreitung der Krankheit durch den grossen Blutkreislauf; bei älteren Kälbern erkranken verhältnissmässig oft die Gekrösdrüsen und der Darm.

Beim Schweine entsteht die Tuberkulose meist durch Verfüttern der Milch und der Molkereirückstände tuberkulöser Kühe, weswegen vor Allem die Kehlgangs- und oberen Halslymphdrüsen, ferner die Gekröslymphdrüsen erkranken. Sehr oft werden auch in den Lungen und in der Leber tuberkulöse Veränderungen gefunden; verhältnissmässig häufig ist beim Schweine die Tuberkulose der Milz und der Knochen.

Die Tuberkulose des Schafes, der Ziege und des Hundes ähnelt der des Rindes, jedoch kommt bei diesen Thieren die Tuberkulose der serösen Häute seltener vor.

Der nicht als Thierarzt approbirte Beschauer darf die Schlachtviehbeschau nur übernehmen, wenn das Allgemeinbefinden der Thiere nicht oder nicht wesentlich gestört ist (§ 11). Er hat die veränderten Theile als genussuntauglich, die nicht veränderten Theile als genusstauglich ohne Einschränkung zu bezeichnen (§ 30 Nr. 1f; § 35 Nr. 4):

1. wenn die Tuberkulose auf ein Organ beschränkt ist und hochgradige Abmagerung nicht besteht;
2. wenn die Tuberkulose zwar mehrere Organe ergriffen hat, die Verbreitung der Krankheit jedoch nicht auf dem Wege des grossen Blutkreislaufs erfolgt ist und wenn dieselbe gleichzeitig
   a) nicht mit hochgradiger Abmagerung verbunden ist,
   b) nicht zur Bildung ausgedehnter Erweichungsherde geführt hat,
   c) eine nur geringe Ausdehnung erlangt hat und wenn
   d) die veränderten Theile leicht und sicher entfernbar sind.

In allen übrigen Fällen hat die Beurtheilung des Fleisches durch den Thierarzt zu erfolgen.

Ein Organ ist auch dann als tuberkulös anzusehen, wenn nur die zugehörigen Lymphdrüsen tuberkulöse Veränderungen aufweisen (vergl. hierzu Anhang Nr. 3).

19. Die Strahlenpilzerkrankung (Aktinomykose).

Beim Rinde giebt sich diese Krankheit durch harte, schmerzlose Auftreibungen des Unterkiefers, seltener des Oberkiefers zu erkennen. Zuweilen sind rothe, fleischartige, knollige Geschwulstmassen, welche die Haut durchbrechen, bemerkbar. Aehnliche Geschwülste finden sich auch in der Kehl- und Ohrspeicheldrüsengegend, an der Zunge, den Backen und Lippen vor. Besonders häufig sind hanfsamen- bis erbsen- oder haselnussgrosse Knoten in der Zunge. Dieselben liegen entweder unter der Schleimhaut, welche sie in Form röthlich-gelber, pilzförmiger Gebilde durchbrechen können, oder sie haben in der Tiefe der Zunge ihren Sitz. Oft wird die Zunge dabei verdickt, sehr derb und fest (Holzzunge).

Beim Schweine findet man hauptsächlich im Euter schwammige, eiterartig erweichte Geschwulstknoten bis zu Taubenei- und Faustgrösse, in welchen sich massenhaft sandkorngrosse, gelbe Körnchen bemerkbar machen. Seltener wird das Euter von der knotigen Form der Strahlenpilzkrankheit betroffen.

Störungen des Allgemeinbefindens verursacht die Krankheit nur ausnahmsweise, z. B. bei Veränderungen in der Zunge. Meist ist sie auf einen kleinen Theil eines Organs örtlich begrenzt, in sehr seltenen Fällen tritt sie verallgemeinert (in Knochen, Fleischlymphdrüsen etc.) auf.

Beschauer, welche nicht als Thierarzt approbirt sind, dürfen die Schlachtviehbeschau nur ausüben, wenn das Allgemeinbefinden der Thiere nicht wesentlich gestört ist (§ 11); sie dürfen ferner die selbständige Beurtheilung des Fleisches nur übernehmen, wenn örtliche Strahlenpilzkrankheit vorliegt (§ 30 Nr. 1 e). Als untauglich zum Genusse für Menschen sind nur die veränderten Theile anzusehen (§ 35 Nr. 5).

II. Durch thierische Schmarotzer verursachte Krankheiten (Invasionskrankheiten).

Die thierischen Schmarotzer sind niedere Thiere, welche sich gelegentlich oder während gewisser Zeiten oder während ihres ganzen Lebens in oder auf dem Körper anderer Thiere aufhalten.

20. Die gesundheitsschädliche Finne des Rindes (Cysticercus inermis).

In den äusseren und inneren Kaumuskeln, seltener im Herzfleisch und den Zungenmuskeln, noch seltener in dem übrigen Fleische (Halsmuskeln, muskulöser Theil des Zwerchfells, Zwerchfellpfeiler, Brustmuskeln, Unterschultermuskeln, Muskeln an der Innenfläche der Hinterschenkel) und nur ganz vereinzelt in Leber, Lunge und Lymphdrüsen von Rindern sowie von Kälbern findet man bläschenartige, bis 9 mm lange und 6 mm breite Gebilde, welche mit einer klaren, wässerigen Flüssigkeit gefüllt sind, in der sich ein weisses, etwa hirsekorn- bis kleinhanfkorngrosses Gebilde abhebt. Man nennt diese Bläschen Rinderfinnen. Sie sind die geschlechtslose Zwischenform des sogenannten feisten Bandwurmes des Menschen (Taenia saginata). Wird Fleisch, welches eine solche Finne enthält, in rohem Zustande vom Menschen verzehrt, so entwickelt sich aus derselben im menschlichen Darme ein Bandwurm. Die Finnen können allmählich absterben; hierbei wird ihr Inhalt käsig, später kalkig. Im todten Thierkörper gehen die Finnen nach 2 bis 3 Wochen zu Grunde; auch durch Erhitzung auf 45°, durch längeres Durchkühlen sowie durch längeres Einwirkenlassen von Kochsalz werden die Schmarotzer abgetödtet.

Die Beurtheilung des Fleisches bleibt dem Thierarzt überlassen (§ 31).

21. Die gesundheitsschädliche Finne des Schweines, Schafes, Hundes und der Ziege (Cysticercus cellulosae).

Die gesundheitsschädliche Finne des Schweines oder die Schweinefinne schlechtweg ist die geschlechtslose Zwischenform des sogenannten dünnen oder Einsiedlerbandwurmes des Menschen (Taenia solium); sie wird in Ausnahmefällen auch beim Schafe, der Ziege und beim Hunde angetroffen. Die Schweinefinne ähnelt äusserlich der Rinderfinne, entartet aber seltener als diese. Ihre Lieblingssitze sind: Hinterschenkelmuskeln, Bauchmuskeln, Zwerchfellmuskeln, Zwischenrippenmuskeln, Nackenmuskeln, Herz, Zungenmuskeln, Kehlkopfmuskeln, Kaumuskeln.

Viel häufiger als beim Rinde findet beim Schweine eine massenhafte Einwanderung von Finnen statt, welche bisweilen zu einer graurothen Verfärbung und zu einer starken Durchfeuchtung des Fleisches führt. Die Lebensfähigkeit der Schweinefinne ist etwas grösser als die der Rinderfinne. Sie geht erst bei Erhitzung auf 49 bis 50° zu Grunde und ist 42 Tage nach dem Tode ihres Wirthes noch lebensfähig.

Mit der gesundheitsschädlichen Finne ist nicht zu verwechseln die nur auf den Hund übertragbare dünnhalsige Finne (vergl. Nr. 25).

Die Beurtheilung des Fleisches bleibt dem Thierarzt überlassen (§ 31).

22. Die Trichine.

Die Trichinenkrankheit wird durch kleine Rundwürmer hervorgerufen, deren Larven, im aufgerollten Zustand in Kapseln eingeschlossen, oft in enormen Mengen im Muskelfleische sitzen. Sie befällt Schweine und

Hunde, aber auch viele andere Thiere und kann durch den Genuss des Fleisches auf den Menschen übertragen werden. Für den Nachweis der Trichinen im Fleische ist eine mikroskopische Untersuchung bei 30- bis 40facher Vergrösserung erforderlich.

Nach § 24 des Gesetzes ist die Regelung der Trichinenschau den Landesregierungen vorbehalten. Wird hiernach von der zuständigen Stelle das Vorhandensein von Trichinen festgestellt, so ist beim Schweine der ganze Thierkörper, ausgenommen Fett (§ 34 Nr. 4), beim Hunde der ganze Thierkörper (§ 33 Nr. 15) als untauglich zum Genusse für Menschen anzusehen. Das Fett vom Schweine gilt als bedingt tauglich (§ 37 unter I).

23. Die Miescherschen Schläuche.

Die Miescherschen Schläuche sind schlauchförmige Schmarotzer, welche am häufigsten in dem Muskelfleische des Schweines und Schafes, seltener beim Rinde und bei der Ziege angetroffen werden. In der Regel sind diese Schmarotzer nur mit Hülfe von Vergrösserungsgläsern zu erkennen, indessen können sie auch, wie z. B. bei Schafen, eine beträchtliche Grösse (über 1,5 cm Länge und 3 mm Breite) erlangen. Theilweise oder gänzlich verkalkte Miescherscbe Schläuche geben sich als weissliche Pünktchen und Streifen zu erkennen. Beim Schweine sind die Bauchmuskeln und der muskulöse Theil des Zwerchfells, beim Schafe die Bauchmuskeln und die Hautmuskeln Lieblingssitze der Schmarotzer. In der Wand des Schlundes finden sich die Schläuche in Form länglicher Säckchen beim Schafe und bei der Ziege vor.

Beim Schweine sind die verkalkten Miescherschen Schläuche schon oft mit verkalkten Trichinen verwechselt worden. Diese beiden Zustände unterscheiden sich zunächst dadurch, dass die verkalkten Miescherschen Schläuche verschieden gross sind, während die verkalkten Trichinen nahezu gleiche Grösse besitzen. Weitere Unterschiede sind mit Hülfe des Mikroskops erkennbar.

Als untauglich zum Genusse für Menschen ist der ganze Thierkörper, ausgenommen Fett, anzusehen, wenn das Fleisch in Folge der Durchsetzung mit Miescherschen Schläuchen wässerig geworden oder auffallend verfärbt ist (§ 34 Nr. 3). Abgesehen von diesen Fällen sind die ganzen Organe zu vernichten, wenn die Zahl oder Vertheilung der Schmarotzer deren gründliche Entfernung nicht gestattet, anderenfalls genügt das Ausschneiden der Schmarotzer und sind dann die Organe freizugeben (§ 35 Nr. 1). Werden Säckchen im Schlunde gefunden, so ist der Schlund zu beseitigen.

24. Der Hülsenwurm.

Als Hülsenwurm, Thierhülsenwurm oder Echinococcus wird die geschlechtslose Zwischenform eines beim Hunde vorkommenden Bandwurmes (Taenia echinococcus) bezeichnet. Der Hülsenwurm tritt in den nachstehend beschriebenen Formen auf.

a) Der vielgestaltige Hülsenwurm, der beim Rinde, Schweine und Schafe, sehr selten auch beim Hunde vorkommt, ist eine erbsen- bis kindskopfgrosse, rundliche, mit einer klaren Flüssigkeit gefüllte Blase, deren Wand aus einer grauweissen, undurchsichtigen Haut besteht; letztere liegt in einer bindegewebigen, mit ihrer Umgebung verwachsenen Hülle. Die Hülsenwürmer können absterben, wobei sie sich in eine gelbliche, käsige und kalkige, von einer Bindegewebskapsel umgebene Masse umwandeln.

b) Der vielkammerige Hülsenwurm wird fast nur beim Rinde gefunden und erscheint als haselnuss- bis faustgrosse, mässig feste, knotenartige Geschwulstbildung hauptsächlich in der Leber. In ihrem äusseren Theile bestehen diese Geschwülste aus vielen dicht zusammenliegenden, senfkorn- bis erbsengrossen, durchscheinenden Bläschen, im inneren Theile finden sich gallertartige, häutige, käsige oder kalkige Massen. Die ganze Geschwulst wird durch ein stark entwickeltes Bindegewebsgerüst in zahlreiche Kammern getheilt.

Als untauglich zum Genusse für Menschen sind nur die veränderten Fleischtheile anzusehen; das übrige Fleisch ist als tauglich zum Genusse für Menschen anzusehen, sofern nicht ein anderer Beanstandungsgrund vorliegt. Wenn die Zahl oder Vertheilung der Schmarotzer deren gründliche Entfernung nicht gestattet, sind die ganzen Organe zu vernichten, anderenfalls sind die Schmarotzer auszuschneiden und die Organe freizugeben (§ 35 Nr. 1).

25. Die dünnhalsige Finne (Cysticercus tenuicollis).

Diese geschlechtslose Zwischenform eines Hundebandwurmes (Taenia marginata) kommt beim Schafe und Schweine vor, und zwar unter dem Brust- und Bauchfell und unter dem serösen Ueberzuge der Eingeweide. Sie stellt eine bis apfelgrosse, durchscheinende, mit einer klaren wässerigen Flüssigkeit gefüllte Blase vor, in welcher ein kleines weisses Knötchen (die Kopfanlage) zu erkennen ist. Lieblingssitze sind Netz und Gekröse. Beim Kalbe wird der Schmarotzer in der Leber, seltener in der Lunge angetroffen.

Auf die Fleischbeschau findet die Bemerkung zu Nr. 24 (Hülsenwurm) sinngemässe Anwendung.

26. Der Gehirnblasenwurm.

Der im Gehirn und im Rückenmarke des Schafes, seltener des Rindes schmarotzende Gehirnblasenwurm ist die Ursache der Drehkrankheit und bildet den Jugendzustand eines Hundebandwurmes (Taenia coenurus). Der auch Drehblasenwurm oder Gehirnquese genannte Schmarotzer ist von rundlicher oder länglicher Gestalt und wechselnder Grösse (hirsekorn- bis hühnereigross).

Auf Drehkrankheit ist namentlich zu achten bei Schafen und Ziegen (§ 8). Auf die Fleischbeschau findet die Bemerkung zu Nr. 24 (Hülsenwurm) sinngemässe Anwendung.

27. Die Lungenwürmer.

In den Lungen, besonders der Schafe und Schweine, leben verschiedene Arten von Rundwürmern, welche sich in den Luftröhrenästen aufhalten und schwere Luftröhrenentzündungen und Lungenentzündungen verursachen können. Diese Schmarotzer sind ziemlich lang (30 bis 80 mm), fadenförmig und sehen weiss aus. In der Schaflunge schmarotzt häufig auch ein Rundwurm, welcher sehr dünn, etwa so dick wie ein menschliches Haar ist, und graue, gelbliche oder grünliche Knoten, etwa von Hirsekorn- bis Erbsengrösse, und grössere Entzündungsherde hervorruft.

Auf die Fleischbeschau findet die Bemerkung zu Nr. 24 (Hülsenwurm) sinngemässe Anwendung.

28. Die Leberegel.

In den Gallengängen und in der Gallenblase von Schafen und Rindern kommen häufig blattförmige Würmer (Egel) vor, welche, wenn in grösseren Mengen vorhanden, eine krankhafte Veränderung der Gallengänge und auch der Leber zur Folge haben können. Eine kleinere lanzettförmige Art der betreffenden Schmarotzer kommt bei Schafen, selten bei Rindern, Schweinen und Ziegen vor.

Auf die Fleischbeschau findet die Bemerkung zu Nr. 24 (Hülsenwurm) sinngemässe Anwendung.

29. Die Räude der Schafe.

Die Schafräude wird durch kleine spinnenartige Thierchen (Milben) verursacht, welche zwischen den Oberhautschuppen leben, Blut und Lymphe saugen und dadurch eine Hautkrankheit, den Räudeausschlag, erzeugen.

Die Erkennungszeichen sind folgende: Die Thiere äussern lebhaftes Juckgefühl. Das Wollfliess erscheint uneben, indem im Anfang einzelne Wollstapel von hellerer Farbe aus der Oberfläche des Wollpelzes hervortreten. Später entstehen grössere unregelmässige Flecken, besonders am Rumpfe (Rücken), welche mit kurzer, abgeriebener verfilzter Wolle und mit Schorfen bedeckt sind. An den erkrankten Stellen findet man grauweisse bröckelige Schorfe und Borken, auch wohl röthlichgelbe Verdickungen, oberflächliche Eiterungen und Faltenbildung der Haut.

Auf Räude ist namentlich zu achten bei Schafen und Ziegen (§ 8). Ist das Schlachtthier mit Erscheinungen der Räude behaftet oder solcher verdächtig, so ist die Schlachtung zwar zu gestatten, jedoch, sofern eine Feststellung der Seuche durch den beamteten Thierarzt noch nicht stattgefunden hat, nur unter der Bedingung, dass die ganze Haut zur Verfügung des beamteten Thierarztes unter sicherem Verschluss in einem geeigneten Raume aufbewahrt wird (§ 15). Der Polizeibehörde ist Anzeige zu erstatten (§§ 14, 32). Das Fleisch ist genusstauglich (§ 40).

III. Andere Erkrankungen und Mängel.

30. Die Wassersucht.

Am lebenden Thiere beobachtet man schmerzlose, teigige, Fingereindrücke annehmende, nicht vermehrt warme Anschwellungen an den abhängigen Körperstellen (Kopf, Hals, Unterbrust, Bauch, Euter, Beinen), bei höheren Graden auch allgemeine Schwäche, zuweilen verminderte Fresslust und Abmagerung.

Beim geschlachteten Thiere sind folgende Erscheinungen festzustellen: Dünnes, fleischwasserähnliches, wenig färbendes Blut, Ansammlung von klarer, farb- und geruchloser Flüssigkeit in der Bauch- und Brusthöhle, deren seröse Auskleidung glatt, glänzend und nicht geröthet ist. Das Bindegewebe der Unterhaut und der Muskeln ist wässerig durchtränkt, von sulziger bis gallertiger Beschaffenheit. Die Muskeln sind weich, grauroth und faulen schnell.

Wenn die Krankheit nicht zu weit vorgeschritten ist, kann die Flüssigkeit innerhalb 24 Stunden abtropfen oder verdunsten, so dass das Fleisch eine nahezu gewöhnliche Beschaffenheit annimmt.

Auf Wassersucht ist namentlich zu achten bei Schafen und Ziegen (§ 8). Der nicht als Thierarzt approbirte Beschauer hat die Erlaubniss zur Schlachtung nur dann zu ertheilen, wenn das Allgemeinbefinden des Schlachtthiers nicht wesentlich gestört ist (§ 11). Das Fleisch darf er nur dann selbständig beurtheilen, wenn die allgemeine Wassersucht hochgradig ist (§ 30 Nr. 2). In diesem Falle ist der ganze Thierkörper für untauglich zum Genusse für Menschen zu erklären (§ 33 Abs. 1 Nr. 13).

31. Die Gelbsucht.

Am lebenden Thiere wird die Gelbsucht durch die gewöhnliche Untersuchung häufig nicht erkannt, weil das Allgemeinbefinden nur ausnahmsweise gestört ist. Man findet Gelbfärbung der sichtbaren Schleimhäute und in höheren Graden auch der Haut, ferner bierbraunen Harn, Verdauungsstörungen, selbst hochgradige Störung des Allgemeinbefindens.

Am geschlachteten Thiere ist die Gelbsucht zu erkennen an einer gelben oder gelblich-grünen Färbung zuerst des Brust- und Bauchfells, der Leber und Nieren, später des ganzen Bindegewebes und des Fettes, in den höchsten Graden auch der Knochen und Knorpel. Geringe Grade von Gelbfärbung können am ausgeschlachteten Thiere nach 24 Stunden verschwinden.

Bei der Gelbsucht ist die Gelbfärbung niemals auf das Fettgewebe beschränkt. Dagegen kommt eine auf das Fettgewebe beschränkte Gelbfärbung bei ganz gesunden Thieren, beispielsweise bei alten Kühen und Weidevieh, vor und ist demnach nicht zu beanstanden.

Der nicht als Thierarzt approbirte Beschauer darf die Erlaubniss zur Schlachtung nur dann ertheilen, wenn das Allgemeinbefinden des Thieres nicht wesentlich gestört ist (§ 11). Die selbständige Beurtheilung des Fleisches darf er nur dann übernehmen, wenn sämmtliche Körpertheile auch nach 24 Stunden noch stark gelb oder gelbgrün gefärbt, oder wenn die Thiere abgemagert sind (§ 30 Nr. 2). In diesen Fällen ist der ganze Thierkörper für untauglich zum Genusse für Menschen zu erklären (§ 33 Abs. 1 Nr. 12).

32. Geschwülste.

Geschwülste sind knotige Neubildungen, welche sich in den Organen ohne vorausgegangene Entzündung entwickelt haben. Zu den eigentlichen Geschwülsten sind daher die durch pflanzliche oder thierische Schmarotzer entstandenen Gebilde, wie die Tuberkel und die Strahlenpilzknoten, der vielkammerige Hülsenwurm und dergleichen nicht zu zählen.

Man unterscheidet gutartige und bösartige Geschwülste. Erstere zeigen keine Neigung zur Ausbreitung auf andere Organe, während die bösartigen Geschwülste in das umgebende Gewebe hineinwuchern und sich häufig auf dem Wege der Lymph- und Blutbahnen im Körper verbreiten. Oertlich begrenzt ist eine Geschwulst, wenn von ihr nur ein bestimmter Körpertheil mit oder ohne zugehörige Lymphdrüsen befallen ist.

Auf die Fleischbeschau bei örtlich begrenzten Geschwülsten (§ 35 Nr. 2) findet die Bemerkung zu Nr. 19 (Strahlenpilzerkrankung) sinngemässe Anwendung.

33. Blutungen.

Der Austritt von Blut aus den Blutgefässen in das Gewebe oder in Körperhöhlen entsteht entweder durch Verletzung eines oder mehrerer Blutgefässe, durch Schnitte, Stiche, Quetschungen, Zerreissungen, Knochenbrüche oder durch andere Ursachen. Die Blutungen der ersteren Art, das heisst die durch mechanische Ursachen frisch entstandenen, erkennt man daran, dass lediglich das Muskelfleisch oder das Bindegewebe von dunkelrothem, nicht übelriechendem Blute in mehr oder weniger grosser Ausdehnung durchtränkt ist. Die Blutungen der letzteren Art treten besonders bei Erkrankungen des Blutes auf und sind entweder klein und umschrieben oder umfangreich und kommen besonders an den Schleimhäuten und den serösen Häuten (vor allem am Brustfell und dem serösen Ueberzuge des Herzens), an der äusseren Haut und der Unterhaut vor.

Bei Vorhandensein von Blutungen, die auf mechanischem Wege entstanden sind, hat der nicht als Thierarzt approbirte Beschauer nur die veränderten Fleischtheile als untauglich zum Genusse für Menschen zu bezeichnen (§ 30 Nr. 1 k und § 35 Nr. 9 und 15); das übrige Fleisch ist als tauglich zum Genusse für Menschen zu erklären, sofern nicht ein anderer Beanstandungsgrund vorliegt. Bei Blutungen, welche nicht auf mechanischem Wege entstanden sind, steht die Beurtheilung des Fleisches dem Thierarzte zu (§ 31).

34. Geruchs- und Geschmacksabweichungen des Fleisches.

1. Geruch und Geschmack nach bestimmten Futtermitteln. Das Fleisch von Schweinen, welche reichlich mit Fischen oder Spülicht gefüttert worden sind, riecht und schmeckt oft fischig und thranig, oder fade und ranzig. Diese Abweichungen treten häufig erst nach dem Kochen hervor. In höheren Graden ist der Geruch widerlich und das Fettgewebe grau oder gelb verfärbt und erweicht.

2. Der Geschlechtsgeruch. Das Fleisch von Ebern und von sogenannten Binnen- oder Spitzebern, seltener von älteren kastrirten Ebern sowie das Fleisch von Ziegenböcken, zuweilen auch von Widdern, besitzt meist einen eigenthümlichen, mehr oder weniger auffallenden, unangenehmen Geruch und Geschmack, der jedoch beim Erkalten des Fleisches stark zurücktritt.

3. Der Geruch nach Arzneimitteln, Desinfektionsmitteln und dergleichen. Viele Arzneimittel können ihren Geruch dem Fleische mittheilen. Hierher gehören insbesondere Kampher, Petroleum, Aether, Terpentinöl, Kümmelöl, Anisöl, Chlorpräparate und Karbolsäure. Ein

Theil dieser Stoffe macht sich auch dann im Fleische bemerkbar, wenn dieselben mit der Athmungsluft aufgenommen wurden. Ferner zieht das Fleisch geschlachteter Thiere Gerüche an und hält sie fest. Die Geruchsabweichungen können erheblich (widerlicher Geruch) oder wenig auffallend sein.

Behufs Feststellung der Geruchsabweichungen ist in Zweifelsfällen die Kochprobe vorzunehmen. Zu diesem Zwecke wird aus dem Muskelfleisch ein flaches, etwa handtellergrosses Stück herausgeschnitten, in reines siedendes Wasser gelegt und in einem sauberen Gefässe 10 Minuten gekocht Die dabei entstehenden Dämpfe lassen den etwa vorhandenen Geruch deutlich erkennen. Bei der Begutachtung von Eberfleisch empfiehlt es sich, die Kochprobe erst am Tage nach der Schlachtung vorzunehmen.

Bei hochgradigen Geruchs- etc. Abweichungen ist das Fleisch als untauglich zum Genusse für Menschen zu erklären (§ 30 Nr. 2, § 33 Nr. 16). Die Beurtheilung des Fleisches bei geringgradigen Abweichungen steht dem Thierarzte zu (§ 31).

35. Fäulniss und ähnliche Zersetzungsvorgänge, Verschimmelung.

Erfolgt die Ausweidung der Thiere nicht alsbald nach dem Eintritt des Todes, so dringen vom Darmkanal aus Fäulnisskeime in das Fleisch ein. Auch an der Oberfläche desselben kann die Fäulniss einsetzen. Dies geschieht besonders dann, wenn das Fleisch in feuchtwarmen, dumpfen Räumen aufbewahrt wird, ungenügend ausgeblutet ist, von kranken Thieren herrührt, oder wenn bei der Ausschlachtung nicht mit gehöriger Sauberkeit verfahren wurde. Fauliges Fleisch ist gekennzeichnet durch schmutziggraue oder grünliche Farbe, weiche, schmierige Beschaffenheit und fauligen Geruch. Die Fäulniss kann auf die Oberfläche beschränkt oder in die Tiefe gedrungen sein. Bei der Fäulniss bilden sich Gifte, die auch durch Kochen nicht zerstört werden.

Ein der Fäulniss ähnlicher Zersetzungsvorgang ist das Stickigwerden des Fleisches (Sticken, Versticken, Verhitzen, stinkende saure Gährung). Derselbe tritt dann ein, wenn das lebenswarme Fleisch derart verpackt wird, dass es nicht auskühlen kann. Solches Fleisch riecht stechend und säuerlich faulig. Es sieht anfänglich kupferroth, später graugrünlich aus, ist weich, mürbe und kann im Innern Gasblasen enthalten.

In Folge unzweckmässiger Aufbewahrung des Fleisches kann es zur Entwicklung von Schimmelpilzen auf der Oberfläche desselben kommen. Die mit einem grauen Schimmelüberzeuge bedeckten Fleischtheile sind mit einem Messer leicht entfernbar.

Liegt nur eine Verschimmelung vor, so ist der nicht als Thierarzt approbirte Beschauer zuständig (§ 30 Nr. 1 m). Die verschimmelten Theile sind als untauglich zum Genusse für Menschen zu erklären (§ 35 Nr. 16); das übrige Fleisch ist als tauglich zum Genusse für Menschen zu erklären, sofern nicht ein anderer Beanstandungsgrund vorliegt. Wenn Fäulniss oder ähnliche Zersetzungsvorgänge festgestellt sind, bleibt die Beurtheilung der Genusstauglichkeit des Fleisches dem Thierarzt überlassen (§ 31).

36. Ungeborene oder todtgeborene Thiere.

Im nicht ausgeschlachteten Zustande sind solche Thiere daran zu erkennen, dass 1. die Klauen weich und abgerundet sind, 2. der Nabelring offen steht, 3. die Nabelgefässe weit geöffnet sind und flüssiges Blut enthalten. An der etwa vorhandenen Schlachtwunde sind die Ränder nicht blutig durchtränkt (Zeichen der scheinbaren Schlachtung).

Im ausgeschlachteten Zustande findet man 1. im Darme statt des Milchkoths Darmpech; 2. im Magen keine Milchgerinnsel; 3. das Muskelfleisch schlaff, wässerig, das Fett sulzig, das Knochenmark roth; 4. die Lungen braunroth, zusammengefallen, luftleer; sie sinken im Wasser unter.

Der ganze Thierkörper ist als untauglich zum Genusse für Menschen zu bezeichnen (§ 33 Abs. 2).

37. Natürlicher Tod und Tödtung im Verenden.

Das Fleisch ist sehr blutreich, sämmtliche Körpertheile sind dunkelroth gefärbt, die Venen der Eingeweide, vor allem der Leber sowie der Unterhaut sind strotzend mit Blut gefüllt. Ist die Schnitt- oder Stichwunde am Halse erst nach dem Tode beigebracht (scheinbare Schlachtung), so sind deren Ränder nicht mit Blut durchtränkt.

Der ganze Thierkörper ist als untauglich zum Genusse für Menschen zu erklären (§ 33 Abs. 2). Vergleiche jedoch die Bemerkung zu Nr. 38 (Nothschlachtungen und Unglücksfälle).

38. Nothschlachtungen und Unglücksfälle.

Gewisse Krankheiten und Zustände bei Schlachtthieren lassen die schleunige Vornahme der Schlachtung rathsam erscheinen. Solche, die Genusstauglichkeit des Fleisches nicht unter allen Umständen ausschliessende, häufig schnell tödlich endende oder durch Hinausschieben der Schlachtung die Beschaffenheit des Fleisches leicht wesentlich verschlechternde Krankheiten und Zustände sind insbesondere:

1. Krankheiten in Folge einer Geburt mit Störungen des Allgemeinbefindens, ferner schwere Geburten;

2. krankhafte, namentlich blutige oder mit Fieber verbundene Durchfälle;
3. Euterentzündungen, welche mit Störungen des Allgemeinbefindens verbunden sind;
4. Nabelerkrankungen junger Thiere, welche Gelenkanschwellungen oder fieberhafte Allgemeinleiden im Gefolge hatten;
5. schwere Wunden und Knochenbrüche sowie an Wunden und Geschwüre sich anschliessende Allgemeinerkrankungen;
6. Aufblähen (Trommelsucht);
7. Rothlauf der Schweine.

Ist der Tod eines Thieres nicht durch Krankheit, sondern durch plötzliche äussere Einwirkungen z. B. Schädel- oder Halswirbelbruch, Erschiessen in Nothfällen (wegen Durchgehens oder Bösartigkeit der Thiere), Blitzschlag, Verblutung oder Erstickung in Folge eines Unglücksfalls (z. B. durch Erwürgen in der Kette) herbeigeführt (§ 2 Nr. 1 Abs. 2), so hängt die Frage, ob das Fleisch der betreffenden Thiere wie dasjenige krepirter Thiere zu behandeln ist (§ 33 Abs. 2), davon ab, ob die Ausweidung unmittelbar im Anschluss an den Tod oder erst später vorgenommen worden ist. Ist letzteres der Fall, so zeigen die Bauchdecken eine grünliche Verfärbung oder auch Fäulnissgeruch. Das zu späte Abstechen ist ferner daran zu erkennen, dass die Ausblutung sehr unvollständig ist. Dabei kommt allerdings in Betracht, dass nothgeschlachtete Thiere überhaupt selten so vollständig ausbluten wie regelrecht geschlachtete.

Es ist festzustellen, ob eine Nothschlachtung oder ein Unglücksfall vorliegt, ferner ob im letzteren Falle die Ausweidung unmittelbar nach dem Tode des Thieres erfolgt ist (§ 29). Das Fleisch ist für untauglich zum Genusse für Menschen zu erklären, wenn die Ausweidung nicht unmittelbar nach dem Tode stattgefunden hat, der Thierkörper unvollständig ausgeblutet ist, sowie grünliche Verfärbung der Bauchdecken oder Fäulnissgeruch an denselben bereits eingetreten sind (§ 33 Abs. 2). Im Uebrigen hat die Beurtheilung des Fleisches nach der vorhandenen Krankheit und der Beschaffenheit des Fleisches zu erfolgen.

Anhang.

1. Unschädliche Beseitigung des beanstandeten Fleisches.

Die nach den Vorschriften des § 45 der Ausführungsbestimmungen A vorzunehmende unschädliche Beseitigung hat einen doppelten Zweck: sie soll verhüten, dass Fleisch, welches als untauglich zum Genusse für Menschen erklärt ist, von diesen verzehrt wird, und dass eine Verstreuung der in demselben enthaltenen Krankheitserreger und dadurch eine Weiterverbreitung der Krankheit erfolgt.

Am sichersten werden diese Zwecke durch Behandlung des Fleisches mit chemischen Stoffen bis zur Auflösung der Weichtheile oder durch Einwirkenlassen hoher Hitzegrade bis zum Zerfalle der Weichtheile erreicht. Die so behandelten Fleischtheile dürfen zu technischen Zwecken verwendet werden.

Wo ein derartiges Verfahren unthunlich ist, insbesondere wo geeignete Anlagen (Poudrette- und Knochenmehlfabriken, Kavillereien, Digestoren, Leimfabriken etc. mit entsprechenden Einrichtungen) nicht vorhanden sind, hat die unschädliche Beseitigung durch Vergraben nach vorangegangener Denaturirung, wie dies § 45 Abs. 2 der Ausführungsbestimmungen A vorschreibt, zu erfolgen. Das Eingraben von Fleischtheilen in Düngerhaufen und das Wegwerfen derselben in Wasserläufe ist als unschädliche Beseitigung nicht anzusehen.

Zum Vergraben der Kadaver und Fleischtheile sind thunlichst abgelegene, eingezäunte Stellen ausserhalb des Ortes auszuwählen. Der Verscharrungsplatz soll keiner Ueberschwemmung ausgesetzt und so trocken sein, dass er zu jeder Jahreszeit bis zu einer Tiefe von 2 m ausgegraben werden kann, ohne auf Wasser zu stossen Der Lauf des von oder unter dem Verscharrungsplatz abfliessenden Wassers soll nicht nach Ortschaften oder Brunnen gerichtet sein.

Wo die Bodenverhältnisse es gestatten, sind die Gruben so tief anzulegen, dass die Oberfläche des Fleisches von einer unterhalb des Randes der Gruben mindestens 1 m starken Erdschicht bedeckt ist. In allen Fällen muss eine mindestens 1 m dicke Erdschicht über den verscharrten Fleischtheilen liegen.

2. Reinigung und Desinfektion der Messer und Hände.

Durch die Messer und die Hände des Fleischbeschauers können leicht Krankheitsstoffe auf gesundes Fleisch übertragen werden. Um dies zu verhüten, ist es erforderlich dass das Anschneiden kranker Theile vermieden wird, wenn solche ohne Anschneiden erkennbar sind (§ 21 Abs. 1) und das verunreinigte Messer, gegebenen Falls auch deren Scheiden, alsbald gründlich gereinigt und desinfizirt werden. Die Desinfektion erfolgt in der Weise, dass die gesäuberten Messer und deren Scheiden in zweiprozentiger Sodalösung gekocht werden (§ 21 Abs. 2).

Eine solche Reinigung und Desinfektion lässt sich nur durchführen, wenn die Messer frei von Ritzen und Spalten sind. Zum Gebrauche für Fleischbeschauer eignen sich daher nur glatte Messer.

Die Reinigung der Hände (§ 16) erfolgt mittelst Seife und warmen Wassers, möglichst auch unter Zuhülfenahme einer Bürste. In allen Fällen, in denen der Fleischbeschauer während oder nach der Untersuchung des Fleisches Milzbrand oder den Verdacht dieser Krankheit festgestellt hat, hat sich an die Reinigung der Hände und Arme ein Nachwaschen mit einem Desinfektionsmittel, z. B. zweiprozentigem Karbol-, Lysol- oder Kreolinwasser, oder in Ermangelung eines solchen Mittels mit Spiritus oder Branntwein anzuschliessen.

3. Uebersichtliche Darstellung der Formen der Tuberkulose bei Schlachtthieren und der gesundheitspolizeilichen Behandlung des Fleisches tuberkulöser Thiere.

Formen der Tuberkulose.	Behandlung des Fleisches.
I. Tuberkulose eines Organs:	
a) mit hochgradiger Abmagerung . .	Das gesammte Fleisch ist untauglich (§ 33 Nr. 8).
b) ohne hochgradige Abmagerung . .	Die nicht veränderten Theile sind genusstauglich ohne Einschränkungen (§ 35 Nr. 4).
II. Tuberkulose, die sich nicht auf ein Organ beschränkt:	
1. Die Verbreitung ist nicht auf dem Wege des grossen Blutkreislaufs erfolgt:	
A. mit hochgradiger Abmagerung .	Das gesammte Fleisch ist untauglich (§ 33 Nr. 8).
B. ohne hochgradige Abmagerung:	
a) mit ausgedehnten Erweichungsherden	Die nicht veränderten Theile sind bedingt tauglich (§ 35 Nr. 4, § 37 unter III Nr. 1, a, § 38 unter II, a).
b) ohne ausgedehnte Erweichungsherde:	
α. bei geringer Ausdehnung der Krankheit . . .	Die nicht veränderten Theile sind genusstauglich ohne Einschränkungen (§ 35 Nr. 4).

Formen der Tuberkulose.	Behandlung des Fleisches.
β. bei grosser Ausdehnung der Krankheit . . .	Die nicht veränderten Theile sind zwar genusstauglich, aber im Nahrungs- und Genusswerth erheblich herabgesetzt (§ 35 Nr. 4, § 40 Nr. 1, b).
2. Die Verbreitung ist auf dem Wege des grossen Blutkreislaufs erfolgt:	
A. Mit Erscheinungen einer frischen Blutinfektion:	
a) mit hochgradiger Abmagerung	Das gesammte Fleisch ist untauglich (§ 33 Nr. 8).
b) ohne hochgradige Abmagerung:	
α. frische Infektionen nur in den Eingeweiden oder im Euter	Die nicht veränderten Theile sind bedingt tauglich (§ 35 Nr. 4, § 37 unter III Nr. 1, b, § 38 unter II, a).
β. frische Infektionen nicht bloss in den Eingeweiden oder im Euter . . .	Das Fett ist bedingt tauglich, das sonstige Fleisch untauglich (§ 34 Nr. 1, § 37 unter I, § 38 unter I).
B. Ohne Erscheinungen einer frischen Blutinfektion:	
a) mit hochgradiger Abmagerung	Das gesammte Fleisch ist untauglich (§ 33 Nr. 8).
b) ohne hochgradige Abmagerung	
α. mit ausgedehnten Erweichungsherden	Die nicht veränderten Theile sind bedingt tauglich (§ 35 Nr. 4, § 37 unter III Nr. 1, a, § 38 unter II, a).

Formen der Tuberkulose.	Behandlung des Fleisches.
β. ohne ausgedehnte Erweichungsherde:	
α' die tuberkulösen Veränderungen finden sich nur in den Eingeweiden oder im Euter vor:	
α'' bei geringer Ausdehnung der Krankheit	Die nicht veränderten Theile sind genusstauglich ohne Einschränkungen (§ 35 Nr. 4).
β'' bei grosser Ausdehnung der Krankheit	Die nicht veränderten Theile sind zwar genusstauglich, aber im Nahrungs- und Genusswerth erheblich herabgesetzt (§ 35 Nr. 4, § 40 Nr. 1, b).
β' die tuberkulösen Veränderungen finden sich nicht bloss in den Eingeweiden und im Euter vor	Von den nicht veränderten Theilen sind Fleischviertel, in denen sich eine tuberkulös veränderte Lymphdrüse befindet, bedingt tauglich. Die übrigen nicht veränderten Theile sind zwar genusstauglich, aber im Nahrungs- und Genusswerth erheblich herabgesetzt (§ 35 Nr. 4, § 37 unter II, § 40 unter I, a).

Bemerkung: Die veränderten Theile sind in den Fällen zu I unter b, II unter I, 1 B, II unter 2 A b α, II unter 2 B b genussuntauglich. Ein Organ ist auch dann als tuberkulös anzusehen, wenn nur die zugehörigen Lymphdrüsen tuberkulöse Veränderungen aufweisen; das Gleiche gilt von Fleischstücken, sofern sie sich nicht bei genauer Untersuchung als frei von Tuberkulose erweisen (§ 35 Nr. 4).

D. Untersuchung und gesundheitspolizeiliche Behandlung des in das Zollinland eingehenden Fleisches.

Allgemeine Bestimmungen.

§ 1. (1) Fleisch sind alle Theile von warmblütigen Thieren, frisch oder zubereitet, sofern sie sich zum Genusse für Menschen eignen. Als Theile gelten auch die aus warmblütigen Thieren hergestellten Fette und Würste. Als Fleisch sind daher insbesondere anzusehen:

Muskelfleisch (mit oder ohne Knochen, Fettgewebe, Bindegewebe und Lymphdrüsen), Zunge, Herz, Lunge, Leber, Milz, Nieren, Gehirn. Brustdrüse (Bröschen, Bries, Brieschen, Kalbsmilch, Thymus), Schlund, Magen, Dünn- und Dickdarm, Gekröse, Blase, Milchdrüse (Euter), vom Schweine die ganze Haut (Schwarte), vom Rindvieh die Haut am Kopfe, einschliesslich Nasenspiegel, Gaumen und Ohren, sowie die Haut an den Unterfüssen, ferner Knochen mit daran haftenden Weichtheilen, frisches Blut;

Fette, unverarbeitet oder zubereitet, insbesondere Talg, Unschlitt, Speck, Liesen (Flohmen, Lünte, Schmer, Wammenfett), sowie Gekrös- und Netzfett, Schmalz, Oleomargarin (Premier jus, Margarin) und solche Stoffe enthaltende Fettgemische, jedoch nicht Butter und geschmolzene Butter (Butterschmalz);

Würste und ähnliche Gemenge von zerkleinertem Fleische.

(2) Andere Erzeugnisse aus Fleisch, insbesondere Fleischextrakte, Fleischpeptone, thierische Gelatine, Suppentafeln, gelten bis auf Weiteres nicht als Fleisch.

Dieser Paragraph bildet eine Ergänzung zum § 4 des Gesetzes, in welchem es nur heisst:

> „Fleisch im Sinne dieses Gesetzes sind Theile von warmblütigen Thieren, frisch oder zubereitet, sofern sie sich zum Genusse für Menschen eignen“.

In der Begründung u. s. w., Reichstagsdrucksache, 10. Legislaturperiode, I. Session, 1898/99, Nr. 138, S. 15 und 32 ist darauf hingewiesen, dass der Begriff Fleisch nicht einheitlich feststeht. Es erscheine daher zur Verhütung von Zweifeln gerechtfertigt, ihn genau abzugrenzen. Im weitesten Sinne werden unter Fleisch alle geniessbaren Theile der Thiere verstanden, also ausser dem Fleische der warmblütigen Thiere (Säugethiere und Vögel) auch das Fleisch von Fischen, Amphibien (Fröschen) Krusten- und Weichthieren (Krebsen, Seemuscheln, Schnecken). Durch die ausdrückliche Beschränkung auf warmblütige Thiere soll aber das Fleisch von Fischen, Amphibien, Krusten- und Weichthieren ausgeschlossen, dagegen Wild und Geflügel einbegriffen werden.

Im engeren Sinne wird unter Fleisch das Muskelfleisch und im Handelsverkehr dieses im Zusammenhange mit den betreffenden Knochen, Binde- und Fettgewebe sowie Lymphdrüsen verstanden. Die Bestimmungen des Gesetzes sollen aber auf alle diejenigen Theile warmblütiger Thiere Anwendung finden, welche sich zum Genusse für Menschen eignen, und zwar sowohl frisches als zubereitetes Fleisch.

Dementsprechend ist die vorstehende Liste aufgestellt worden. Auch die Würste fallen unter diesen Begriff, da sie einer gesundheitspolizeilichen Ueberwachung mindestens ebenso bedürftig sind wie anderes Fleisch.

§ 2. (1) Als frisches Fleisch ist anzusehen Fleisch, welches, abgesehen von einem etwaigen Kühlverfahren, einer auf die Haltbarkeit einwirkenden Behandlung nicht unterworfen worden ist, ferner Fleisch, welches zwar einer solchen Behandlung unterzogen worden ist, aber die Eigenschaften frischen Fleisches im Wesentlichen behalten hat oder durch entsprechende Behandlung wieder gewinnen kann.

(2) Die Eigenschaft als frisches Fleisch geht insbesondere nicht verloren

durch Gefrieren oder Austrocknen, ausgenommen bei getrockneten Därmen (§ 3 Abs. 4),
durch oberflächliche Behandlung mit Salz, Zucker oder anderen chemischen Stoffen,
durch blosses Räuchern,
durch Einlegen in Essig,
durch Einhüllung in Fett, Gelatine oder andere, den Luftabschluss bezweckende Stoffe,
durch Einspritzen von Konservirungsmitteln in die Blutgefässe oder in die Fleischsubstanz.

(3) Als ganzer Thierkörper ist unbeschadet der Sonderbestimmung im § 6 das geschlachtete, abgehäutete und ausgeweidete Thier anzusehen; der Kopf vom ersten Halswirbel ab, die Unterfüsse einschliesslich der sogenannten Schienbeine und der Schwanz dürfen vorbehaltlich derselben Sonderbestimmung fehlen.

§ 3. (1) Als zubereitetes Fleisch ist anzusehen alles Fleisch, welches in Folge einer ihm zu Theil gewordenen Behandlung die Eigenschaften frischen Fleisches auch in den inneren Schichten verloren hat und durch eine entsprechende Behandlung nicht wieder gewinnen kann.

(2) Hierher gehört insbesondere das durch Pökelung, wozu auch starke Salzung zu rechnen ist, oder durch hohe Hitzegrade (Kochen, Braten, Dämpfen, Schmoren) behandelte Fleisch.

(3) Als zubereitetes Fett sind anzusehen ausgeschmolzenes oder ausgepresstes Fett mit oder ohne nachfolgende Raffinirung, insbesondere Schmalz, Oleomargarin, Premier jus und ähnliche Zubereitungen; ferner die thierischen Kunstspeisefette im Sinne des § 1 Abs. 4 des Gesetzes, betreffend den Verkehr mit Butter, Käse, Schmalz und deren Ersatzmitteln, vom 15. Juni 1897 (Reichs-Gesetzbl. S. 475), sowie Margarine.

(4) Im Sinne des § 12 des Gesetzes und im Sinne der gegenwärtigen Ausführungsbestimmungen sind anzusehen:

als Schinken die von den Knochen nicht losgelösten oberen Theile des Hinter- oder Vorderschenkels vom Schweine mit oder ohne Haut;

als Speck die zwischen der Haut und dem Muskelfleische, besonders am Rücken und an den Seiten des Körpers liegende Fettschicht vom Schweine mit oder ohne Haut, auch mit schwachen in der Fettschicht eingelagerten Muskelschichten;

als Därme der Dünn- und der Dickdarm sowie die Harnblase vom Rindvieh, Schweine, Schafe und von der Ziege, der Magen vom Schweine, sowie der Schlund vom Rindvieh;

als Würste und sonstige Gemenge aus zerkleinertem Fleische insbesondere alle Waaren, welche ganz oder theilweise aus zerkleinertem Fleische bestehen und in Därme oder künstlich hergestellte Wursthüllen eingeschlossen sind, ferner Hackfleisch, Schabefleisch, Mett, Brät, Sülzen aus zerkleinertem Fleische, Fleischpulver, Fleischmehl (ausgenommen Fleischfuttermehl) mit oder ohne Zusätze;

als luftdicht verschlossene Büchsen oder ähnliche Gefässe insbesondere Büchsen, Dosen, Töpfe (Terrinen) und Gläser jeder Form und Grösse, deren Inhalt mit oder ohne anderweitige Vorbehandlung durch Luftabschluss haltbar gemacht worden ist.

a) In den Ausführungsbestimmungen D, Anlage a, § 13 sind die Merkmale für frisches, durchgepökeltes (gesalzenes) und durchgekochtes (gebratenes, gedämpftes, geschmortes) Fleisch angegeben:

Frisches Fleisch ist von rother Farbe, bestimmtem, der Thierart eigenthümlichem Geruche, weichem Gefüge, zeigt eine unebene, rillige, streifige Schnittfläche, wird beim Kochen grau, weisslich oder bräunlich und enthält nur Spuren von Kochsalz, während durchgepökeltes Fleisch vor allem beim Kochen unter gewöhnlichen Verhältnissen die rothe Farbe

(Salzungsröthe) auch nach dem Erkalten behält, und durchgekochtes Fleisch an seiner äusseren Beschaffenheit zu erkennen ist.

b) Der Begriff Kunstspeisefett ist in dem Gesetz betreffend den Verkehr mit Butter u. s. w. § 1, Abs. 4 wie folgt festgelegt:

„Kunstspeisefett im Sinne dieses Gesetzes sind diejenigen, dem Schweineschmalz ähnlichen Zubereitungen, deren Fettgehalt nicht ausschliesslich aus Schweinefett besteht. Ausgenommen sind unverfälschte Fette bestimmter Thier- oder Pflanzenarten, welche unter den ihrem Ursprung entsprechenden Bezeichnungen in den Verkehr gebracht werden".

c) Eine besondere Erläuterung der Begriffe: Schinken, Speck und Därme, wie sie in dem vorliegenden Paragraphen unter Ziffer 4 gegeben ist, war nothwendig, weil diese Begriffe nicht feststehen, und weil nach § 12, Ziffer 2 des Gesetzes, die Bestimmungen, bezüglich der Einfuhr von zubereitetem Fleisch bezüglich des geforderten Mindestgewichtes einzelner Stücke (4 kg) auf Schinken, Speck und Därme keine Anwendung finden.

Die nähere Erläuterung des Begriffes Würste ist gegeben worden, da auch dieser Begriff nicht feststeht und kein Zweifel darüber gelassen werden sollte, dass die Bestimmungen bezüglich der Würste auch auf die in Bezug auf die Art ihrer Zubereitung und ihre gesundheitliche Bedeutung den Würsten nahestehenden, in dem vorliegenden Paragraphen aufgeführten Zubereitungen Anwendung zu finden haben.

§ 4. (1) Die Vorschriften der §§ 12 und 13 des Gesetzes sowie die gegenwärtigen Ausführungsbestimmungen finden auch auf Rennthiere und Wildschweine Anwendung, und zwar dergestalt, dass, unbeschadet der Bestimmungen im § 27 unter A II, erstere dem Rindvieh, letztere den Schweinen gleichgestellt werden. Anderes Wildpret einschliesslich warmblütiger Seethiere sowie Federvieh unterliegen weder den Einfuhrbeschränkungen im §§ 12, 13 des Gesetzes noch der amtlichen Untersuchung bei der Einfuhr; das Gleiche gilt für das zum Reiseverbrauche mitgeführte Fleisch.

(2) Büffel unterliegen denselben Vorschriften wie Rindvieh.

Beschränkungen der Ein- und Durchfuhr.

§ 5. In das Zollinland dürfen nicht eingeführt werden:

1. Fleisch in luftdicht verschlossenen Büchsen oder ähnlichen Gefässen sowie Würste und sonstige Gemenge aus zerkleinertem Fleische;
2. Hundefleisch sowie zubereitetes Fleisch, welches von Pferden, Eseln, Maulthieren, Mauleseln oder anderen Thieren des Einhufergeschlechts herrührt;
3. Fleisch, welches mit einem der folgenden Stoffe oder mit einer solche Stoffe enthaltenden Zubereitung behandelt worden ist:

a) Borsäure und deren Salze,
b) Formaldehyd,
c) Alkali- und Erdalkali-Hydroxyde und -Karbonate,
d) Schweflige Säure und deren Salze sowie unterschwefligsaure Salze,
e) Fluorwasserstoff und dessen Salze,
f) Salicylsäure und deren Verbindungen,
g) Chlorsaure Salze,
h) Farbstoffe jeder Art, jedoch unbeschadet ihrer Verwendung zur Gelbfärbung der Margarine und zum Färben der Wursthüllen, sofern diese Verwendung nicht anderen Vorschriften zuwiderläuft.

Das Verbot der Einfuhr von Fleisch in luftdicht verschlossenen Büchsen oder ähnlichen Gefässen, sowie von Würsten und sonstigen Gemengen aus zerkleinertem Fleische, ist durch Kaiserliche Verordnung vom 30. Juni 1900 seit dem 1. Oktober 1900 in Kraft getreten.

Das Verbot der Einfuhr von Fleisch, welches mit einem der in dem vorliegenden Paragraphen Ziffer 3, a bis h aufgeführten Stoffe zubereitet worden ist, tritt laut Bekanntmachung des Reichskanzlers vom 18. Februar 1902 (Reichs-Gesetzbl. S. 48) mit dem 1. Oktober 1902 in Kraft.

§ 6. (1) Frisches Fleisch darf in das Zollinland nur in ganzen Thierkörpern (vergl. § 2 Abs. 3), die bei Rindvieh, ausgenommen Kälber, und bei Schweinen in Hälften zerlegt sein können, eingeführt werden. Als Kälber gelten Rinder im Fleischgewichte von nicht mehr als 75 kg. Mit den Thierkörpern müssen Brust- und Bauchfell, Lunge, Herz, Nieren, bei Kühen auch das Euter, mit den zugehörigen Lymphdrüsen in natürlichem Zusammenhange verbunden sein. In Hälften zerlegte Thierkörper müssen nebeneinander verpackt und mit Zeichen und Nummern versehen sein, welche ihre Zusammengehörigkeit ohne Weiteres erkennen lassen.

(2) Bei Rindvieh, ausgenommen Kälber (vergl. Abs. 1), muss auch der Kopf oder der Unterkiefer mit den Kaumuskeln, bei Schweinen auch der Kopf mit Zunge und Kehlkopf in natürlichem Zusammenhange mit den Körpern eingeführt werden; Gehirn und Augen dürfen fehlen. Bei Rindern darf der Kopf getrennt von dem Thierkörper beigebracht werden, sofern er und der Thierkörper derart mit Zeichen oder Nummern versehen sind, dass die Zusammengehörigkeit ohne Weiteres erkennbar ist.

(3) Bei Pferden, Eseln, Maulthieren, Mauleseln und anderen Thieren des Einhufergeschlechts müssen, ausser den im Abs. 1 auf-

geführten Theilen, Kopf, Kehlkopf und Luftröhre sowie die ganze Haut mindestens an einer Stelle mit dem Körper noch in natürlichem Zusammenhange verbunden sein.

§ 7. (1) Pökel- (Salz-) Fleisch, ausgenommen Schinken, Speck und Därme, darf in das Zollinland nur eingeführt werden, wenn das Gewicht der einzelnen Stücke nicht weniger als 4 kg beträgt.

(2) Geräuchertes Fleisch, welches einem Pökelverfahren unterlegen hat, ist als Pökelfleisch zu behandeln.

§ 8. Das nachweislich im Inlande bereits vorschriftsmässig untersuchte und nach dem Zollauslande verbrachte Fleisch ist im Falle der Zurückbringung der amtlichen Untersuchung nicht unterworfen.

§ 9. Auf das im kleinen Grenzverkehre, sowie im Mess- und Marktverkehre des Grenzbezirkes eingehende Fleisch finden die Vorschriften in §§ 12, 13 des Gesetzes sowie die gegenwärtigen Ausführungsbestimmungen Anwendung, soweit die Landesregierungen nicht Ausnahmen zulassen.

§ 10. (1) Die unmittelbare Durchfuhr unter zollamtlicher Begleitung oder unter Zollverschluss, im Postverkehr auch ohne diese Kontrolmittel, ist als Einfuhr im Sinne des Gesetzes nicht zu betrachten; das zur Durchfuhr gelangende Fleisch unterliegt nicht der amtlichen Untersuchung.

(2) Unter unmittelbarer Durchfuhr ist derjenige Waarendurchgang zu verstehen, der sich vollzieht ohne eine längere Aufenthaltsdauer im Inland, als durch die ordnungsmässige Waarenbeförderung bedingt ist. Eine unmittelbare Durchfuhr liegt insbesondere nicht vor bei Aufbewahrung der Waaren in einem Zolllager unter amtlichem Verschlusse.

Grundsätze für die gesundheitliche Untersuchung des in das Zollinland eingehenden Fleisches.

§ 11. (1) Für die Untersuchung des in das Zollinland eingehenden Fleisches ist als Beschauer ein approbirter Thierarzt und als dessen Stellvertreter ein weiterer approbirter Thierarzt zu bestellen. Zur Ausführung der Trichinenschau und zur Unterstützung bei der Finnenschau können andere Personen, welche nach Maassgabe der Prüfungsvorschriften für Trichinenschauer genügende Kenntnisse nachgewiesen haben, bestellt werden.

(2) Die Herrichtung des Fleisches für die thierärztliche Untersuchung (Herausnahme der Eingeweide, Loslösen der Liesen [Flohmen, Lünte, Schmer, Wammenfett], Zerlegen der Schweine in Hälften, Aufhängen oder Auflegen der Fleischtheile im Untersuchungsraum) erfolgt nach Anweisung des Thierarztes, und zwar soweit der Verfügungsberechtigte nicht selbst eine Hülfskraft stellt, gegen Entrichtung einer besonderen Gebühr nach Maassgabe der hierüber ergehenden Anweisung durch die Beschaustelle.

(3) Die chemischen Untersuchungen sind von einem besonders hierzu verpflichteten Nahrungsmittel-Chemiker, und nur wenn ein solcher nicht zur Verfügung steht, von einem in der Chemie hinreichend erfahrenen anderen Sachverständigen vorzunehmen. Die Vorprüfung der Fette ist von dem Chemiker oder dem Fleischbeschauer vorzunehmen. Ausnahmsweise können hiermit andere Personen, welche genügende Kenntnisse nachgewiesen haben, betraut werden.

Vergleiche hierzu die Bemerkungen zu § 1 des Gesetzes.

§ 12. (1) Die Untersuchung des Fleisches hat sich insbesondere auf die in §§ 13 bis 15 aufgeführten Punkte zu erstrecken.

(2) Sie ist bei frischem Fleische an jedem einzelnen Thierkörper, bei zubereitetem Fleische und zwar bei Därmen und Fetten an den einzelnen Packstücken, im Uebrigen an den einzelnen Fleischstücken vorzunehmen, soweit nicht eine Beschränkung der Untersuchung auf Stichproben nach den Bestimmungen des folgenden Absatzes zulässig ist.

(3) Bei Sendungen von zubereitetem Fleische kann die Untersuchung auf Stichproben beschränkt werden, und zwar bei Fett und Därmen die gesammte Prüfung, bei sonstigem Fleische die Prüfung auf die im § 14 Abs. 1 unter b bis d bezeichneten Punkte. Die Beschränkung der Untersuchung auf Stichproben ist jedoch nur insoweit zulässig, als die Sendung nach Inhalt der Begleitpapiere (Rechnungen, Frachtbriefe, Konnossemente, Ladescheine u. dergl.) eine bestimmte gleichartige, aus derselben Fabrikation stammende Waare enthält, die auch äusserlich nach der Art der Verpackung und Kennzeichnung als gleichartig angesehen werden kann. Die Auswahl der Stichproben erfolgt nach den Bestimmungen im § 14 Abs. 4 und § 15 Abs. 5.

(4) Führt die Untersuchung bei einer Stichprobe zu einer Beanstandung, so ist sie in Bezug auf den Beanstandungsgrund bei

Därmen und Fett an der Gesammtheit der Packstücke, im Uebrigen an jedem einzelnen Fleischstücke der ganzen Sendung auszuführen, insoweit nicht eine unschädliche Beseitigung (§ 19 Abs. 1 unter I) oder eine Zurückweisung (§ 19 Abs. 1 unter II, § 21 Abs. 3) oder eine freiwillige Zurückziehung (nachstehender Abs. 6) erfolgt.

(5) Von jeder Beanstandung einer Stichprobe, welche auf den Umfang der weiter anzustellenden Untersuchung oder auf die Behandlung des Fleisches (§§ 19 und 21) von Einfluss ist, hat die Beschaustelle den Verfügungsberechtigten unter Angabe des Beanstandungsgrundes und unter Hinweis auf die nach Abs. 4 eintretende Folge sowie die Polizeibehörde unter Angabe des Beanstandungsgrundes sofort zu benachrichtigen.

(6) Binnen einer eintägigen Frist nach der Benachrichtigung hat der Verfügungsberechtigte das Recht, die noch nicht untersuchten und nicht unschädlich zu beseitigenden oder zurückzuweisenden Theile der Sendung vor der weiteren Untersuchung freiwillig zurückzuziehen (vergl. jedoch § 25 Abs. 3).

§ 13. (1) Bei frischem Fleische ist zu prüfen:

a) ob es den Angaben in den Begleitpapieren entspricht;
b) ob es unter die Verbote im § 5 fällt;
c) ob es den Bestimmungen im § 6 entspricht;
d) ob es in gesundheits- oder veterinärpolizeilicher Beziehung zu Bedenken Anlass giebt. Insbesondere ist Schweinefleisch auf Trichinen zu untersuchen.

(2) Eine chemische Untersuchung des frischen Fleisches hat stattzufinden, wenn der Verdacht vorliegt, dass es mit einem der im § 5 Nr. 3 aufgeführten Stoffe behandelt worden ist.

§ 14. (1) Bei zubereitetem Fleische, ausgenommen Fette, ist zu prüfen:

a) ob die Waare den Angaben in den Begleitpapieren entspricht;
b) ob die Waare unter die Verbote im § 5 fällt;
c) ob die Waare den Vorschriften im § 7 entspricht;
d) ob die Fleischstücke vollständig durchgepökelt (durchgesalzen), durchgekocht oder sonst im Sinne des § 3, Abs. 1 zubereitet sind;
e) ob die Waare in gesundheits- oder veterinärpolizeilicher Beziehung zu Bedenken Anlass giebt. Insbesondere ist Schweinefleisch auf Trichinen zu untersuchen.

(2) Bei Därmen ist zu prüfen, ob krankhafte Veränderungen insbesondere Blutungen, Knoten, Geschwüre vorhanden sind.

(3) Bei der gemäss Abs. 1 unter b vorzunehmenden Prüfung hat auch eine chemische Untersuchung stattzufinden:

a) zur Feststellung, ob dem Verbote im § 5 Nr. 2 zuwider Pferdefleisch unter falscher Bezeichnung einzuführen versucht wird, wenn der Verdacht eines solchen Versuchs besteht;

b) zur Feststellung, ob das Fleisch mit einem der im § 5 Nr. 3 aufgeführten Stoffe behandelt worden ist; bei Schinken in Sendungen unter 10 Stück, bei Speck und bei Därmen jedoch nur, wenn der Verdacht einer solchen Behandlung besteht.

(4) Liegen die Voraussetzungen des § 12 Abs. 3 für eine Beschränkung der Untersuchung auf Stichproben vor, so hat sich die Untersuchung bei Sendungen, die aus 1 oder 2 Packstücken bestehen, auf jedes Packstück, bei Sendungen von 3 bis 10 Packstücken auf mindestens 2 Packstücke, bei grösseren Sendungen auf mindestens den 10. Theil der Packstücke zu erstrecken. Aus den hiernach auszuwählenden Packstücken ist mindestens der 10. Theil des Inhalts zum Zwecke der Untersuchung aus verschiedenen Lagen zu entnehmen. Auf weniger als 2 Fleischstücke aus jedem einzelnen Packstücke darf die Untersuchung nicht beschränkt werden.

§ 15. (1) Die Untersuchung des zubereiteten Fettes zerfällt in eine Vorprüfung und in eine Hauptprüfung.

(2) Die Vorprüfung hat sich darauf zu erstrecken:

a) ob die Packstücke den Angaben in den Begleitpapieren entsprechen und gemäss den für den Inlandsverkehr bestehenden Vorschriften bezeichnet sind („Margarine“, „Kunstspeisefett“);

b) ob das Fett in den Packstücken eine der betreffenden Gattung entsprechende äussere Beschaffenheit hat, wobei insbesondere auf Farbe und Konsistenz, Geruch und Geschmack (ranzigen, sauren, Fäulniss- oder Schimmel-Geruch und -Geschmack), auf das Vorhandensein von Schimmelpilzen oder Bakterienkolonien auf der Oberfläche oder im Innern sowie auf sonstige Anzeichen von Verdorbensein zu achten ist.

(3) Die Hauptprüfung ist nach folgenden Gesichtspunkten vorzunehmen:

a) es ist zu prüfen, ob äusserlich am Fette wahrnehmbare Merkmale auf eine Verfälschung oder Nachmachung oder sonst auf eine vorschriftswidrige Beschaffenheit hinweisen;

b) Margarine ist auf die Anwesenheit des gemäss dem Gesetze vom 15. Juni 1897, betreffend den Verkehr mit Butter, Käse, Schmalz oder deren Ersatzmitteln, vorgeschriebenen Erkennungsmittels (Sesamöl) — Reichs-Gesetzbl. 1897 S. 591 — zu prüfen;

c) Schweineschmalz ist mit dem Zeiss-Wollny'schen Refraktometer zu untersuchen. Ergiebt sich hierbei der Verdacht einer Verfälschung, so ist eine eingehendere Prüfung der verdächtigen Probe vorzunehmen;

d) es ist zu prüfen, ob das Fett verfälscht, nachgemacht oder verdorben ist, unter das Verbot des § 3 des Gesetzes vom 15. Juni 1897 fällt oder ob es einen der im § 5 Nr. 3 der gegenwärtigen Bestimmungen aufgeführten Stoffe enthält.

(4) Die Proben für die Hauptprüfung sind nach Massgabe der Bestimmungen in Anlage c zu entnehmen und unverzüglich der zuständigen Stelle zu übermitteln.

(5) Liegen die Voraussetzungen des § 12 Abs. 3 für eine Beschränkung der Untersuchung auf Stichproben vor, so hat sich die Vorprüfung sowie die nach Abs. 3 unter a, b und c vorzunehmende Hauptprüfung mindestens auf 2 Packstücke, bei 40 und mehr Packstücken bis zu 100 auf 5 vom Hundert, vom Mehrbetrage bis zu 500 Packstücken auf 3 vom Hundert, von einem weiteren Mehrbetrag auf 2 vom Hundert zu erstrecken.

(6) Die nach Abs. 3 unter d vorzunehmende Hauptprüfung ist unter gleicher Voraussetzung auf eine geringere Zahl der für die Hauptprüfung entnommenen Proben zu beschränken, und zwar sind dazu

von weniger als 6 Proben 2,
von weniger als 18 Proben 4,
von weniger als 28 Proben 6

und von weiteren je 6 Proben eine auszuwählen.

a) Bezüglich des Verkehrs mit Margarine und mit Kunstspeisefett bestimmt das Gesetz, betreffend den Verkehr mit Butter, Käse, Schmalz und deren Ersatzmitteln, vom 15. Juni 1897, in § 2 Folgendes:

„Die Gefässe und äusseren Umhüllungen, in welchen Margarine, Margarinekäse oder Kunstspeisefett gewerbsmässig verkauft oder feilgehalten wird, müssen an in die Augen fallenden Stellen die deutliche, nicht verwischbare Inschrift „Margarine“, „Margarinekäse“, „Kunstspeisefett“ tragen.

Die Gefässe müssen ausserdem mit einem stets sichtbaren, bandförmigen Streifen von rother Farbe versehen sein, welcher bei

Gefässen bis zu 35 cm Höhe mindestens 2 cm, bei höheren Gefässen mindestens 5 cm breit sein muss.

Wird Margarine, Margarinekäse oder Kunstspeisefett in ganzen Gebinden oder Kisten gewerbsmässig verkauft oder feilgehalten, so hat die Inschrift ausserdem den Namen oder die Firma des Fabrikanten, sowie die von dem Fabrikanten zur Kennzeichnung der Beschaffenheit seiner Erzeugnisse angewendeten Zeichen (Fabrikmarke) zu enthalten".

Nähere Vorschriften für die vorgeschriebene Bezeichnung der Gefässe und äusseren Umhüllungen, in welchen Margarine, Margarinekäse oder Kunstspeisefett gewerbsmässig verkauft oder feilgehalten werden, sind durch die Bekanntmachung vom 4. Juli 1897 betreffend Bestimmungen zur Ausführung des Gesetzes über den Verkehr mit Butter u. s. w. (Reichs-Gesetzbl. S. 591) gegeben worden.

b) Das Gesetz betreffend den Verkehr mit Butter u. s. w. vom 15. Juni 1897 bestimmt in § 6 Folgendes:

„Margarine und Margarinekäse, welche zu Handelszwecken bestimmt sind, müssen einen die allgemeine Erkennbarkeit der Waare mittelst chemischer Untersuchungen erleichternden, Beschaffenheit und Farbe nicht schädigenden Zusatz enthalten. Die näheren Bestimmungen hierüber werden vom Bundesrath erlassen und im Reichs-Gesetzbl. veröffentlicht".

Auf Grund dieses Paragraphen hat der Bundesrath, gemäss Bekanntmachung vom 4. Juli 1897, betreffend Bestimmungen zur Ausführung des Gesetzes über den Verkehr mit Butter u. s. w., die nachstehenden Bestimmungen beschlossen:

„Um die Erkennbarkeit von Margarine und Margarinekäse, welche zu Handelszwecken bestimmt sind, zu erleichtern (§ 6 des Gesetzes, betreffend den Verkehr mit Butter u. s. w.), ist den bei der Fabrikation zur Verwendung kommenden Fetten und Oelen Sesamöl zuzusetzen. In 100 Gewichtstheilen der angewandten Fette und Oele muss die Zusatzmenge bei Margarine mindestens 10 Gewichtstheile, bei Margarinekäse mindestens 5 Gewichtstheile Sesamöl betragen. Der Zusatz des Sesamöls hat bei dem Vermischen der Fette vor der weiteren Fabrikation zu erfolgen".

c) Die Handhabung des Zeiss-Wollny'schen Refraktometers ist in der vom Bundesrath am 22. März 1898 festgestellten und vom Reichskanzler am 1. April 1898 bekanntgemachten

„Anweisung zur chemischen Untersuchung von Fetten nnd Käsen" (Zentralbl. f. d. Deutsche Reich, 201—216) unter I, B, 5, b beschrieben. (Vergleiche auch die Ausführungsbestimmungen zum Schlachtvieh- und Fleischbeschaugesetz D, Anlage d, Zweiter Abschnitt, I, 3.)

d) Das Gesetz betreffend den Verkehr mit Butter u. s. w., vom 15. Juni 1897 bestimmt im § 3 Folgendes:

„Die Vermischung von Butter oder Butterschmalz mit Margarine oder anderen Speisefetten zum Zweck des Handels mit diesen Mischungen ist verboten.

Unter diese Bestimmung fällt auch die Verwendung von Milch oder Rahm bei der gewerbsmässigen Herstellung von Margarine, sofern mehr als 100 Gewichtstheile Milch oder eine dementsprechende Menge Rahm auf 100 Gewichtstheile der nicht der Milch entstammenden Fette in Anwendung kommen".

§ 16. Für die Ausführung der Untersuchungen sind massgebend:

1. die Anweisung für die thierärztliche Untersuchung des in das Zollinland eingehenden Fleisches (Anlage a);
2. die Anweisung für die Untersuchung des Fleisches auf Trichinen und Finnen (Anlage b);
3. die Anweisung für die Probenentnahme zur chemischen Untersuchung von Fleisch einschliesslich Fett sowie für die Vorprüfung zubereiteter Fette (Anlage c);
4. die Anweisung für die chemische Untersuchung von Fleisch und Fetten (Anlage d).

Ausser den vorstehend aufgeführten Anweisungen kommt auch noch die „Anweisung zur chemischen Untersuchung von Fetten und Käsen",
welche auf Grund des § 12, Ziffer 2 des Gesetzes betreffend den Verkehr mit Butter u. s. w. durch Bekanntmachung des Reichskanzlers vom 1. April 1898 (Zentralbl. f. d. Deutsche Reich, S. 201 bis 216) erlassen wurde, in Betracht.

Sie findet Anwendung bei der Untersuchung der Fette auf ihre Abstammung und Unverfälschtheit, beziehungsweise darauf, ob sie den Anforderungen des Reichsgesetzes vom 15. Juni 1897 entsprechen (Ausführungsbestimmungen D, Anlage d, Zweiter Abschnitt, III).

Behandlung des Fleisches nach erfolgter Untersuchung.

§ 17. Unbeschadet der weitergehenden Massregeln, welche auf Grund veterinärpolizeilicher oder strafrechtlicher Bestimmungen angeordnet werden, ist das beanstandete Fleisch nach den Vorschriften in §§ 18 bis 21 zu behandeln.

§ 18. (1) Für frisches Fleisch gelten folgende Grundsätze:

I. In unschädlicher Weise zu beseitigen sind:

A. alle Thierkörper der betreffenden Sendung, soweit nach der gemeinsamen Herkunft, der Art der Beförderung oder den sonstigen Umständen angenommen werden kann, dass eine Uebertragung des Krankheitsstoffs stattgefunden hat, wenn auch nur an einem Thierkörper Rinderpest, Milzbrand, Rauschbrand, Rinderseuche, Schweinepest, Schweineseuche, Pockenseuche, Rotz (Wurm) oder der begründete Verdacht einer dieser Krankheiten vorliegt;

B. der einzelne Thierkörper, wenn Tollwuth, Rothlauf der Schweine, Septicämie, Pyämie, Texasfieber, Ruhr oder der begründete Verdacht einer dieser Krankheiten vorliegt, ferner wenn beim Schweine Trichinen oder beim Rindvieh und Schweine in grösserer Zahl Finnen (beim Rindvieh Cysticercus inermis, beim Schweine Cysticercus cellulosae) nachgewiesen sind;

C. die veränderten Theile (sofern die in I unter A und B erwähnten Fälle nicht vorliegen)

a) bei Durchsetzung von Eingeweiden mit vereinzelten, auf den Menschen nicht übertragbaren thierischen Schmarotzern;

b) bei örtlicher Strahlenpilzerkrankung;

c) bei Tuberkulose, wenn nur die Lymphdrüsen an der Lungenwurzel und im Mittelfell oder an einer der beiden Stellen Veränderungen aufweisen und die tuberkulösen Herde wenig umfangreich und trocken, verkäst oder verkalkt sind; erweisen sich die Lymphdrüsen an der Lungenwurzel oder im Mittelfell tuberkulös, so ist auch die Lunge zu vernichten;

d) bei Lungenseuche oder dem begründeten Verdachte dieser Krankheit;

e) bei oberflächlicher und geringgradiger Fäulniss und ähnlichen Zersetzungsvorgängen, Besetzung mit Insekten und unerheblicher Beschmutzung.

II. Von der Einfuhr zurückzuweisen sind:

A. alle Thierkörper der betreffenden Sendung, von denen anzunehmen ist, dass auf sie eine Uebertragung des Krankheitsstoffs stattgefunden hat, wenn auch nur bei einem Thierkörper Lungenseuche oder Maul- und Klauenseuche oder der begründete Verdacht einer dieser Krankheiten vorliegt, bei Lungenseuche oder Lungenseucheverdacht nach unschädlicher Beseitigung der veränderten Theile (vergl. I unter Cd);

B. die einzelnen Thierkörper, die auf Grund der nach § 13 ausgeführten Prüfung beanstandet sind, soweit sie nicht nach I unter A und B unschädlich beseitigt werden müssen. Liegt einer der Fälle zu I unter C a, b, c oder e vor, so hat die Zurückweisung zu unterbleiben, sofern der Beanstandungsgrund durch Beseitigung und Vernichtung der veränderten Theile behoben wird.

Insbesondere muss, unbeschadet dieser Ausnahmen, die Zurückweisung erfolgen:

a) wenn die Waare den Angaben in den Begleitpapieren nicht entspricht;
b) wenn die Beschaffenheit des Fleisches einen schlechten Ernährungszustand des Thieres bekundet;
c) wenn das Fleisch auffällige Abweichungen in Bezug auf Farbe, Geruch, Geschmack und Konsistenz oder wenn es fremdartige Einlagerungen zeigt;
d) wenn das Fleisch durch Fäulniss, Verschimmelung, Insekten, Beschmutzung oder dergleichen in seiner Genusstauglichkeit beeinträchtigt oder wenn Luft in dasselbe eingeblasen ist;
e) wenn sich an den Lymphdrüsen eine Schwellung mit oder ohne Blutung, Verkäsung oder Verkalkung zeigt;
f) wenn Tuberkulose oder der begründete Verdacht dieser Krankheit vorliegt;
g) wenn vereinzelte Finnen (beim Rindvieh Cysticercus inermis, beim Schweine Cysticercus cellulosae) nachgewiesen sind.

(2) Die Zurückweisung kann bei Beanstandungen auf Grund der Bestimmung im Abs. 1 unter II B a unterbleiben, wenn nachträglich für die Waare entsprechende Begleitpapiere beigebracht werden.

§ 19. (1) Für zubereitetes Fleisch, ausgenommen Fette, gelten folgende Grundsätze:

I. In unschädlicher Weise zu beseitigen sind:

a) alle zu der betreffenden Sendung gehörigen Packstücke, soweit nach der gemeinsamen Herkunft, der Art der Verpackung und Beförderung oder den sonstigen Umständen angenommen werden kann, dass eine Uebertragung des Krankheitsstoffs stattgefunden hat, wenn auch nur an einem Fleischstück eine der im § 18 Abs. 1 unter I A aufgeführten Krankheiten oder der begründete Verdacht einer derselben nachgewiesen ist;

b) das einzelne Packstück, wenn an einem Fleischstücke Rothlauf der Schweine, Septicämie, Pyämie, Texasfieber, Ruhr oder der begründete Verdacht einer dieser Krankheiten nachgewiesen ist;

c) das einzelne Fleischstück, wenn in demselben Trichinen oder Finnen nachgewiesen sind;

d) die veränderten Theile bei oberflächlicher und geringgradiger Fäulniss und ähnlichen Zersetzungsvorgängen, Besetzung mit Insekten und unerheblicher Beschmutzung.

II. Von der Einfuhr zurückzuweisen ist das Fleisch, soweit es nicht nach I unschädlich beseitigt werden muss, und zwar

A. das ganze Packstück,

a) wenn das Fleisch auf Grund einer der Bestimmungen im § 14 Abs. 1 unter a und b beanstandet ist;

b) wenn in dem Packstück Därme gefunden sind, welche Mängel der im § 14 Abs. 2 bezeichneten Art aufweisen;

c) wenn sämmtliche aus dem Packstück entnommenen Proben (§ 12, 14 Abs. 4) auf Grund der Bestimmungen im § 14 Abs. 1 unter d beanstandet sind;

d) wenn auch nur an einem Fleischstück Erscheinungen der Lungenseuche oder der Maul- und Klauenseuche oder der begründete Verdacht dieser Krankheiten vorliegen;

B. das einzelne Fleischstück, welches auf Grund einer der Bestimmungen im § 14 Abs. 1 unter c bis e beanstandet ist, insbesondere wenn sich bei der Prüfung einer der im § 18 Abs. 1 unter II B b bis f aufgeführten Mängel ergiebt, und dieser nicht im Falle zu I unter d des gegenwärtigen Paragraphen durch Vernichtung der veränderten Theile gehoben wird.

(2) Die Zurückweisung kann bei Beanstandungen auf Grund des § 14 Abs. 1 unter a unterbleiben, wenn nachträglich für die Waare entsprechende Begleitpapiere beigebracht werden.

§ 20. In den Fällen der §§ 18, 19 kann an Stelle der unschädlichen Beseitigung des Fleisches die Zurückweisung treten, wenn die das Fleisch beanstandende Beschaustelle im Auslande liegt.

§ 21. (1) Zubereitetes Fett ist zurückzuweisen

I. auf Grund der Vorprüfung:

a) wenn die Waare den Angaben in den Begleitpapieren nicht entspricht oder die zugehörige Packung nicht den für den Inlandsverkehr bestehenden Vorschriften entsprechend bezeichnet ist („Margarine“, „Kunstspeisefett“);

b) wenn das Fett ranzig, sauer, mit Fäulniss-Geruch oder -Geschmack behaftet oder innerlich mit Schimmelpilzen oder Bakterienkolonien durchsetzt oder sonst verdorben befunden wird;

c) wenn das Fett in einem Packstück äusserlich derart mit Schimmelpilzen oder Bakterienkolonien besetzt ist, dass der Inhalt des ganzen Packstücks als verdorben anzusehen ist;

II. auf Grund der Hauptprüfung:

a) in den unter I a bis c angegebenen Fällen;

b) wenn eine Probe einen der im § 5 Nr. 3 aufgeführten Stoffe enthält;

c) wenn eine Probe als verfälscht oder nachgemacht befunden wird;

d) wenn eine Probe Margarine den Bestimmungen des Gesetzes vom 15. Juni 1897 oder den auf Grund desselben erlassenen Bestimmungen (Reichs-Gesetzbl. 1897 S. 475 und 591) nicht entspricht.

(2) Die Zurückweisung kann bei der Vorprüfung und Hauptprüfung in den Fällen zu Abs. 1 unter I a unterbleiben, wenn nachträglich das Packstück mit den vorgeschriebenen Bezeichnungen versehen oder die Uebereinstimmung mit den Begleitpapieren herbeigeführt wird.

(3) Die Zurückweisung hat sich auf alle zu einer Sendung gehörigen Packstücke einer Fabrikation zu erstrecken, wenn die Untersuchung sämmtlicher davon entnommenen Stichproben zu einer gleichen Beanstandung geführt hat (§ 12 Abs. 4). Im Uebrigen hat sich die Zurückweisung nur auf die einzelnen beanstandeten Packstücke zu erstrecken.

Weitere Behandlung des Fleisches.

§ 22. Zurückgewiesenes oder freiwillig zurückgezogenes Fleisch kann unter den im § 29 bezeichneten Voraussetzungen zur Einfuhr zugelassen werden, wenn es zu anderen Zwecken als zum Genusse für Menschen Verwendung finden soll.

§ 23. Die Beschaustelle hat Fleisch, welches einen Anlass zur Beanstandung auf Grund der Bestimmungen in §§ 13 bis 15 nicht giebt, als tauglich zum Genusse für Menschen zu erklären.

§ 24. (1) Die Beschaustelle hat beanstandetes Fleisch vorläufig zu beschlagnahmen und mit einem Erkennungszeichen zu versehen, welches leicht wieder entfernbar ist. Die erfolgte Beschlagnahme ist dem Verfügungsberechtigten, der Zoll- oder Steuerstelle sowie der Polizeibehörde unter Angabe des Beanstandungsgrundes sofort mitzutheilen.

(2) Die Polizeibehörde hat alsdann über die weitere Behandlung des Fleisches gemäss §§ 18 bis 21 Entscheidung zu treffen und hiervon sofort den Verfügungsberechtigten sowie nach Ablauf der Beschwerdefrist die Beschaustelle zu benachrichtigen.

(3) Die Polizeibehörde hat die Wiederausfuhr oder die unschädliche Beseitigung des Fleisches unter den erforderlichen Sicherungsmassregeln zu veranlassen und im Benehmen mit der Zoll- oder Steuerstelle zu überwachen.

(4) Für Grenzstationen auf ausländischem Gebiete können besondere Anordnungen erlassen werden.

Kennzeichnung des Fleisches.

§ 25. (1) Die Beschaustelle hat auf Grund des endgültigen Ergebnisses der Untersuchung (vergl. §§ 23 und 30) das Fleisch zu kennzeichnen.

(2) In den Fällen des § 19 Abs. 1 unter I darf die Kennzeichnung der einzelnen Fleischstücke unterbleiben, wenn die unschädliche Beseitigung anderweit sichergestellt ist. Sendungen, welche zurückzuweisen wären, weil die Waare nicht den Angaben in den Begleitpapieren entspricht (§ 18 Abs. 1 unter II B a; § 19 Abs. 1 unter II A a; § 21 Abs. 1 unter I a und II a) oder weil das Packstück nicht den für den Inlandsverkehr bestehenden Vorschriften entsprechend bezeichnet ist (§ 21 Abs. 1 unter I a und II a), sind im Falle einer nachträglichen Behebung dieser Anstände nur nach dem Ausfalle der Untersuchung der Waare selbst zu kennzeichnen.

(3) Theile von Sendungen, die im Falle des § 12 Abs. 6 zurückgezogen werden, sind gleichfalls zu kennzeichnen; nicht geöffnete Packstücke jedoch nur an der Aussenseite der Behälter (§ 27 unter B Abs. 2). Bei anderen freiwillig zurückgezogenen Sendungen hat eine Kennzeichnung der nicht untersuchten Theile zu unterbleiben.

§ 26. (1) Die Kennzeichnung des Fleisches und der Behälter erfolgt mittelst Farbstempels oder mittelst Brandstempels nach Wahl der **Verfügungsberechtigten**.

(2) Jeder Stempel trägt als Aufschrift die Worte „Ausland" sowie das Zeichen der Zoll- oder Steuerstelle, bei welcher die Untersuchung vorgenommen wird. Der Stempel für Fleisch von Pferden und anderen Einhufern trägt ausserdem die Aufschrift „Pferd".

(3) Der Reichskanzler ist ermächtigt, nähere Bestimmungen über die bei den einzelnen Zoll- oder Steuerstellen zu benutzenden Zeichen zu erlassen sowie darüber zu bestimmen, welche Bezeichnung anzuwenden ist, wenn eine gemeinsame Beschaustelle für mehrere Zoll- oder Steuerstellen errichtet ist.

(4) Die Stempel sind für das bei der Untersuchung tauglich befundene Fleisch von sechseckiger Form mit 2,5 cm Länge der einzelnen Seiten, für Fleisch von Pferden und anderen Einhufern von viereckiger Form mit 5 und 2,5 cm Seitenlänge, für das bei der Untersuchung beanstandete sowie für freiwillig zurückgezogenes Fleisch von dreieckiger Form mit 5 cm Seitenlänge. Sie tragen bei dem zurückgewiesenen Fleische die weitere Aufschrift „Zurückgewiesen", bei dem unschädlich zu beseitigenden Fleische die weitere Aufschrift „Zu beseitigen", bei freiwillig zurückgezogenem Fleische den Buchstaben „Z".

Roth.

Roth.

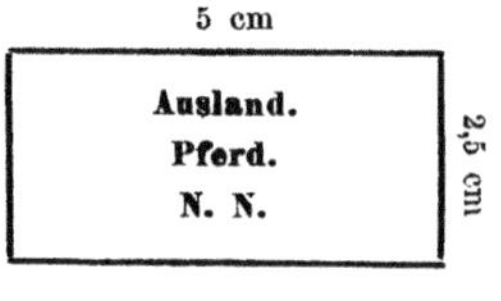

Schwarz.

Schwarz.

Schwarz.

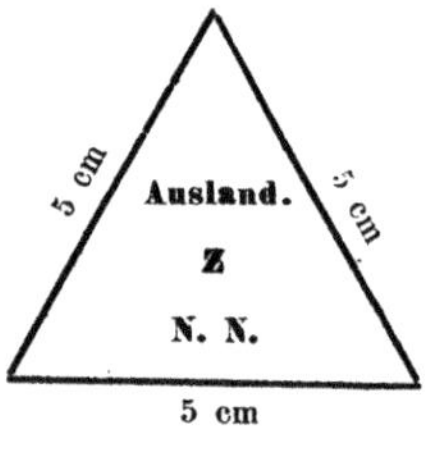

(5) Die Brandstempel sind von gleicher Form wie die Farbstempel, dürfen jedoch grösser sein. Auch die Farbstempel dürfen, insoweit sie zur Abstempelung der Packstücke an den Aussenseiten dienen, die im Abs. 4 angegebenen Masse überschreiten.

(6) Im Falle der Kennzeichnung mittelst Farbstempels ist für beanstandetes oder freiwillig zurückgezogenes Fleisch eine schwarze, für das übrige Fleisch eine rothe, nicht gesundheitsschädliche, haltbare Farbe zu verwenden.

(7) An jedem Stempel müssen die Schriftzeichen und die Ränder scharf ausgeprägt sein.

§ 27. Für die Kennzeichnung des Fleisches gelten folgende Bestimmungen:

A. Frisches Fleisch.

Die Stempelabdrücke sind an jeder Körperhälfte mindestens an den nachverzeichneten Körperstellen anzubringen und zwar:

I. Bei Rindvieh, ausschliesslich der Kälber, sowie bei Pferden und anderen Einhufern:
1. auf der Seitenfläche des Halses,
2. an der hinteren Vorarmfläche,
3. auf der Schulter,
4. auf dem Rücken in der Nierengegend,
5. auf der inneren und
6. auf der äusseren Fläche des Hinterschenkels,
7. an der Zunge und am Kopfe.

II. Bei Kälbern, Rennthieren und Wildschweinen, erforderlichenfalls nach Lostrennung der Haut an den betreffenden Stellen:
1. auf der Schulter oder an der hinteren Vorarmfläche,
2. neben dem Nierenfett oder auf dem Rücken,
3. auf der Brust,
4. auf der Keule, am Becken oder am Unterschenkel.

III. Bei Schweinen:
1. am Kopfe,
2. auf der Seitenfläche des Halses,
3. auf der Schulter,
4. auf dem Rücken,
5. auf dem Bauche,
6. auf der Aussenfläche des Hinterschenkels.

IV. Bei Schafen und Ziegen, erforderlichenfalls nach Lostrennung der Haut an den betreffenden Stellen:
1. auf dem Halse,
2. auf der Schulter,
3. auf dem Rücken,
4. auf der inneren Fläche des Hinterschenkels.

V. Ausserdem ist bei allen Thiergattungen auf jedem Eingeweidestücke noch mindestens ein Stempelabdruck anzubringen.

B. Zubereitetes Fleisch.

(1) Bei gepökeltem (gesalzenem), gekochtem oder sonst zubereitetem Fleische sind die Stempelabdrücke an zwei Stellen jedes Fleischstücks und zwar bei Schinken und Speck thunlichst auf der Schwarte anzubringen.

(2) Aussen an dem Behälter (Kübel, Fass, Kiste u. dergl.) sind die Stempel gleichfalls an zwei Stellen anzubringen. Bei zubereitetem Fette hat die Kennzeichnung nur an den Behältern zu erfolgen.

Unschädliche Beseitigung des beanstandeten Fleisches.

§ 28. (1) Die unschädliche Beseitigung des Fleisches hat zu erfolgen entweder durch hohe Hitzegrade (Kochen oder Dämpfen bis zum Zerfall der Weichtheile, trockene Destillation, Verbrennen) oder auf chemischem Wege bis zur Auflösung der Weichtheile. Die hierdurch gewonnenen Erzeugnisse können technisch verwendet werden.

(2) Wo ein derartiges Verfahren unthunlich ist, erfolgt die Beseitigung durch Vergraben thunlichst an Stellen, welche von Thieren nicht betreten werden und an welchen Viehfutter oder Streu weder gewonnen noch aufbewahrt wird; trichinöses Fleisch ist stets nach Massgabe der Bestimmungen im Abs. 1 zu beseitigen. Vor dem Vergraben ist das Fleisch mit tiefen Einschnitten zu versehen und mit Kalk oder feinem, trockenem Sande zu bestreuen oder mit Theer, rohen Steinkohlentheerölen (Karbolsäure, Kresol) oder Alpha-Naphthylamin in fünfprozentiger Lösung zu übergiessen. Die Gruben sind so tief anzulegen, dass die Oberfläche des Fleisches von einer mindestens 1 m starken Erdschicht bedeckt wird.

(3) Der Reichskanzler ist ermächtigt, weitere Mittel zur unschädlichen Beseitigung zuzulassen.

(4) Das Verpackungsmaterial ist zu verbrennen oder, sofern ein solches Verfahren nicht angängig ist, anderweitig unschädlich zu beseitigen oder zu desinfiziren.

Nicht zum Genusse für Menschen bestimmtes Fleisch.

§ 29. (1) Fleisch, welches zwar nicht für den menschlichen Genuss bestimmt ist, aber dazu verwendet werden kann, darf ohne vorherige Untersuchung zur Einfuhr zugelassen werden, wenn die Unbrauchbarmachung für den menschlichen Genuss im Wege der fabrikationsmässigen Behandlung durch geeignete Kontrolmassregeln oder mittelst Anlegung von tiefen Einschnitten und nachfolgender Behandlung mit Kalk, Theer oder rohen Steinkohlentheerölen (Karbolsäure, Kresol), bei Fetten auch mit Alkalilauge, Petroleum oder Rosmarinöl sichergestellt wird.

(2) Der Reichskanzler ist ermächtigt, noch weitere Mittel zur Unbrauchbarmachung zuzulassen.

Rechtsmittel.

§ 30. (1) Gegen die seitens der Beschaustelle im Falle des § 12 Abs. 4 vorgenommene Beanstandung einer Stichprobe sowie gegen die von der Polizeibehörde im Falle der §§ 18 bis 21 getroffene Entscheidung kann von dem Verfügungsberechtigten innerhalb einer eintägigen Frist nach der Benachrichtigung (§ 12 Abs. 5 und § 24 Abs. 2) Beschwerde eingelegt werden. Dieses Rechtsmittel ist in ersterem Falle bei der Beschaustelle anzumelden und hat auf Antrag des Beschwerdeführers die Aufschiebung der weiteren Untersuchung zur Folge; in letzterem Falle ist es bei der Polizeibehörde anzumelden und hat stets aufschiebende Wirkung. Ueber die Beschwerde entscheidet eine von der Landesregierung zu bezeichnende höhere Behörde und zwar, sofern das Rechtsmittel gegen das technische Gutachten gerichtet ist, nach Anhörung mindestens eines weiteren Sachverständigen. Die durch unbegründete Beschwerde erwachsenden Kosten fallen dem Beschwerdeführer zur Last.

(2) Von der endgültigen Entscheidung hat die höhere Behörde den Beschwerdeführer, die Beschaustelle, die Polizeibehörde sowie die Zoll- oder Steuerstelle sofort in Kenntniss zu setzen.

Fleischbeschaubuch.

§ 31. (1) An jeder Beschaustelle für ausländisches Fleisch ist ein Fleischbeschaubuch nach beifolgendem Muster (s. S. 128 f)

Zollstelle N. N. **Fleischbe**

Laufende Nummer	Eingangsnummer im zoll- oder steueramtlichen Register	Herkunft des Fleisches	Absender mit Wohnort	Empfänger mit Wohnort	Bezeichnung des Fleisches nach		Untersucht wurden			
					Gattung, Art, Zahl	Gewicht kg	ganze Thierkörper	einzelne Packungen	einzelne Fleischstücke	Stücke Schweinefleisch auf Trichinen
1.	2.	3.	4.	5.	6.	7.	8.	9.	10.	11.

Anmerkung zu Spalte 6. Die Bezeichnungen sind in Uebereinstimmung zu bringen mit dem statistischen Waarenverzeichniß.

Anmerkung zu Spalten 12, 13, 15 bis 20. Werden die zu einer Nummer gehörenden Waaren zum Theil für genußtauglich erachtet, zum Theil beanstandet, so sind die Theile der Sendungen nach ihren Gewichten in Spalten 12 und 13 einzutragen; das Gleiche gilt, wenn z. B. ein Theil zurückgewiesen, ein Theil zurückgezogen rc. ist, hinsichtlich der Spalten 15 bis 20.

schaubuch.

Ergebniß der Untersuchung		Grund der Beanstandung des Fleisches	Weitere Behandlung des Fleisches						Bemerkungen	Unterschrift des Beschauers.
genußtauglich	beanstandet		freigegeben	zurückgewiesen	zu technischer Verwendung freigegeben	Zurückgezogen nach Beanstandung einer Stichprobe	Zurückgezogen ohne Beanstandung einer Stichprobe	beseitigt		
kg	kg		kg	kg	kg	kg	kg	kg		
12.	13.	14.	15.	16.	17.	18.	19.	20.	21.	22.

von dem Beschauer zu führen, in welches alle Untersuchungen und deren Ergebnisse sowie die endgültige Entscheidung einzutragen und jedesmal mit der Unterschrift des Beschauers zu versehen sind. Die näheren Bestimmungen hierüber werden vom Reichskanzler erlassen.

(2) Wo das Bedürfniss besteht, kann für frisches und zubereitetes Fleisch, namentlich Fette, sowie für die einzelnen Thiergattungen ein besonderes Beschaubuch geführt werden.

(3) Das Fleischbeschaubuch ist für jedes Kalenderjahr neu anzulegen; das abgeschlossene ist mindestens zehn Jahre lang aufzubewahren.

Anlage a.

Anweisung
für
die thierärztliche Untersuchung des in das Zollinland eingehenden Fleisches.

A. Allgemeine Bestimmungen.

§ 1. Bei frischem Fleische ist zu prüfen, ob es gemäss den Vorschriften im § 2 Abs. 3 und § 6 der Ausführungsbestimmungen D in ganzen Thierkörpern (bezw. zusammengehörigen Hälften) und im Zusammenhang mit den dort genannten Organen eingeführt wird.

§ 2. Bei zubereitetem Fleische ist zu prüfen:

1. ob eine der nach § 5 Nr. 1 der Ausführungsbestimmungen D von der Einfuhr ausgeschlossenen Waarengattungen vorliegt;
2. ob das Fleisch durch die ihm zu Theil gewordene Behandlung die Eigenschaften des frischen Fleisches auch in den inneren Schichten verloren hat und durch entsprechende Behandlung nicht wieder gewinnen kann (§ 3 der Ausführungsbestimmungen D);
3. ob das Gewicht der einzelnen Stücke von Pökel- (Salz-) Fleisch, ausgenommen Schinken, Speck und Därme, mindestens 4 kg beträgt (§ 7 der Ausführungsbestimmungen D);
4. ob das Fleisch den Verdacht erregt, dass es von Pferden, Eseln, Maulthieren, Mauleseln oder anderen Thieren des Einhufergeschlechts herrührt (§ 5 Nr. 2 der Ausführungsbestimmungen D).

In welchen Fällen und in welcher Weise die Prüfung zu 2 und 3 auf Stichproben beschränkt werden kann, richtet sich nach § 12 und § 14 Abs. 4 der Ausführungsbestimmungen D.

§ 3. Bei allen Arten von Fleisch ist insbesondere zu prüfen:

1. ob die Waare den Angaben in den Begleitpapieren entspricht;
2. ob das Fleisch von Hunden herrührt (§ 5 Nr. 2 der Ausführungsbestimmungen D);
3. ob an dem Fleische Erscheinungen vorhanden sind, die den Verdacht erregen, dass es mit einem der nach § 5 Nr. 3 der Ausführungsbestimmungen D verbotenen Stoffe behandelt ist;
4. ob das Fleisch von einem Thiere stammt, das mit einer auf Menschen oder Thiere übertragbaren Krankheit behaftet war

und ob nach den obwaltenden Umständen angenommen werden kann, dass eine Uebertragung des Krankheitsstoffs auf andere Theile der Sendung stattgefunden hat;

5. ob das Fleisch, abgesehen von den Fällen unter Nr. 4, krankhafte Veränderungen zeigt, die seine Tauglichkeit zum Genusse für Menschen beeinträchtigen;
6. ob die Beschaffenheit des Fleisches einen schlechten Ernährungszustand des Thieres bekundet, ob es auffällige Abweichungen in Bezug auf Farbe, Geruch, Geschmack und Konsistenz und ob es fremdartige Einlagerungen zeigt;
7. ob das Fleisch durch Fäulniss, Verschimmelung, Insekten, Beschmutzung oder dergleichen in seiner Genusstauglichkeit beeinträchtigt oder ob Luft in dasselbe eingeblasen ist.

§ 4. Die Untersuchung des Fleisches hat bei Tageslicht oder bei einer ausreichenden künstlichen Beleuchtung stattzufinden. Kerzen-, Oel-, Petroleum oder gewöhnliches Gaslicht sind hierzu nicht geeignet.

§ 5. An Hülfsmitteln und Geräthen sollen bei der Untersuchung zur Hand sein:

1. eine ausreichende Anzahl von geeigneten Messern;
2. ein Mikroskop, welches sich auch für bakteriologische Untersuchungen eignet, sowie eine ausreichende Anzahl von Skalpellen, Scheeren, Präparirnadeln, Platinnadeln, Objektträgern, Deckgläsern und Präparirschälchen zur Herstellung mikroskopischer Präparate; ferner die für die mikroskopische Untersuchung erforderlichen Farbstoffe und Zusatzflüssigkeiten, Spiritus- oder Bunsenflammen, sowie einige mit Agar oder Pepton-Gelatine beschickte Kulturröhrchen;
3. Lackmuspapier und die zur Untersuchung des Fleisches auf Kochsalz sowie auf das Vorhandensein von Ammoniak (Fäulniss) erforderlichen Chemikalien und Geräthe;
4. eine Vorrichtung zum Kochen von Fleischproben;
5. Holz-, Bein- oder Stahlnadeln zur inneren Prüfung von Schinken auf den Geruch.

Sämmtliche Hülfsmittel sind stets in brauchbarem Zustande zu erhalten. Messer, welche durch Krankheitsstoffe verunreinigt wurden, dürfen ohne vorherige Reinigung und Desinfektion zum Anschneiden gesunder Körpertheile nicht benutzt werden.

B. Besondere Bestimmungen.

I. Frisches Fleisch.

§ 6. Die Untersuchung der einzelnen Theile der Thierkörper hat nach den in den §§ 7 bis 12 angegebenen Grundsätzen und thunlichst in der im § 7 bezeichneten Reihenfolge stattzufinden, so dass die Prüfung der inneren Organe regelmässig der Untersuchung des Muskelfleisches vorangeht.

Wenn ausser den vorschriftsmässig mit dem Thierkörper einzuführenden Organen weitere Organe in natürlichem Zusammenhange mit dem Thierkörper eingeführt werden, so sind diese gleichfalls nach den hierfür angegebenen Grundsätzen zu untersuchen.

Durch die Untersuchung ist festzustellen, ob an der Oberfläche oder im Innern der Organe und des Muskelfleisches krankhafte Veränderungen oder sonstige regelwidrige Zustände vorhanden sind. Zu diesem Zwecke sind sämmtliche Organe und das Muskelfleisch zu besichtigen, die Lungen, die Leber, die Milz, die Nieren, das Euter auch zu durchtasten. Bei denjenigen Theilen, bei denen die Besichtigung oder Durchtastung zur Ermittelung von Krankheitszuständen nicht ausreicht, sind die tieferen Schichten durch Einschnitte und Zerlegungen gemäss den nachfolgenden Vorschriften freizulegen und zu untersuchen. Die zu untersuchenden Lymphdrüsen sind der Länge nach zu durchschneiden. Liegen krankhafte Veränderungen vor, deren Erkennung eine weitergehende Untersuchung erforderlich macht, so ist eine solche entsprechend der Lage des Falles vorzunehmen; insbesondere sind verdächtige oder erkrankte Theile anzuschneiden.

§ 7. Bei der Beschau sind im Allgemeinen zu berücksichtigen:

1. das Brust- und das Bauchfell nebst den serösen Ueberzügen der Eingeweide;
2. die Lungen und die Lymphdrüsen an der Lungenwurzel und im Mittelfell (Anlegung eines Querschnitts im unteren Drittel der Lungen);
3. der Herzbeutel und das Herz (Anlegung eines Längsschnitts, durch den beide Kammern geöffnet werden und die Scheidewand der Kammern durchschnitten wird);
4. die Leber und die einzelnen Lymphdrüsen an der Leberpforte;
5. die Milz;

6. die Nieren und die zugehörigen Lymphdrüsen (Freilegung der Nieren in der Fettkapsel);
7. das Euter und die zugehörigen Lymphdrüsen;
8. der Kopf und die oberen Hals- und Kehlgangslymphdrüsen (Lösung der Zunge so weit, dass die Maul- und Rachenschleimhaut in ihrem ganzen Umfange zu sehen ist);
9. die Haut und einzelnen Hauttheile;
10. das Muskelfleisch einschliesslich des Fett- und Bindegewebes, der Knochen und Gelenke (Anlegung eines Schnittes in das Fleisch, Untersuchung der Knochen und Gelenke, soweit sie ohne Zerlegung des Thierkörpers für die Untersuchung zugänglich sind; im Falle eines Verdachts der Erkrankung der Knochen oder Gelenke durch Freilegung der in Betracht kommenden Knochen oder Gelenke).

§ 8. Bei Rindern sind ausserdem die Zunge, das Herz, die äusseren und inneren Kaumuskeln, letztere unter Anlegung ergiebiger, parallel mit dem Unterkiefer verlaufender Schnitte, sowie die bei der Schlachtung zu Tage tretenden Fleischtheile auf Finnen zu untersuchen; an der Leber ist je ein Schnitt senkrecht zu der Magenfläche, quer durch die Hauptgallengänge sowie neben dem Spigel'schen Lappen bis auf die Gallengänge anzulegen; es folgt alsdann die Untersuchung der Lendendrüsen, inneren Darmbeindrüsen, Kniefaltendrüsen und Bugdrüsen.

§ 9. Bei Kälbern sind auch der Nabel und die Gelenke zu besichtigen und im Verdachtsfall anzuschneiden. Die Untersuchung auf Finnen erfolgt wie bei Rindern, sie fällt für Saug- und Milchkälber weg. Die Untersuchung der Lymphdrüsen des Euters kann unterbleiben.

§ 10. Bei Pferden ist auch die Schleimhaut der Luftröhre, des Kehlkopfs, der Nasenhöhle und deren Nebenhöhlen zu untersuchen, letztere, nachdem der Kopf in der Längsrichtung neben der Mittellinie durchgesägt oder durchgehauen und die Nasenscheidewand herausgenommen ist, ferner die Haut und Unterhaut nebst den zugehörigen Lymphdrüsen, endlich die Nieren nach Anlegung eines Schnittes am konvexen Rande bis auf das Nierenbecken.

§ 11. Schweine (einschliesslich der Wildschweine) sind vor der Untersuchung durch Spalten der Wirbelsäule und des Kopfes in Hälften zu zerlegen, die Liesen (Flohmen, Lünte, Schmer, Wammenfett) sind zu lösen. Die zu Tage tretenden Fleischtheile, insbesondere an den Hinterschenkeln, am Bauche, am Zwerchfell, an den Zwischenrippenmuskeln, am Nacken, am Herzen, an der Zunge und am Kehlkopfe sind auf Finnen zu untersuchen. Auch sind die inneren Darmbeindrüsen, Lendendrüsen, Bugdrüsen, Scham- und Kniefaltendrüsen anzuschneiden und zu untersuchen.

Die Untersuchung auf Trichinen erfolgt nach der besonderen Anweisung (Anlage b zu den Ausführungsbestimmungen D).

§ 12. Bei Schafen und Ziegen erfolgt die Untersuchung der Leber wie beim Rinde. Die Untersuchung der Lymphdrüsen der Lungen, der Leber, der Nieren und des Euters kann unterbleiben.

II. Zubereitetes Fleisch.

§ 13. Zum Zwecke der im § 2 Nr. 2 vorgeschriebenen Prüfung ist das betreffende Fleischstück an einer der dicksten Stellen tief einzuschneiden und die Schnittfläche auf Farbe, Konsistenz und Geruch zu untersuchen. Erforderlichenfalls ist auch die Kochprobe[1]) und die Prüfung auf Kochsalz[2]) vorzunehmen.

Bei Einzelsendungen, welche mit der Post eingehen oder nachweislich nicht zum gewerbsmässigen Vertriebe bestimmt sind, kann die Untersuchung in anderer Weise vorgenommen werden.

Frisches Fleisch ist von rother Farbe, bestimmtem, der Thierart eigenthümlichen Geruche, weichem Gefüge, zeigt eine unebene, rillige, streifige Schnittfläche, wird beim Kochen grau, weisslich oder bräunlich und enthält nur Spuren von Kochsalz.

---

[1]) Aus der inneren Schicht des Fleischstücks wird ein flaches, etwa handtellergrosses Stück herausgeschnitten, in siedendes Wasser geworfen und 10 Minuten gekocht.

[2]) a) Herstellung des Reagens: 100 ccm einer 2prozentigen Höllensteinlösung werden mit 23 ccm Normal-Ammoniak geschüttelt. Von dem Normal-Ammoniak wird dann tropfenweise so viel hinzugefügt, bis der entstandene Niederschlag verschwunden und die Flüssigkeit wasserklar ist. Es wird ein weiterer Ueberschuss von 40 ccm Normal-Ammoniak hinzugesetzt und die Flüssigkeit durch Zusatz von destillirtem Wasser auf eine Gesammtmenge von 200 ccm gebracht. Von dieser Flüssigkeit sind je 20 g in gelben Gläschen aufzubewahren.

b) Ausführung der Prüfung: Von dem Fleische wird ein aus den inneren Schichten entnommenes haselnussgrosses Stück in ein mit 20 g der Flüssigkeit beschicktes Reagensgläschen geworfen und darin einige Male kräftig geschüttelt. Wenn ein weisser, bei Tageslicht schnell schwärzlich werdender Niederschlag entsteht, ist das Fleisch gesalzen, wo nicht, so ist es frisch.

Durchgepökeltes (gesalzenes) Fleisch hat auch in den inneren Schichten den Geruch des frischen Fleisches verloren; es ist von festem Gefüge, hat glatte Schnittflächen, behält beim Kochen unter gewöhnlichen Verhältnissen die rothe Farbe (Salzungsröthe) auch nach dem Erkalten und enthält erheblich mehr Kochsalz, als frisches Fleisch.

Durchgekochtes (gebratenes, gedämpftes, geschmortes) Fleisch hat auch in den inneren Schichten den Geruch des frischen Fleisches verloren, ist von festem Gefüge, hat eine glatte, trockene Schnittfläche und eine graue, weissliche oder bräunliche Farbe.

§ 14. Die einzelnen Fleischstücke sind namentlich zu prüfen zunächst an der Oberfläche

a) auf Finnen und andere ungewöhnliche Einlagerungen;
b) auf Farbe, Konsistenz und Geruch[1]), insbesondere blutige oder gelbliche Färbung, ranzigen thranigen Geruch, Erweichung und Lockerung des Zusammenhanges, Gasansammlungen im Bindegewebe, schmierigen Belag, Schimmelbildung, Insekten und dergleichen;
c) auf die Beschaffenheit der durch Anschneiden leicht erreichbaren Lymphdrüsen.

Rindslebern sind wie frische Lebern nach Massgabe der Bestimmungen in § 6, § 7 Nr. 4 und § 8 zu untersuchen.

§ 15. Bei Därmen (§ 3 Abs. 4 der Ausführungsbestimmungen D) ist namentlich darauf zu achten, ob eine ungewöhnliche Farbe, verminderte Konsistenz oder ein übler Geruch vorhanden ist und zu prüfen, ob krankhafte Veränderungen, insbesondere Blutungen, Knoten, Geschwüre vorhanden sind (vergl. § 14 Abs. 2 der Ausführungsbestimmungen D).

In welchem Umfange die Untersuchung vorzunehmen ist, richtet sich nach § 12 Abs. 2, 3 und § 14 Abs. 2 und 4 der Ausführungsbestimmungen D.

C. Schlussbestimmungen.

§ 16. In Fällen, in denen das in den §§ 6 bis 15 vorgeschriebene Untersuchungsverfahren für die gesundheitliche und veterinärpolizeiliche Beurtheilung des Fleisches nicht ausreicht, ist

---

[1]) Der Geruch ist erforderlichenfalls durch die Kochprobe genauer festzustellen.

eine mikroskopische, erforderlichenfalls auch eine bakteriologische[1]) Untersuchung vorzunehmen und die Reaktion des frischen Muskelfleisches festzustellen[2]). Dies gilt namentlich für den Fall des Verdachts von Blutvergiftung.

Deuten Anzeichen auf Fäulniss, so ist durch Einschnitte festzustellen, ob die Zersetzung auf die Oberfläche beschränkt oder in die Tiefe gedrungen ist. Bestehen über das Vorhandensein von Fäulniss Zweifel, so ist frisches Fleisch der Salmiakprobe[3]) zu unterwerfen, von Salzfleisch eine kleine Probe zu kochen und auf seinen Geruch zu prüfen.

§ 17. Liegt der Verdacht der Anwendung eines der nach § 5 Nr. 3 der Ausführungsbestimmungen D verbotenen Stoffe oder des Versuchs der Einführung von zubereitetem Pferdefleisch unter falscher Bezeichnung (§ 2 Abs. 1 Nr. 4) vor, so ist eine chemische Untersuchung nach der besonderen Anweisung (Anlage c und d der Ausführungsbestimmungen D) zu veranlassen.

---

[1]) Nachdem die Oberfläche mit fast zum Glühen erhitzten Messern abgesengt ist, wird mit einem frisch ausgeglühten Messer ein Schnitt in die Tiefe geführt und mit sterilem Messer und ausgeglühter Pincette aus der Tiefe der Muskulatur eine Probe entnommen. Diese dient 1. zur Anfertigung von Ausstrichpräparaten, 2. zur Anlegung von Kulturen auf schräg erstarrtem Agar.

[2]) Die Reaktion des frischen Muskelfleisches ist in der Weise zu prüfen, dass in die Hinterschenkelmuskulatur und an zwei weiteren möglichst von einander entfernt liegenden Körpergegenden ein tiefer Schnitt gelegt und auf die Schnittfläche mit einem Messer mit destillirtem Wasser schwach angefeuchtetes Lackmuspapier angedrückt wird. Nach 10 Minuten wird das Papier vom Objekt abgehoben, auf eine weisse Unterlage gelegt und mit einer anderen, ebenfalls angefeuchteten Probe des ursprünglichen Lackmuspapiers verglichen.

[3]) Ein Reagensglas oder cylindrisches Glasgefäss von etwa 2 cm Durchmesser und 10 cm Länge wird mit einem Gemische von 1 Raumtheil reiner Salzsäure, 3 Raumtheilen Alkohol und 1 Raumtheil Aether beschickt, so dass der Boden des Glases etwa 1 cm hoch bedeckt ist, verkorkt und einmal geschüttelt. Darauf wird von dem Fleische mit einem reinen Glasstab eine Probe abgestreift oder ein erbsengrosses Stückchen vermöge der Adhäsion befestigt. Der so präparirte Stab wird schnell in das mit den Chlorwasserstoff-Alkohol-Aetherdämpfen erfüllte Glas gesenkt, so dass sein unteres Ende etwa 1 cm von dem Flüssigkeitsspiegel entfernt bleibt und auch die Wände des Gefässes nicht berührt werden. Bei Gegenwart von Ammoniak entsteht nach wenigen Sekunden ein starker Nebel um die in das Gefäss versenkte Fleischprobe, welcher mit dem Grade der Fäulniss an Intensität zunimmt.

Anlage b.

Anweisung
für
die Untersuchung des Fleisches auf Trichinen und Finnen.

§ 1. Die Untersuchung des Fleisches auf Trichinen hat mit einem Mikroskop stattzufinden, welches eine 30- bis 40-fache und ausserdem eine etwa 100-fache Vergrösserung ermöglicht und die Objekte klar und deutlich erkennen lässt.

Als Objektträger sind Kompressorien aus zwei durch Schrauben gegen einander drückbaren Gläsern zu verwenden, von welchen das eine in gleiche Felder getheilt ist.

Ausser dem Mikroskop und zwei Kompressorien muss der Trichinenschauer zur Hand haben: 1 kleine krumme Scheere, 2 Präparirnadeln, 1 Pincette, 1 Messer zum Probenausschneiden, eine Anzahl numerirter kleiner Blechbüchsen zur Aufnahme der Proben, 1 Tropfpipette, je 1 Gläschen mit Essigsäure und Kalilauge.

§ 2. Auf die mikroskopische Untersuchung der Proben eines Schweines einschliesslich der Herstellung der Präparate, jedoch ausschliesslich der für die Probenentnahme aufgewendeten Zeit, sind mindestens 18 Minuten, auf die mikroskopische Untersuchung eines einzelnen Stückes Speck mindestens 9 Minuten, auf die Untersuchung sonstiger einzelner Fleischstücke mindestens 14 Minuten zu verwenden.

§ 3. Die zur Untersuchung bestimmten Fleischproben hat der Trichinenschauer persönlich zu entnehmen, und zwar bei frischem Fleische vor dem Zerlegen des Schweinekörpers; es kann jedoch die Probenentnahme durch besonders hierzu verpflichtete Probenentnehmer erfolgen. Wenn aus mehreren Schweinen oder Fleischstücken zugleich Proben entnommen werden, sind zu ihrer Aufbewahrung und Unterscheidung Blechbüchsen mit eingestanzten Nummern zu verwenden. Die einzelnen Schweine oder Fleischstücke, von denen die Proben entnommen werden, sind übereinstimmend mit den zugehörigen Proben zu numeriren.

§ 4. Die Proben sind in der Grösse einer Bohne oder Haselnuss zu entnehmen, und zwar bei ganzen Schweinen aus folgenden Körperstellen:

a) aus den Zwerchfellpfeilern (Nierenzapfen),
b) dem Rippentheile des Zwerchfells (Kronfleisch),
c) den Kehlkopfmuskeln,
d) den Zungenmuskeln.

In Fällen, in denen die unter c und d genannten Fleischtheile etwa abhanden gekommen sind, sind je eine weitere Probe aus den unter a und b genannten Körperstellen oder 2 Proben aus den Bauchmuskeln zu entnehmen.

Von zubereitetem Fleische (Pökelfleisch, Schinken und Speckseiten) sind von jedem einzelnen Stücke 3 fettarme Proben von verschiedenen Stellen und womöglich aus der Nähe von Knochen oder Sehnen zu entnehmen.

§ 5. Von jeder der vorstehend bezeichneten Fleischproben hat der Beschauer bei Speck 4, mithin im Ganzen 12, im Uebrigen 6, mithin bei ganzen Schweinen 24, bei einzelnen Fleischstücken 18 haferkorngrosse Stückchen auszuschneiden und zwischen den Gläsern des Kompressoriums so zu quetschen, dass durch die Präparate gewöhnliche Druckschrift deutlich gelesen werden kann. Ist das Fleisch der zu untersuchenden Stücke trocken und alt, so sind die Präparate vor dem Quetschen 10 bis 20 Minuten mittelst Kalilauge zu erweichen, welche etwa mit der doppelten Menge Wasser verdünnt ist.

§ 6. Die mikroskopische Untersuchung hat in der Weise zu erfolgen, dass jedes Präparat bei 30- bis höchstens 40-facher Vergrösserung langsam und sorgfältig durchmustert wird.

Bei zweifelhaftem Befund ist die Untersuchung an einer weiteren Zahl von Fleischproben und Präparaten, nöthigenfalls mit Hülfe stärkerer Vergrösserungen bis zur völligen Aufklärung fortzusetzen.

§ 7. Entdeckt der Trichinenschauer in den untersuchten Fleischproben Trichinen oder Gebilde, deren Natur ihm zweifelhaft oder unbekannt ist, so sind die betreffenden Präparate und Proben mit genauer Bezeichnung des Ortes, Datums und der Fundstelle zu versehen und dem zuständigen Thierarzte zur Prüfung zu übergeben.

Enthalten die Präparate oder Proben nach Angabe des Trichinenschauers Trichinen, so hat der Thierarzt den Befund unverzüglich, nöthigenfalls unter Entnahme neuer Proben, nachzuprüfen.

§ 8. Falls der Thierarzt die Untersuchung auf Finnen nicht bereits vorgenommen hat, sind von dem Trichinenschauer unmittelbar vor der Entnahme der Fleischproben beim einzelnen Fleischstücke die Oberflächen, beim ganzen Thierkörper die nach der Schlachtung und Zerlegung in Längshälften sowie nach Lösung der Liesen (Bauchfett) zu Tage tretenden Fleischtheile, insbesondere an den Hinterschenkeln, am Bauche, am Zwerchfell, an den Zwischenrippenmuskeln, am Nacken sowie das Herz, die Zunge und die Kehlkopfmuskeln auf das Vorhandensein von Finnen zu untersuchen. Das Ergebniss dieser Untersuchung ist dem Thierarzte mitzutheilen.

§ 9. Im Allgemeinen dürfen von einem Trichinenschauer an einem Tage nicht mehr als 20 Schweine, 40 Speck- oder 26 sonstige Fleischstücke untersucht werden. Ausnahmsweise dürfen jedoch an einem Tage bis zu 25 Schweine, 50 Speck- oder 32 sonstige Fleischstücke untersucht werden.

§ 10. Von den Trichinenschauern sind Schaubücher nach beifolgendem Muster zu führen, in welche die Untersuchungen auf Trichinen und deren Ergebnisse einzutragen und durch die Unterschrift des Beschauers zu beglaubigen sind.

Wo das Bedürfniss besteht, können für frisches und zubereitetes Fleisch besondere Schaubücher geführt werden.

Die Schaubücher sind für jedes Kalenderjahr neu anzulegen; die abgeschlossenen sind zehn Jahre lang aufzubewahren.

Trichinenschaubuch
des Trichinenschauers.

Zoll- bezw. Steuerstelle N. N.

Laufende Nummer	Nummer des Fleischbeschaubuchs	Nähere Bezeichnung des Untersuchungsgegenstandes	Name des Probenentnehmers	Untersucht wurden: Ganze Schweine a.	Stücke Pökelfleisch b.	Schinken c.	Speckseiten d.	Datum der Untersuchung	Ergebniß der Untersuchung	Unterschrift des Trichinenschauers und Bemerkungen.
1.	2.	3.	4.	5.				6.	7.	8.

Anlage c.

Anweisung
für
die Probenentnahme zur chemischen Untersuchung von Fleisch einschliesslich Fett sowie für die Vorprüfung zubereiteter Fette.

A. Probenentnahme zur chemischen Untersuchung von Fleisch, ausgenommen zubereitete Fette.

(Vergl. §§ 11 bis 14 und 16 der Ausführungsbestimmungen D).

Die Probenentnahme geschieht, soweit angängig, durch den mit der Untersuchung betrauten Chemiker, sonst durch den als Beschauer bestellten approbirten Thierarzt.

I. Die Auswahl der Proben geschieht nach folgenden Grundsätzen:

1. Bei frischem Fleische (§ 13 Abs. 2 der Ausführungsbestimmungen D):

Es ist von jedem verdächtigen Thierkörper eine Durchschnittsprobe in der Weise zu entnehmen, dass an mehreren (etwa 3 bis 5) Stellen Proben im Gesammtgewichte von etwa 500 g abgetrennt werden. Die einzelnen Proben sind möglichst der Aussenseite in Form dicker Muskelstücke an saftigen Stellen des Thierkörpers zu entnehmen.

2. Bei zubereitetem Fleische:

a) Zur Feststellung, ob dem Verbote des § 5 Nr. 2 der Ausführungsbestimmungen D zuwider Pferdefleisch unter falscher Bezeichung einzuführen versucht wird, ist aus jedem verdächtigen Fleischstück eine Durchschnittsprobe im Gesammtgewichte von 500 g zu entnehmen, wobei möglichst Stellen mit fetthaltigem Bindegewebe auszusuchen sind.

b) Zur Untersuchung, ob das Fleisch mit einem der im § 5 Nr. 3 der Ausführungsbestimmungen D verbotenen Stoffe behandelt worden ist, sind die Proben nach folgenden Grundsätzen zu entnehmen:

α) Durchschnittsproben im Gesammtgewichte von 500 g sind zu entnehmen:

Bei Sendungen von Schinken unter 10 Stück und bei Sendungen von Speck nur aus etwaigen verdächtigen Stücken, bei Sendungen von Därmen nur aus etwaigen verdächtigen Packstücken; bei allen sonstigen Sendungen, sofern sie gleichartig im Sinne des § 12 Abs. 3 der Ausführungsbestimmungen D sind, aus den nach den Grundsätzen des § 14 Abs. 4 ebenda auszuwählenden Fleischstücken und, sofern die Sendungen nicht gleichartig sind, aus jedem einzelnen Fleischstücke.

Führt die chemische Untersuchung auch nur bei einer Probe aus einer gleichartigen Sendung zu einer Beanstandung, so sind Proben aus allen Fleisch- bezw. Packstücken dieser Sendung zu entnehmen (vergl. § 12 Abs. 4, 5 und 6 ebenda).

Die Durchschnittsprobe ist, abgesehen von Därmen, so auszuwählen, dass neben möglichst grossen Flächen der Aussenseite auch tiefere Fleisch- oder Fettschichten mitgenommen werden.

Sind an der Aussenseite Anzeichen von Konservirungsmitteln wahrnehmbar, so sind diese Stellen bei der Probenentnahme zu berücksichtigen.

3) Bei Fleisch, welches von Pökellake eingeschlossen ist oder äusserlich die Anwendung von Konservesalz erkennen lässt, wird ausserdem eine Probe der Lake (mindestens 200 ccm) oder, wenn möglich, des Salzes (bis zu 50 g) entnommen.

II. Die weitere Behandlung der Proben geschieht nach folgenden Grundsätzen:

1. Die Proben sind dergestalt zu kennzeichnen, dass ohne Weiteres festgestellt werden kann, aus welchen Packstücken sie nommen wurden.

2. In einem besonderen Schriftstücke sind genaue Angaben zu machen über die Herkunft und Abstammung des Fleisches sowie über den Umfang der Sendung, der die Proben entnommen wurden. Werden bei der Probenentnahme besondere Beobachtungen gemacht, welche vermuthen lassen, dass das Fleisch unter das Verbot im § 5 Nr. 2 und 3 der Ausführungsbestimmungen D fällt, oder wurde die Probenentnahme auf Grund derartiger Beobachtungen veranlasst, so ist eine Angabe hierüber gleichfalls in das Schriftstück aufzunehmen. Bei gesalzenem Fleische ist zugleich anzugeben, ob dasselbe in Pökellake oder Konservesalz eingehüllt lag.

3. Zur Verpackung sind sorgfältig gereinigte und gut verschlossene Gefässe aus Porzellan, Steingut, glasirtem Thon oder Glas zu verwenden; in Ermangelung solcher Gefässe dürfen auch Umhüllungen von starkem Pergamentpapier zur Verwendung gelangen.

4. Die Aufbewahrung oder Versendung der Pökellake erfolgt in gut gereinigten, dann getrockneten und mit neuen Korken versehenen Flaschen aus farblosem Glase.

5. Konservesalz wird ebenfalls in Glasgefässen aufbewahrt und verschickt.

6. Die Proben sind, sofern nicht ihre Beseitigung in Folge Verderbens nothwendig wird, so lange in geeigneter Weise aufzubewahren, bis die Entscheidung über die zugehörige Sendung getroffen ist.

B. Probenentnahme zur chemischen Untersuchung zubereiteter Fette.

(Vergl. §§ 15 und 16 der Ausführungsbestimmungen D.)

1. Auf die Probenentnahme findet die Bestimmung unter A Abs. 1 Anwendung. Ausnahmsweise können hiermit andere Personen, welche genügende Kenntnisse nachgewiesen haben, betraut werden.

2. Durchschnittsproben im Gesammtgewichte von 250 g sind zu entnehmen:

a) wenn die Sendung aus einem oder zwei Packstücken besteht, oder wenn sie aus mehr als zwei Packstücken besteht, ohne dass eine gleichartige Sendung im Sinne des § 12 Abs. 3 der Ausführungsbestimmungen D vorliegt, aus jedem Packstücke;

b) wenn die Sendung aus mehr als zwei Packstücken besteht und im vorgenannten Sinne gleichartig ist, aus den gemäss § 15 Abs. 5 ebenda auszuwählenden Packstücken;

c) wenn die Untersuchung bei einer Probe einer gleichartigen Sendung zu einer Beanstandung geführt hat, gemäss § 12 Abs. 4, 5 und 6 ebenda aus allen Packstücken dieser Sendung.

Die Durchschnittsproben sind an mehreren Stellen des Packstücks zu entnehmen; zweckmässig bedient man sich hierbei eines Stechbohrers aus Stahl.

3. Die Durchschnittsproben sind dergestalt zu kennzeichnen, dass ohne Weiteres festgestellt werden kann, aus welchen Packstücken sie entnommen wurden.

4. In einem besonderen Schriftstücke sind genaue Angaben zu machen über die Herkunft und Abstammung des Fettes, über den Umfang der Sendung, der die Proben entnommen wurden, über die bei der Entnahme der Probe gemachten Beobachtungen und schliesslich darüber, ob die Probenentnahme zur ständigen Kontrolle oder auf Grund eines besonderen Verdachts stattfand.

Ausserdem ist den Proben eine kurze Angabe über das Ergebniss der Vorprüfung beizufügen.

5. Die Aufbewahrung oder Versendung der Proben erfolgt in gut verschlossenen und sorgfältig gereinigten Gefässen aus Porzellan, glasirtem Thon, Steingut (Salbentöpfe der Apotheker) oder von dunkelgefärbtem Glas, welche möglichst luft- und lichtdicht zu verschliessen sind.

6. Die Proben sind so lange aufzubewahren, bis die Entscheidung über die zugehörige Sendung getroffen ist.

C. Vorprüfung zubereiteter Fette.

(Vergl. § 15 Abs. 2 und § 16 der Ausführungsbestimmungen D.)

Die Packstücke müssen den Angaben in den Begleitpapieren entsprechen und die für den Handelsverkehr vorgeschriebene Bezeichnung tragen („Margarine", „Kunstspeisefett").

Die Fette müssen ein der betreffenden Gattung im unverdorbenen und unverfälschten Zustande zukommendes allgemeines Aussehen haben. Insbesondere ist auf Farbe, Konsistenz, Geruch und Geschmack Rücksicht zu nehmen.

Folgende Gesichtspunkte müssen hierbei besonders beobachtet werden:

1. Bei Gegenwart von Schimmelpilzen oder Bakterienkolonien ist festzustellen, ob diese
   a) als unwesentliche örtliche äussere Verunreinigung (z. B. in Folge kleiner Schäden der Verpackung),
   b) als wesentlicher äusserer Ueberzug der Fettmasse, oder
   c) als Wucherungen im Innern des Fettes

   vorliegen.
2. Bei der Beurtheilung der Farbe ist darauf zu achten, ob das Fett eine ihm nicht eigenthümliche Färbung oder eine Verfärbung aufweist, oder ob es sonst sinnlich wahrnehmbare fremde Beimengungen enthält.

3. Bei der Prüfung des Geruchs ist auf ranzigen, talgigen, öligen, sauren, dumpfigen (mulstrigen, grabelnden), schimmeligen sowie faulig-ekelerregenden Geruch zu achten.
4. Bei der Prüfung des Geschmacks ist festzustellen, ob ein bitterer oder ein allgemein ekelerregender Geschmack vorliegt. Auch ist darauf zu achten, ob fremde Beimengungen durch den Geschmack erkannt werden können.
5. Ist Schimmel-Geruch oder -Geschmack festgestellt, so ist zu prüfen, ob derselbe nur von geringfügigen äusseren Verunreinigungen des Fettes oder des Packstücks herrührt.

Anlage d.

Anweisung
für
die chemische Untersuchung von Fleisch und Fetten.

Die chemische Untersuchung von Fleisch ausschliesslich zubereiteter Fette wird nach dem ersten Abschnitte, diejenige von zubereiteten Fetten nach dem zweiten Abschnitte dieser Anweisung ausgeführt.

Erster Abschnitt.

Untersuchung von Fleisch ausschliesslich zubereiteter Fette.

(Vergl. §§ 11 bis 14 und 16 der Ausführungsbestimmungen D.)

Proben, bei denen ein bestimmter Verdacht vorliegt, sind zunächst auf den Verdachtsgrund zu untersuchen.

I.

Bei der Untersuchung auf Grund von § 5 No. 2 der Ausführungsbestimmungen D kommt für die chemische Untersuchung zur Zeit lediglich der Nachweis von Pferdefleisch in Frage. Dieser ist in der Regel nach den folgenden Verfahren unter 1 und 2 zu erbringen. Für den Fall, dass nach diesen beiden Verfahren einander widersprechende Ergebnisse erhalten werden, ist nach dem Verfahren unter 3 weiter zu untersuchen. Das Ergebniss des letzteren giebt dann den Ausschlag.

1. Verfahren, welches auf der Bestimmung des Brechungsvermögens des Pferdefetts beruht.

Aus Stücken von 50 g möglichst mit fetthaltigem Bindegewebe durchsetztem Fleische wird das Fett durch Ausschmelzen bei 100° oder, falls dies nicht möglich ist, nach dem Trocknen des Fleisches durch Ausziehen mit Petroleumäther gewonnen und im Butterrefraktometer der Firma Carl Zeiss, optische Werkstatt in Jena (siehe die Anweisung zur chemischen Untersuchung von Fetten und Käsen, Central-Blatt für das Deutsche Reich 1898 S. 201 ff.) bei 40° geprüft. Wenn die erhaltene Refraktometerzahl den Werth 51,5 übersteigt, so ist auf die Gegenwart von Pferdefleisch zu schliessen.

Nach Versuchen von Nussberger[1]) zeigt Pferdefett von verschiedenen Körpertheilen die folgenden Refraktometeranzeigen bei 40°:

[1]) Benedikt, Analyse d. Fette u. Wachsarten. 3. Aufl., S. 613.

Kammfett	52,5—55,2,
Nierenfett	51,5—54,2,
Speck	52,5—55,
aus Magerfleisch extrahirtes Fett	55,2—59,8.

Rindertalg zeigt dagegen bei 40° die Refraktometerzahl 49[1].

2. Verfahren, welches auf der Bestimmung des Glykogens beruht.

Diese Bestimmung zerfällt in 3 Theile.

a) Bestimmung des Glykogens.

Man bringt 50 g von anhaftendem Fett möglichst befreites, zerhacktes Fleisch in 200 ccm kochendes Wasser und erhält in einer Porzellanschale eine halbe Stunde unter Ersatz des verdampfenden Wassers im Sieden. Dann giesst man die Flüssigkeit vorsichtig ab, zerreibt den Rückstand ohne Verlust in einer grossen Porzellanreibschale möglichst fein, bringt ihn in die Flüssigkeit zurück, fügt 2 g Kaliumhydroxyd hinzu und lässt auf dem Wasserbade eindunsten, bis die Flüssigkeitsmenge 100 ccm beträgt. Wenn noch nicht Alles gelöst oder auf der Oberfläche eine Haut vorhanden ist, bringt man den Inhalt der Schale in ein Becherglas und erhitzt bei aufgelegtem Uhrglase, bis vollständige Lösung erfolgt ist. Man muss hierzu 4 bis 8 Stunden erhitzen. Nach dem Erkalten neutralisirt man mit Salzsäure und setzt abwechselnd tropfenweise Salzsäure und Kaliumquecksilberjodidlösung (Brücke-sches Reagens)[2] hinzu. In dem reichlichen, flockigen Niederschlag ist alles Eiweiss (Pepton etc.) enthalten. Man filtrirt den Niederschlag ab[3], nimmt ihn noch feucht vom Filter, rührt ihn in einer Schale mit Wasser, dem einige Tropfen Salzsäure und Kaliumquecksilberjodidlösung zugesetzt sind, zu einem dünnen Brei an und

---

[1]) a. a. O. S. 584.

[2]) Zu einer 5 bis 10prozentigen Kaliumjodidlösung wird unter Erwärmen und Umrühren so lange Quecksilberjodid gesetzt, bis ein Theil desselben ungelöst bleibt, und die Lösung nach dem Erkalten abfiltrirt.

[3]) Es kommt zuweilen vor, dass die letzten Theile des Eiweissniederschlags sich nicht abscheiden, sondern in Form einer milchigen Trübung in Lösung bleiben. In diesem Falle versetzt man die Flüssigkeit mit der doppelten Raummenge 96- bis 98prozentigem Alkohol, lässt stehen, bis sich der Niederschlag vollkommen abgesetzt hat, und hebt den Alkohol ab oder trennt ihn vom Niederschlage durch Filtration. Man löst den Niederschlag in 2prozentiger Kalilauge, neutralisirt und fällt von neuem mit Salzsäure und Kaliumquecksilberjodidlösung, so lange noch ein Niederschlag entsteht. Jetzt gelingt die vollkommene Fällung stets.

bringt ihn nochmals auf das Filter. Diese Behandlung muss viermal wiederholt werden. Man fügt zu den vereinigten Filtraten unter Umrühren die doppelte Raummenge 96 prozentigen Alkohol, lässt 12 Stunden absetzen und filtrirt. Den Niederschlag löst man in wenig warmem Wasser, versetzt nach dem Erkalten mit einigen Tropfen Salzsäure und Kaliumquecksilberjodidlösung, um Spuren von Eiweiss zu entfernen, filtrirt und fällt das Filtrat wieder mit Alkohol. Das Glykogen wird auf gewogenem Filter gesammelt, zunächst mit Alkohol, darauf mit Aether, zuletzt nochmals mit absolutem Alkohol gewaschen, bei 110° getrocknet und gewogen.

Das so dargestellte Glykogen muss folgende Eigenschaften besitzen:

1. es muss ein amorphes, weisses Pulver sein,
2. die wässerige Lösung muss eine starke weisse Opalescenz zeigen,
3. diese Lösung muss mit Jod eine burgunderrothe Färbung geben,
4. die Lösung darf Fehling'sche Lösung nicht reduziren und weder Stickstoff noch Asche enthalten.

b) Bestimmung des Zuckers (Traubenzucker).

100 g von anhaftendem Fette möglichst befreites, fein zerhacktes Fleisch werden mit der fünffachen Menge destillirtem Wasser 2 Minuten gekocht und die Masse dann durch ein Kolirtuch filtrirt. Der auf dem Tuche verbleibende Rückstand wird gut ausgepresst, in einer Reibschale gründlich verrieben, darauf noch zweimal mit geringeren Mengen Wasser ausgekocht und weiter wie vorstehend behandelt. Nachdem man den schliesslich verbliebenen Rückstand gut ausgepresst hat, dampft man die vereinigten Filtrate auf dem Wasserbade auf weniger als 100 ccm ein und filtrirt darauf durch gewöhnliches Filtrirpapier. Das klare Filtrat wird mit Natronlauge schwach alkalisch gemacht und auf 150 ccm aufgefüllt. In einem abgemessenen Theile dieser Lösung wird der Traubenzucker unter sinngemässer Anwendung des Verfahrens unter I 1 a der Anlage B der Ausführungsbestimmungen zum Zuckersteuergesetze vom 27. Mai 1896 bestimmt (Central-Blatt für das Deutsche Reich 1896 S. 264).

An der vorstehend angeführten Stelle ist die Bestimmung des I n v e r t z u c k e r s durch Fehling'sche Lösung b e i 3 M i n u t e n K o c h d a u e r beschrieben. Die a. a. O. gegebene Tabelle dient lediglich zur Berechnung der aus der gefundenen Kupfermenge sich ergebenden Rohrzuckermenge. Sie kann daher hier, wo es sich um die Bestimmung von Traubenzucker handelt, keine Anwendung finden. Andererseits ist die bekannte Tabelle zur Bestimmung des Traubenzuckers (Dextrose) nach F. Allihn (E. Wein, Tabellen zur quantitativen Bestimmung der Zuckerarten, 1888) für eine Kochdauer von 2 Minuten berechnet. Es wird sich daher empfehlen, bei Ausführung dieser Bestimmung eine Kochdauer vor nur 2 Minuten innezuhalten.

c) Bestimmung der fettfreien Trockensubstanz.

Man bringt 2 g der zu untersuchenden Probe in eine Mischung von Alkohol und Aether, lässt ½ Stunde darin stehen, filtrirt und wäscht mit Aether nach. Der Rückstand wird auf 100° erwärmt, wiederum mit Aether gewaschen, bei 110° getrocknet und gewogen. Der so erhaltene Rückstand ist fettfreie Trockensubstanz.

Die gefundene Glykogenmenge wird auf Traubenzucker umgerechnet[1]) und diese Zahl zu der gefundenen Menge Traubenzucker zugezählt. Die so erhaltene Summe darf 1 Prozent der fettfreien Trockensubstanz der Fleischwaaren nicht übersteigen. Anderenfalls ist anzunehmen, dass Pferdefleisch vorliegt.

3. Verfahren, welches auf der Bestimmung der Jodzahl beruht.

Dieses Verfahren beruht auf der Prüfung des zwischen den Muskelfasern abgelagerten Fettes. Aus Stücken von 100 bis 200 g möglichst mit fetthaltigem Bindegewebe durchsetztem Fleische wird das Fett in der gleichen Weise wie beim Verfahren unter 1 gewonnen und seine Jodzahl nach der im zweiten Abschnitt unter III gegebenen Anweisung bestimmt. Unter den vorliegenden Umständen ist die Anwesenheit von Pferdefleisch als erwiesen anzusehen, wenn die Jodzahl des Fettes 70 und mehr beträgt.

Nach Versuchen von Nussberger (a. a. O. S. 613) zeigt Pferdefett von verschiedenen Körpertheilen die folgenden Jodzahlen:

Kammfett	80—94,
Nierenfett	81—84,
Speck	80—90,
aus Magerfleisch extrahirtes Fett	65—79.

Hasterlik[2]) fand in dem aus Pferdefleisch durch Ausziehen mit Petroläther gewonnenen Fett die Jodzahl 79,71 bis 85,57, im Mittel 82,23;

[1]) 162 Theile Glykogen entsprechen 180 Theilen Traubenzucker oder 10 Glykogen 11 Traubenzucker. Also erhält man durch Multiplikation der Glykogenmenge mit 1,11 die entsprechende Traubenzuckermenge.

[2]) Archiv f. Hygiene, 1893, Bd. 17, S. 447; vgl. auch Vereinbarungen zur einheitl. Untersuchung von Nahrungs- u. Genussmitteln, I, S. 33.

im Fett aus Rindfleisch die Jodzahl 49,74 bis 58,45, im Mittel 54,37. Er hält daher die Anwesenheit von Pferdefleisch für erwiesen, wenn die Jodzahl des gewonnenen Fettes 80 und mehr beträgt.

Nach neuerdings von Hasterlik[1]) veröffentlichten Untersuchungen betrug die Jodzahl des zwischen Muskelfasern abgelagerten Fettes:
von Rindfleisch: 51,4; 47,4; 49,2; 44,7; 51,9; 43,0; 46,0; 49,0; 48,5;
von Rinderbraten: 47,7;
von Filet: 45,7; 46,0; 46,8; 44.2; 52.7; 50,7; 47,5;
von Gulasch: 46,0; 46,3; 54,0; 43,6; 41,9; 44,4; 44.3; 47,4; 50,4; 49,6; 50,4; 48,6.

Die vorliegende Anweisung hat daher unbedenklich die schärfere Bestimmung aufgenommen, dass die Anwesenheit von Pferdefleisch als erwiesen anzusehen ist, wenn die Jodzahl des Fettes **70** und mehr beträgt.

II.

Bei der Untersuchung auf verbotene Zusätze (§ 5 Nr. 3 der Ausführungsbestimmungen D) ist nach der folgenden Anweisung zu verfahren:

Liegt ein Anhalt dafür vor, dass ein bestimmter verbotener Stoff zugesetzt worden ist, so ist zunächst auf diesen zu untersuchen. Im Uebrigen ist auf die nachstehend unter 1 angeführten Stoffe in allen Fällen zu untersuchen. Verläuft diese Untersuchung ergebnisslos, so ist mindestens noch auf einen der übrigen Stoffe je nach Lage des Falles zu prüfen.

Wird einer der genannten Stoffe gefunden, so braucht auf die übrigen nicht weiter untersucht zu werden.

Für die Untersuchung werden etwa 200 g jeder Durchschnittsprobe möglichst fein zerkleinert, gut durchgemischt und von der Mischung die angegebenen Mengen für die Einzelprüfungen verwendet.

Bei Untersuchungen von Pökellake und von Konservesalz finden die unten angegebenen Vorschriften sinngemässe Anwendung. Die Untersuchung der Lake und des Konservesalzes hat derjenigen des Fleisches voranzugehen.

1. Nachweis von Borsäure und deren Salzen.

Der Nachweis der Borsäure oder deren Salze in der Fleischmasse wird in folgender Weise ausgeführt:

30 g der zerkleinerten Fleischmasse werden in einer Platinschale mit 5 ccm einer gesättigten Natriumkarbonatlösung gut durchgemischt, getrocknet und verascht. Die erhaltene Asche wird in wenig Salzsäure gelöst und mit letzterer ein Streifen Kurkumapapier

[1]) Zeitschr. f. Unters. d. Nahrungs- u. Genussmittel, 1902, S. 156.

befeuchtet, den man auf einem Uhrglase bei 100° trocknet. — Entsteht hierbei auf dem Kurkumapapier an der benetzten Stelle eine rothe Färbung, die durch Auftragen eines Tropfens Natriumkarbonatlösung in Blau übergeht, so ist Borsäure nachgewiesen. Der übrige Theil der alkalisch gemachten Aschenlösung wird eingedampft, der Rückstand mit Salzsäure schwach angesäuert, die Flüssigkeit in eine Woulff'sche Flasche gebracht, mit Methylalkohol versetzt, Wasserstoff durchgeleitet und letzterer angezündet; bei Gegenwart von Borsäure brennt er mit grün gesäumter Flamme.

Da nach den Ausführungsbestimmungen D, § 5, Ziffer 3, a die Einfuhr von Fleisch, welches mit Borsäure und deren Salzen behandelt ist, allgemein verboten ist, so ist hier von einer quantitativen Bestimmung der Borsäure abgesehen und lediglich der qualitative Nachweis der Borsäure gefordert.

2. Nachweis von Formaldehyd.

30 g der zerkleinerten Fleischmasse werden in einem Kolben von etwa 500 ccm Inhalt mit einer Mischung von 200 ccm Wasser und 10 ccm einer wässerigen 25prozentigen Lösung von Phosphorsäure übergossen. Von dem Gemenge destillirt man nach halbstündigem Stehen etwa 40 ccm ab. 10 ccm des Destillats werden mit 1 ccm einer durch schweflige Säure entfärbten Fuchsinlösung vermischt. Die Anwesenheit von Formaldehyd bewirkt Rothfärbung. Tritt letztere nicht ein, so bedarf es einer weiteren Prüfung nicht. Im anderen Falle wird der Rest des Destillats mit Ammoniakflüssigkeit im Ueberschusse versetzt und eingedampft. Bei Gegenwart von Formaldehyd hinterbleiben charakteristische Krystalle von Hexamethylentetramin. Diese werden in ein paar Tropfen Wasser gelöst, von der Lösung je ein Tropfen auf einen Objektträger gebracht und mit den beiden folgenden Reagentien geprüft:

1. mit Quecksilberchlorid im Ueberschusse. Es entsteht hierbei sofort ein regulärer krystallinischer Niederschlag; bald sieht man drei- und mehrstrahlige Sterne, später Oktaëder. Letztere entstehen in grossen Menge bei einer Konzentration von 1 : 10000, aber auch noch sehr deutlich bei 1 : 100000.

2. mit Kaliumquecksilberjodid und ein wenig verdünnter Salzsänre. Es bilden sich hexagonale, sechsseitige, hellgelb gefärbte Sterne; bei einer Konzentration von 1 : 10000 noch sehr deutlich.

Die Gegenwart von Formaldehyd darf als erwiesen nur betrachtet werden, wenn der erhaltene krystallinische Rückstand die beiden vorstehend beschriebenen Reaktionen zeigt.

Von den zahlreichen Reaktionen, welche zur Erkennung des Formaldehyds empfohlen worden sind (vgl. Vereinbarungen zur einheitl. Untersuchung u. Beurtheilung von Nahrungs- und Genussmitteln, I, S. 24 f und II, S. 82, Anm. 1), ist die auf der Ueberführung des Formaldehyds in Hexamethylentetramin beruhende von besonderer Bedeutung und an Sicherheit allen anderen Reaktionen vorzuziehen.

3. Nachweis von schwefliger Säure und deren Salzen und von unterschwefligsauren Salzen.

a) 30 g der zerkleinerten Fleischmasse werden mit 200 ccm ausgekochtem Wasser in einem Destillirkolben von etwa 500 ccm Inhalt unter Zusatz von Natriumkarbonatlösung bis zur schwach alkalischen Reaktion angerührt. Nach einstündigem Stehen wird der Kolben mit einem zweimal durchbohrten Stopfen verschlossen, durch welchen zwei Glasröhren in das Innere des Kolbens führen. Die erste Röhre reicht bis auf den Boden des Kolbens, die zweite nur bis in den Hals. Die letztere Röhre führt zu einem Liebig'schen Kühler; an diesen schliesst sich luftdicht mittelst durchbohrten Stopfens eine kugelig aufgeblasene U-Röhre (sog. Peligot'sche Röhre).

Man leitet durch das bis auf den Boden des Kolbens führende Rohr Kohlensäure, bis alle Luft aus dem Apparate verdrängt ist, bringt dann in die Peligot'sche Röhre 50 ccm Jodlösung (erhalten durch Auflösen von 5 g reinem Jod und 7,5 g Kaliumjodid in Wasser zu 1 Liter), lüftet den Stopfen des Destillirkolbens und lässt, ohne das Einströmen der Kohlensäure zu unterbrechen, 10 ccm einer wässerigen 25 prozentigen Lösung von Phosphorsäure einfliessen. Alsdann schliesst man den Stopfen wieder, erhitzt den Kolbeninhalt vorsichtig und destillirt unter stetigem Durchleiten von Kohlensäure die Hälfte der wässerigen Lösung ab. Man bringt nunmehr die Jodlösung, die noch braun gefärbt sein muss, in ein Becherglas, spült die Peligot'sche Röhre gut mit Wasser aus, setzt etwas Salzsäure zu, erhitzt das Ganze kurze Zeit und fällt die durch Oxydation der schwefligen Säure entstandene Schwefelsäure mit Baryumchloridlösung (1 Theil krystallisirtes Baryumchlorid in 10 Theilen destillirtem Wasser gelöst). Im vorliegenden Falle ist eine Wägung des so erhaltenen Baryumsulfats nicht unbedingt erforderlich. Liegt jedoch ein besonderer Anlass vor, den Niederschlag zur Wägung zu bringen, so lässt man ihn absetzen und prüft durch Zusatz eines Tropfens Baryumchloridlösung zu der über dem Niederschlage stehenden klaren Flüssigkeit, ob die Schwefelsäure vollständig ausgefällt ist. Hierauf kocht man das Ganze nochmals auf, lässt dasselbe 6 Stunden in der Wärme stehen, giesst die klare Flüssigkeit durch ein Filter von bekanntem Aschengehalte, wäscht den im Becherglase zurückbleibenden Niederschlag wiederholt mit heissem Wasser aus, indem man jedesmal absetzen lässt und die klare Flüssigkeit durch das Filter giesst, bringt zuletzt den Niederschlag auf das Filter und wäscht so lange mit heissem Wasser, bis das Filtrat mit Silbernitrat keine Trübung mehr erzeugt. Filter und Niederschlag werden getrocknet, in einem gewogenen Platintiegel verascht und geglüht; hierauf befeuchtet man den Tiegelinhalt mit wenig Schwefelsäure, raucht letztere ab, glüht schwach, lässt im Exsikkator erkalten und wägt.

Lieferte die Prüfung ein positives Ergebniss, so ist als erwiesen anzusehen, dass entweder schweflige Säure, schwefligsaure oder unterschwefligsaure Salze angewendet sind. Liegt ein Anlass vor, festzustellen, ob die schweflige Säure unterschwefligsauren Salzen entstammt, so ist in folgender Weise zu verfahren:

b) 50 g der zerkleinerten Fleischmasse werden mit 200 ccm Wasser und Natriumkarbonatlösung bis zur schwach alkalischen Reaktion unter wiederholtem Umrühren in einem Becherglase eine Stunde ausgelaugt. Nach dem Abpressen der Fleischtheile wird der Auszug filtrirt, mit Salzsäure stark angesäuert und unter Zusatz von 5 g reinem Natriumchlorid aufgekocht. Der erhaltene Niederschlag wird abfiltrirt und so lange ausgewaschen, bis im Waschwasser weder schweflige Säure noch Schwefelsäure nachweisbar sind. Alsdann löst man den Niederschlag in 25 ccm 5prozentiger Natronlauge, fügt 50 ccm gesättigtes Bromwasser hinzu und erhitzt bis zum Sieden. Nunmehr wird mit Salzsäure angesäuert und filtrirt. Das vollkommen klare Filtrat giebt bei Gegenwart von unterschwefligsauren Salzen im Fleische auf Zusatz von Baryumchloridlösung sofort eine Fällung von Baryumsulfat.

Eine quantitative Bestimmung der schwefligen Säure und ihrer Salze, sowie der unterschwefligsauren Salze, ist hier im Allgemeinen ebensowenig erforderlich, wie die der übrigen Stoffe, deren Verwendung bei der Zubereitung von Fleisch verboten ist. Die Anweisung für den Nachweis der schwefligen Säure und ihrer Salze in Fleisch weicht daher in diesem Punkte von der sonst mit vorstehender Vorschrift übereinstimmenden Anweisung zur Bestimmung der schwefligen Säure ab, welche in der „Anweisung zur chemischen Untersuchung des Weines“ (Centralbl. f. d. Deutsche Reich, 1896, S. 197) unter Ziffer 16 gegeben ist.

Der Nachweis der unterschwefligsauren Salze beruht auf der bekannten Abscheidung von Schwefel bei der Zersetzung dieser Salze durch Säuren. Der Schwefelgehalt der Eiweissstoffe des Fleisches wirkt hierbei nicht störend auf den Verlauf der Reaktion.

4. Nachweis von Fluorwasserstoff und dessen Salzen.

25 g der zerkleinerten Fleischmasse werden in einer Platinschale mit einer hinreichenden Menge Kalkmilch durchgeknetet. Alsdann trocknet man ein, verascht und giebt den Rückstand nach dem Zerreiben in einen Platintiegel, befeuchtet das Pulver mit etwa drei Tropfen Wasser und fügt 1 ccm konzentrirte Schwefelsäure hinzu. Sofort nach dem Zusatze der Schwefelsäure wird der behufs Erhitzens auf eine Asbestplatte gestellte Platintiegel mit einem grossen Uhrglase bedeckt, das auf der Unterseite in bekannter Weise mit Wachs überzogen und beschrieben ist. Um das Schmelzen des Wachses zu verhüten, wird in das Uhrglas ein Stückchen Eis gelegt.

Der Nachweis von Fluorwasserstoff ist als erbracht anzusehen, sobald das Glas sich an den beschriebenen Stellen angeätzt zeigt.

5. Nachweis von Salicylsäure und deren Salzen.

50 g der zerkleinerten Fleischmasse werden mit 200 ccm einer 1prozentigen Natriumkarbonatlösung zunächst eine Stunde kalt ausgelaugt, darauf zum Sieden erhitzt, mit Salzsäure angesäuert und nach Zusatz von 5 g Natriumchlorid abgepresst und filtrirt. Das Filtrat ist alsdann mit Natriumkarbonatlösung bis zur schwach alkalischen Reaktion zu versetzen, auf 30 ccm einzuengen und nöthigenfalls nochmals zu filtriren. Die mit Schwefelsäure angesäuerte Flüssigkeit wird mit Eisenchloridlösung versetzt. Eine Violettfärbung zeigt Salicylsäure an.

6. Chlorsaure Salze.

30 g der zerkleinerten Fleischmasse werden mit 100 ccm Wasser eine Stunde lang kalt ausgelaugt, alsdann bis zum Kochen erhitzt. Nach dem Erkalten wird die wässerige Flüssigkeit abfiltrirt und mit Silbernitratlösung im Ueberschuss versetzt. 50 ccm der von dem durch Silbernitrat entstandenen Niederschlag abfiltrirten klaren Flüssigkeit werden mit 2 ccm einer 10prozentigen Lösung von schwefligsaurem Natrium und 2 ccm konzentrirter Salpetersäure versetzt und hierauf bis zum Kochen erhitzt. Ein hierbei entstehender Niederschlag, der sich auf erneuten Zusatz von kochendem Wasser nicht löst und aus Chlorsilber besteht, zeigt die Gegenwart chlorsaurer Salze an.

7. Nachweis von Farbstoffen oder Farbstoffzubereitungen.

Je 20 g der zerkleinerten Fleischmassen werden:

a) mit 40 ccm einer schwach angesäuerten Mischung aus gleichen Theilen Glycerin und Wasser,

b) mit 40 ccm einer wässerigen 4prozentigen Lösung von Natriumsalicylat in einem Becherglase $^1/_2$ Stunde unter bisweiligem Umrühren im siedenden Wasserbade erhitzt; alsdann wird abgepresst und klar filtrirt. Ist das eine oder sind beide Filtrate roth gefärbt, so liegen künstlich zugesetzte Farbstoffe vor. Das Filtrat a lässt nach Uebersättigung mit Ammoniakflüssigkeit und Zusatz von Alaunlösung bei mehrstündigem Stehen in einem Glascylinder etwa vorhandenes Karmin durch einen roth gefärbten Bodensatz erkennen. Zum Nachweise von Theerfarbstoffen wird ein Faden aus ungebeizter Wolle mit einem Theile der gefärbten Auszüge und mit 10 ccm einer 10prozentigen Kaliumbisulfatlösung längere Zeit gekocht. Bei Gegenwart von Theerfarbstoffen wird der Faden roth gefärbt und behält die Färbung auch beim Auswaschen mit Wasser.

Da durch die Ausführungsbestimmungen D, § 5, Ziffer 6 die Verwendung von Farbstoffen jeder Art bei der Zubereitung von Fleisch verboten ist, so kann von einer näheren Untersuchung der Natur der etwa vorhandenen Theerfarbstoffe hier abgesehen werden.

Schlussbericht.

Nach Beendigung der Untersuchung ist der Ausfall derselben dem zum Beschauer bestellten Thierarzt schriftlich mitzutheilen.

Zweiter Abschnitt.

Untersuchung von zubereiteten Fetten.

(Vergl. §§ 15 und 16 der Ausführungsbestimmungen D.)

Proben, bei denen ein bestimmter Verdacht vorliegt, sind zunächst auf den Verdachtsgrund zu untersuchen.

Sobald sich bei der Untersuchung eines Fettes herausstellt, dass dasselbe nach Massgabe der im Folgenden unter I angegebenen Prüfungen einer der im § 15 Abs. 3 unter a bis d der Ausführungsbestimmungen D aufgeführten Bestimmungen nicht entspricht, so ist von einer weiteren Untersuchung des Fettes abzusehen.

Eine jede Durchschnittsprobe ist vor der Vornahme der einzelnen Prüfungen gut durchzumischen und für sich zu untersuchen.

I. Allgemeine Gesichtspunkte.

1. Bei der Prüfung, ob äusserlich am Fette wahrnehmbare Merkmale auf eine Verfälschung oder Nachahmung oder sonst auf eine vorschriftswidrige Beschaffenheit hinweisen, ist auf Farbe, Konsistenz, Geruch und Geschmack zu achten. Dabei sind die folgenden Gesichtspunkte zu berücksichtigen:

Bei der Beurtheilung der Farbe ist darauf zu achten, ob das Fett eine ihm nicht eigenthümliche Färbung oder eine Verfärbung aufweist oder fremde Beimengungen enthält.

Bei der Prüfung des Geruchs ist auf ranzigen, talgigen, öligen, sauren, dumpfigen (mulstrigen, grabelnden), schimmeligen sowie faulig-ekelerregenden Geruch zu achten. Die Fette sind hierzu vorher zu schmelzen.

Bei der Prüfung des Geschmacks ist festzustellen, ob ein bitterer oder ein allgemein ekelerregender Geschmack vorliegt. Auch ist darauf zu achten, ob fremde Beimengungen durch den Geschmack erkannt werden können.

2. Margarineproben sind auf die Anwesenheit des vom Bundesrath in Ausführung des Gesetzes vom 15. Juni 1897, betreffend den Verkehr mit Butter, Käse, Schmalz und deren Ersatzmittel, vorgeschriebenen Erkennungsmittels (Sesamöl) — Reichs-Gesetzbl. 1897 S. 591 — zu prüfen. Die Ausführung der Untersuchung geschieht nach der in diesem Abschnitt unter III angeführten Anweisung.

3. Bei Schweineschmalz ist die refraktometrische Prüfung mit einem Zeiss-Wollny'schen Refraktometer mit besonderer Thermometereintheilung auszuführen. Ergiebt diese Prüfung einen auffallend grossen negativen (—) Werth oder einen grösseren positiven (+) Werth als 1,3 (+ 1,3), so ist das Fett eingehender auf entsprechende Verfälschungen zu untersuchen. Die Ausführung der refraktometrischen Prüfung geschieht nach der in diesem Abschnitt unter III angegebenen Anweisung.

4. Wenn die nach Abs. I unter 1 bis 3 ausgeführten Untersuchungen einen Beanstandungsgrund nicht ergeben haben, so ist in Ausführung des § 15 Abs. 3 unter d der Ausführungsbestimmungen D zu prüfen:

a) ob Fette, welche unter das Gesetz, betreffend die Schlachtvieh- und Fleichbeschau, vom 3. Juni 1900 fallen, unter einer für Pflanzenfette üblichen Bezeichnung oder als Butter,

Butterschmalz u. dergl. eingeführt werden — jedoch nur, wenn ein bestimmter Verdacht vorliegt;

b) ob das Fett anderweitig verfälscht oder verdorben ist;

c) ob es unter das Verbot des § 3 des Gesetzes vom 15. Juni 1897 (Reichs-Gesetzbl. S. 475) fällt;

d) ob es einen der im § 5 No. 3 der Ausführungsbestimmungen D verbotenen Stoffe enthält.

Die Untersuchungen zu Abs. 4 unter a bis c sind nach den im zweiten Abschnitt unter III aufgestellten Bestimmungen auszuführen.

Die Untersuchung zu Abs. 4 unter d geschieht nach der im zweiten Abschnitt unter II gegebenen Anweisung.

Die Anzahl der zu untersuchenden Proben für die unter Abs. 4 angeführten Prüfungen richtet sich nach dem letzten Absatze des § 15 der Ausführungsbestimmungen D.

II. Untersuchung der Fette auf die im § 5 No. 3 der Ausführungsbestimmungen D verbotenen Zusätze.

Sofern nicht ein besonderer Verdachtsgrund vorliegt (Zweiter Abschnitt Abs. 1), ist in allen Fällen auf die nachstehend unter 1 angeführten Stoffe zu untersuchen. Verläuft diese Untersuchung ergebnisslos, so ist mindestens noch auf einen der übrigen Stoffe je nach Lage des Falles zu prüfen.

1. Nachweis von Borsäure und deren Salzen.

10 g Fett werden mit 20 ccm alkoholischer Kalilauge (13 g Kaliumhydroxyd in 100 ccm Alkohol von 70 Raumprozenten) verseift. Die Seifenlösung wird in einer Platinschale eingedampft und verascht. Die Asche ist nach dem ersten Abschnitte gemäss II unter 1 weiter zu behandeln. Bei der Untersuchung der Margarine kann das beim Schmelzen dieses Fettes sich absetzende Wasser sogleich auf Borsäure geprüft werden.

2. Nachweis von Formaldehyd.

50 g Fett werden in einem Kolben von etwa 500 ccm Inhalt mit 50 ccm Wasser versetzt und erwärmt. Nachdem das Fett geschmolzen ist, destillirt man unter Einleiten von Wasserdampf 25 ccm Flüssigkeit ab. Das Destillat ist nach dem ersten Abschnitte gemäss I unter 2 weiter zu behandeln.

3. Nachweis von Alkali- und Erdalkali-Hydroxyden und -Karbonaten.

a) 30 g geschmolzenes Fett werden mit der gleichen Menge Wasser in einem mit Rückflusskühler versehenen Kolben von etwa 500 ccm Inhalt vermischt. In das Gemisch wird $^1/_2$ Stunde lang strömender Wasserdampf eingeleitet. Nach dem Erkalten wird der wässerige Auszug filtrirt.

b) Das zurückbleibende Fett wird darauf nach Zusatz von 5 ccm konzentrirter Salzsäure in gleicher Weise, wie unter a angegeben, behandelt.

Alsdann ist das klare Filtrat von a auf 25 ccm einzudampfen und nach dem Erkalten mit verdünnter Salzsäure anzusäuern. Bei Gegenwart von Alkaliseife scheidet sich Fettsäure aus, die mit Aether auszuziehen und nach dem Verdunsten desselben als solche zu kennzeichnen ist. Entsteht jedoch beim Ansäuern eine in Aether schwer lösliche oder gelblich-weisse Abscheidung, so ist diese gegebenenfalls nach der folgenden Ziffer 4 unter b auf Schwefel weiter zu prüfen.

Das klare Filtrat von b wird durch Zusatz vom Ammoniakflüssigkeit und Ammoniumkarbonatlösung auf alkalische Erden geprüft.

4. Nachweis von schwefliger Säure und deren Salzen und von unterschwefligsauren Salzen.

a) Zur Bestimmung der schwefligen Säure und der schwefligsauren Salze werden 50 g geschmolzenes Fett in einem Destillirkolben von 500 ccm Inhalt mit 500 ccm Wasser vermischt. Der Kolben wird darauf mit einem dreimal durchbohrten Stopfen verschlossen, durch welchen drei Glasröhren in das Innere des Kolbens führen. Von diesen reichen zwei Röhren bis auf den Boden des Kolbens, die dritte nur bis in den Hals. Die letztere Röhre führt zu einem Liebig'schen Kühler; an diesen schliesst sich luftdicht mittelst durchbohrten Stopfens eine kugelig aufgeblasene U-röhre (sogenannte Peligot'sche Röhre).

Man leitet durch die eine der bis auf den Boden des Kolbens führenden Glasröhren Kohlensäure, bis alle Luft aus dem Apparate verdrängt ist, bringt dann in die Peligot'sche Röhre 50 ccm Jodlösung (erhalten durch Auflösen von 5 g reinem Jod und 7,5 g Kaliumjodid in Wasser zu 1 Liter), lüftet den Stopfen des Destillationskolbens und lässt, ohne dass Einströmen der Kohlensäure zu unterbrechen, 10 ccm einer wässerigen 25 prozentigen Lösung von Phosphorsäure hinzufliessen. Alsdann leitet man durch die dritte Glasröhre Wasserdampf ein und destillirt unter stetigem Durchleiten von Kohlensäure 50 ccm über. Darauf verfährt man weiter, wie im ersten Abschnitt unter II, 3 a angegeben ist.

Lieferte die Prüfung ein positives Ergebniss, so ist es als erwiesen anzusehen, dass entweder schweflige Säure, schwefligsaure oder unterschwefligsaure Salze angewendet sind. Liegt ein Anlass vor, festzustellen, ob die schweflige Säure unterschwefligsauren Salzen entstammt, so ist in folgender Weise zu verfahren:

b) 50 g geschmolzenes Fett werden mit der gleichen Menge Wasser in einem mit Rückflusskühler versehenen Kolben von etwa 500 ccm Inhalt vermischt. In das Gemisch wird eine halbe Stunde lang strömender Wasserdampf eingeleitet, der wässerige Auszug nach dem Erkalten filtrirt und das Filtrat mit Salzsäure versetzt. Entsteht hierbei eine in Aether schwer lösliche Abscheidung, so wird diese auf Schwefel untersucht. Zu dem Zwecke wird der abfiltrirte und gewaschene Bodensatz nach den im ersten Abschnitt unter II, 3 b gegebenen Bestimmungen weiter behandelt.

5. Nachweis von Fluorwasserstoff und dessen Salzen.

30 g geschmolzenes Fett werden mit der gleichen Menge Wasser in einem mit Rückflusskühler versehenen Kolben von etwa 500 ccm Inhalt vermischt. In das Gemisch wird $^1/_2$ Stunde lang strömender Wasserdampf eingeleitet, der wässerige Auszug nach dem Erkalten filtrirt und das Filtrat ohne Rücksicht auf eine etwa vorhandene Trübung mit Kalkmilch bis zur stark alkalischen Reaktion versetzt. Nach dem Absetzen und Abfiltriren wird der Rückstand getrocknet, zerrieben, in einen Platintiegel gegeben und alsdann nach der Vorschrift im ersten Abschnitt unter II, 4 weiter behandelt.

6. Nachweis von Salicylsäure und deren Salzen.

Der Nachweis der Salicylsäure und deren Salze geschieht nach der unter III gegebenen Anweisung.

7. Nachweis von fremden Farbstoffen.

Die Gegenwart fremder Farbstoffe erkennt man durch Auflösen des geschmolzenen Fettes in etwa der doppelten Menge absolutem Alkohol. Bei künstlich gefärbten Fetten bleibt die erkaltete alkoholische Lösung deutlich gelb oder röthlich gelb gefärbt.

Zum Nachweise bestimmter Theerfarbstoffe werden 2 bis 3 g Fett in 5 ccm Aether gelöst und die Lösung in einem Probirröhrchen mit 5 ccm Salzsäure vom spezifischen Gewicht 1,125 kräftig geschüttelt. Bei Gegenwart gewisser Azofarbstoffe ist die unten sich absetzende Salzsäureschicht deutlich roth gefärbt.

III. Untersuchung der Fette auf ihre Abstammung und Unverfälschtheit beziehungsweise darauf, ob sie den Anforderungen des Reichsgesetzes vom 15. Juni 1897 entsprechen.

Zu diesem Zwecke sind die Verfahren der „Anweisung zur chemischen Untersuchung von Fetten und Käsen" anzuwenden welche auf Grund des § 12 Ziffer 2 des Gesetzes vom 15. Juni 1897 durch Bekanntmachung des Reichskanzlers vom 1. April 1898 (Centralblatt für das Deutsche Reich 1898 S. 201 bis 216) erlassen wurde.

Von diesen Verfahren sind ausser der Bestimmung des Brechungsvermögens die Bestimmung der Jodzahl und die Prüfungen auf Pflanzenöle in allen Fällen auszuführen (III B 4 unter b, g, i und l der „Anweisung"). Die Prüfung auf die Anwesenheit von Baumwollsamenöl ist in folgender Weise auszuführen:

5 ccm Fett werden mit der gleichen Raummenge Amylalkohol und 5 ccm einer 1prozentigen Lösung von Schwefel in Schwefelkohlenstoff in einem weiten, mit Korkverschluss und weitem Steigrohre versehenen Reagensglas etwa $^1/_4$ Stunde lang im siedenden Wasserbad erhitzt. Tritt eine Färbung nicht ein, so setzt man nochmals 5 ccm der Schwefellösung zu und erhitzt von neuem $^1/_4$ Stunde lang. Eine deutliche Rothfärbung der Flüssigkeit kann durch die Gegenwart von Baumwollsamenöl bedingt sein.

Wenn die vorhergehenden Prüfungen darauf hinweisen, dass eine Verfälschung mit Pflanzenölen stattgefunden hat, so ist die Untersuchung auf Phytosterin anzustellen.

Die Prüfung auf das Vorhandensein von Phytosterin ist in folgender Weise auszuführen:

100 g Fett werden in einem Kolben von 1 Liter Inhalt auf dem Wasserbade geschmolzen und mit 200 ccm alkoholischer Kalilauge, welche in 1 Liter Alkohol von 70 Volumprozenten 200 g Kaliumhydroxyd enthält, auf dem kochenden Wasserbad am Rückflusskühler verseift. Nach beendeter Verseifung, die etwa $^1/_2$ Stunde Zeit erfordert, wird die Seifenlösung mit 600 ccm Wasser versetzt und nach dem Erkalten in einem Schütteltrichter viermal mit Aether

ausgeschüttelt. Zur ersten Ausschüttelung verwendet man 800 ccm, zu den folgenden je 400 ccm Aether. Aus diesen Auszügen wird der Aether abdestillirt und der Rückstand nochmals mit 10 ccm obiger Kalilauge 5 bis 10 Minuten im Wasserbad erhitzt, die Lösung mit 20 ccm Wasser versetzt und nach dem Erkalten zweimal mit je 100 ccm Aether ausgeschüttelt. Die ätherische Lösung wird viermal mit je 10 ccm Wasser gewaschen, danach durch ein trockenes Filter filtrirt und der Aether abdestillirt. Der Rückstand wird in ein Glasschälchen gebracht und darin bei 100° getrocknet. Darauf setzt man 2 bis 3 ccm Essigsäureanhydrid hinzu, erhitzt, unter Bedeckung des Schälchens mit einem Uhrglas, auf dem Drahtnetz etwa $^1/_2$ Minute lang zum Sieden und verdunstet den Ueberschuss des Essigsäureanhydrids auf dem Wasserbade. Der Rückstand wird vier- bis fünfmal aus geringen Mengen, etwa 1 bis 1,5 ccm, absolutem Alkohol umkrystallisirt und von der dritten Krystallisation ab jedesmal der Schmelzpunkt bestimmt. Schmilzt das letzte Krystallisationsprodukt erst bei 117° (korrigirter Schmelzpunkt) oder höher, so ist der Nachweis von Pflanzenöl als erwiesen zu betrachten.

Bei der Untersuchung von Margarineproben ist die Bestimmung der Jodzahl und die Prüfung auf Pflanzenöle unbeschadet der Vorschrift im zweiten Abschnitt I unter 2 zu unterlassen.

In der „Anweisung zur chemischen Untersuchung von Fetten und Käsen“ (Centralbl. f. d. Deutsche Reich, 1898, S. 201 ff.) ist unter k) für den Nachweis von Baumwollsamenöl die Reaktion von Bechi (Reduktion von Silbernitrat) vorgeschrieben.

An ihre Stelle ist in der vorliegenden Anweisung die Reaktion von Halphen gesetzt worden, die in sichererer Weise als jene zum Ziel führt. Da aber auch diese Reaktion bisweilen versagen kann, so ist zu grösserer Sicherheit für den Nachweis von Baumwollsamenöl oder vielmehr allgemein von Pflanzenölen auch noch die Prüfung auf Phytosterin vorgeschrieben.

Die vorliegende Vorschrift weicht indessen gleichfalls in einem wesentlichen Punkte von dem in der „Anweisung zur chemischen Untersuchung von Fetten und Käsen“ unter m) vorgeschriebenen Nachweis des Phytosterins ab. Dieser letztere schreibt nur vor, den Schmelzpunkt des nach Vorschrift erhaltenen Phytosterins oder Cholesterins zu bestimmen. Nach neueren Untersuchungen von Bömer[1]) wird dieser Nachweis aber wesentlich dadurch verschärft, dass man die aus den Fetten gewonnenen unverseifbaren Bestandtheile durch Erhitzen mit Essigsäureanhydrid in die Acetylester überführt; Phytosterinacetylester schmilzt etwa bei 127°, Cholesterinacetylester aber schon bei etwa 114—115°. Liegt endlich ein

[1]) Zeitschr. f. Unters. d. Nahrungs- u. Genussmittel, 1901, S. 865 ff. u. 1902, 1070 ff.

Gemisch von thierischen und pflanzlichen Oelen vor und wird demgemäss ein Gemisch von Phytosterin- und Cholesterinacetylester gewonnen, so zeigt dieses Gemisch einen Schmelzpunkt von 117° oder höher. Es ist möglich, auf diese Weise sehr kleine Mengen von pflanzlichen Oelen nachzuweisen.

Bei der Untersuchung der Margarine kann natürlich nur eine Prüfung auf den vorgeschriebenen Gehalt an Sesamöl, aber auf keine anderen pflanzlichen Oele in Frage kommen.

Schlussbericht.

Nach Beendigung der Untersuchung ist der Ausfall derselben dem zum Beschauer bestellten Thierarzte schriftlich mitzutheilen.

E. Prüfungsvorschriften für die Trichinenschauer.

§ 1. Zur Untersuchung des ausländischen Fleisches auf Trichinen und zur Unterstützung der thierärztlichen Sachverständigen bei der Finnenschau dürfen nur solche Personen amtlich verwendet werden, welche die vorgeschriebene Prüfung bestanden haben.

§ 2. Die Prüfung ist vor einer von der Landesregierung zu bestimmenden thierärztlichen Amtsstelle (Centralstelle, beamteter Thierarzt etc.) abzulegen.

§ 3. Dem Gesuch um Zulassung sind beizufügen:

1. ein kurzer Lebenslauf,
2. der Nachweis, dass der Bewerber das 21. Lebensjahr vollendet hat,
3. ein amtliches Führungszeugniss,
4. der Nachweis, dass der Bewerber mindestens vierzehn Tage lang einen regelmässigen theoretischen und praktischen Unterricht in der Trichinen- und Finnenschau auf einem öffentlichen Schlachthof unter Leitung eines die Fleischbeschau dort amtlich ausübenden Thierarztes mit Erfolg genossen hat.

   Die Ausbildung bei einer von der Landesregierung hierzu ermächtigten, mit den erforderlichen Einrichtungen versehenen Zoll- oder Steuerstelle, bei welcher die Untersuchung von Fleisch durch einen amtlich die Fleischbeschau ausübenden Thierarzt stattfindet, oder auf einem mit einer Hochschule in Verbindung stehenden thierärztlichen Institute kann der Ausbildung auf einem Schlachthofe gleich geachtet werden.

Die Zulassung zur Prüfung ist zu versagen, wenn Thatsachen vorliegen, welche die Unzuverlässigkeit des Nachsuchenden in Bezug auf die Ausübung des Berufs als Trichinenschauer darthun.

§ 4. Durch die Prüfung ist festzustellen, ob der Prüfling alle für eine zuverlässige Ausübung der Trichinenschau und eine zuverlässige Mitwirkung bei der Finnenschau erforderlichen Kenntnisse und Fertigkeiten besitzt.

Die Prüfung zerfällt in einen theoretischen und einen praktischen Theil.

§ 5. Im theoretischen Theile der Prüfung soll der Prüfling die erforderlichen Kenntnisse nachweisen:

1. über die Naturgeschichte der Trichinen und Finnen, und zwar insbesondere
   a) die Eigenthümlichkeiten des Baues der Trichine und der beim Schweine und Rinde vorkommenden Finnen;
   b) die Entwickelung und Uebertragung der Trichinen und Finnen auf Menschen und Thiere;
2. über die Veränderungen, welche diese Parasiten in der Muskulatur hervorrufen und erleiden;
3. über die Gebilde, welche mit Trichinen und Finnen verwechselt werden können;
4. über die Grundzüge der Lehre vom Baue des Körpers des Schweines sowie der Lehre vom feineren Baue der Muskulatur;
5. über die Einrichtung und den Gebrauch des Trichinenmikroskops sowie über die Anwendung der für die Trichinenschau erforderlichen Geräthe und Zusatzflüssigkeiten;
6. über die auf die Trichinenschau bezüglichen gesetzlichen Vorschriften und Verordnungen.

§ 6. Im praktischen Theile der Prüfung hat der Prüfling folgende Arbeiten innerhalb einer angemessenen Zeit auszuführen:

a) bei einem Schweine Entnahme der vorgeschriebenen Proben, Anfertigung der vorgeschriebenen Präparate und Untersuchung derselben auf Trichinen;
b) Untersuchung frischen und geräucherten trichinösen Fleisches und Bestimmung der darin enthaltenen Trichinen;
c) Erklärung eines mikroskopischen Präparats mit den bei der Trichinenschau hauptsächlich in Betracht kommenden Verunreinigungen, trichinenähnlichen Gebilden sowie mit den wichtigsten Geweben in der Muskulatur;
d) Untersuchung eines Schweines auf Finnen sowie Erkennung der in einem Fleischtheil enthaltenen Finnen.

§ 7. Besteht der Prüfling die Prüfung, so erhält er ein Zeugniss über seine Befähigung zur Trichinenschau nach anliegendem Muster ~~(s. S. 166)~~.

§ 8. Falls die Prüfung nicht bestanden ist, darf sie frühestens nach Ablauf von vierzehn Tagen und höchstens zwei Mal wiederholt werden. Bei Mittheilung des Ausfalls der Prüfung ist dem Prüflinge zu eröffnen, ob auch die praktische Ausbildung zu wiederholen ist.

§ 9. Die Trichinenschauer haben sich, sofern sie als öffentliche Trichinenschauer weiterhin thätig zu sein wünschen, alle drei Jahre einer Nachprüfung vor einem hiermit beauftragten beamteten Thierarzte zu unterziehen. Hierbei ist unter sinngemässer Anwendung der Bestimmungen in den §§ 4 bis 6 festzustellen, ob der Prüfling in theoretischer und praktischer Hinsicht die behufs zuverlässiger Ausübung der Trichinen- und Finnenschau erforderlichen Kenntnisse und Fertigkeiten besitzt.

Die Nachprüfung ist bereits nach zwei Jahren erforderlich und hat im vollen Umfange der §§ 4 bis 6 stattzufinden, wenn der Inhaber des Befähigungsausweises inzwischen als Trichinenschauer amtlich nicht thätig gewesen ist.

Der Ausfall der Nachprüfung ist auf dem Befähigungsausweise von dem prüfenden Thierarzte zu vermerken.

§ 10. Die Gebühren für die Prüfung sowie für jede Wiederholung derselben betragen sechs Mark.

Die Gebühren für jede Nachprüfung betragen vier Mark, im Falle des § 9 Abs. 2 sechs Mark.

Die Gebühren sind vor der Zulassung zur Prüfung oder Nachprüfung einzuzahlen.

§ 11. Approbirte Aerzte und Thierärzte sind zur Ausübung der Trichinenschau ohne besondere Prüfung zuzulassen.

Personen, welche zur Zeit des Erlasses dieser Vorschriften bereits ein Jahr lang an einem öffentlichen Schlachthofe, bei welchem die Fleischbeschau unter thierärztlicher Leitung steht, oder bei einer öffentlichen Fleischbeschau für eingeführtes Fleisch als Trichinenschauer amtlich thätig gewesen sind, können bei tadelloser Dienstführung den Ausweis als Trichinenschauer ohne Prüfung erhalten, wenn sie vor Ablauf eines Jahres nach Veröffentlichung dieser Vorschriften bei der zuständigen Behörde einen entsprechenden Antrag stellen. Von den Nachprüfungen sind sie dadurch nicht entbunden.

§ 12. Personen, welche das Fleischergewerbe, den Fleisch- oder Viehhandel betreiben, dürfen als Trichinenschauer nicht angestellt werden.

Unter-Anlage.

Befähigungsausweis.

Herrn .... geboren am ....

in .... Kreis (Bezirk 2c.) ....

wohnhaft zu .... wird hiermit bescheinigt, daß er von dem Unterzeichneten am .... 19 ...... in der theoretischen und praktischen Trichinen- und Finnenschau auf Grund der Prüfungs-Vorschriften vom .... geprüft worden ist und diese Prüfung bestanden hat.

Ort und Datum.

Dienststempel. Unterschrift mit Amtsbezeichnung.

---

§ 9 der Prüfungs-Vorschriften für die Trichinenschauer lautet:

Die Trichinenschauer haben sich, sofern sie als öffentliche Trichinenschauer weiterhin thätig zu sein wünschen, alle drei Jahre einer Nachprüfung vor einem hiermit beauftragten beamteten Thierarzte zu unterziehen. Hierbei ist unter sinngemäßer Anwendung der Bestimmungen in den §§ 4 bis 6 festzustellen, ob der Prüfling in theoretischer und praktischer Hinsicht die behufs zuverlässiger Ausübung der Trichinen- und Finnenschau erforderlichen Kenntnisse und Fertigkeiten besitzt.

Die Nachprüfung ist bereits nach zwei Jahren erforderlich und hat im vollen Umfange der §§ 4 bis 6 stattzufinden, wenn der Inhaber des Befähigungsausweises inzwischen als Trichinenschauer amtlich nicht thätig gewesen ist.

Der Ausfall der Nachprüfung ist auf dem Befähigungsausweise von dem prüfenden Thierarzte zu vermerken.

Herr .... hat am ....

vor mir die Nachprüfung gemäß § 9 { Abs. 1 / Abs. 2 } der Prüfungs-Vorschriften

vom .... bestanden.

Ort und Datum.

Dienststempel. Unterschrift mit Amtsbezeichnung.

Herr .... hat am ....

vor mir die Nachprüfung gemäß § 9 { Abs. 1 / Abs. 2 } der Prüfungs-Vorschriften

vom .... bestanden.

Ort und Datum.

Dienststempel. Unterschrift mit Amtsbezeichnung.

Herr .... hat am ....

vor mir die Nachprüfung gemäß § 9 { Abs. 1 / Abs. 2 } der Prüfungs-Vorschriften

vom .... bestanden.

Ort und Datum.

Dienststempel. Unterschrift mit Amtsbezeichnung.

F. Verzeichniss der Einlass- und Untersuchungsstellen für das in das Zollinland eingehende Fleisch.

Lfde. Nr.	Einlassstellen	beschränkt auf	Untersuchungsstellen	beschränkt auf
1.	2.	3.	4.	5.
	I. Preussen.			
	a. Provinz Ostpreussen.			
1	**Memel,** Haupt-Zollamt.	—	**Memel,** Haupt-Zollamt.	—
2	**Laugszargen,** Neben-Zollamt I.	—	—	—
3	**Schmaleningken,** Neben-Zollamt I.	—	—	—
4	**Eydtkuhnen,** Haupt-Zollamt.	—	**Eydtkuhnen,** Haupt-Zollamt.	—
5	**Eydtkuhnen,** Neben-Zollamt I.	—	—	—
6	**Prostken,** Haupt-Zollamt.	—	—	—
7	**Illowo,** Neben-Zollamt I.	—	—	—
8	**Königsberg,** Haupt-Steueramt.	—	**Königsberg,** Haupt-Steueramt.	—
9	—	—	**Tilsit,** Haupt-Zollamt.	—
	b. Provinz Westpreussen.			
10	**Danzig,** Haupt-Zollamt.	—	**Danzig,** Haupt-Zollamt.	—
11	**Thorn,** Haupt-Zollamt.	—	**Thorn,** Haupt-Zollamt.	—
	c. Provinz Brandenburg.			
12	—	—	**Berlin,** Haupt-Steueramt für ausländische Gegenstände.	—
	d. Provinz Pommern.			
13	**Stettin,** Haupt-Steueramt I.	—	**Stettin,** Haupt-Steueramt I.	—
14	**Stralsund,** Haupt-Zollamt.	—	**Stralsund,** Haupt-Zollamt.	—
15	**Sassnitz,** Neben-Zollamt I.	—	—	—

Lfde. Nr.	Einlassstellen	beschränkt auf	Untersuchungsstellen	beschränkt auf
1.	2.	3.	4.	5.
	e. Provinz Posen.			
16	**Strzalkowo**, Neben-Zollamt I.	—	—	—
17	**Skalmierzyce**, Haupt-Zollamt.	—	—	—
18	**Podzamcze**, Neben-Zollamt I.	—	—	—
19	—	—	**Posen**, Haupt-Steueramt.	—
20	—	—	**Bromberg**, Haupt-Steueramt.	—
	f. Provinz Schlesien.			
21	**Preuss. Herby**, Neben-Zollamt I.	—	—	—
22	**Beuthen, O.-Schl.**, Zoll-Abfertigungsstelle.	—	**Beuthen, O.-Schl.**, Zoll-Abfertigungsstelle.	frisches Fleisch.
23	**Myslowitz**, Haupt-Zollamt.	—	**Myslowitz**, Haupt-Zollamt.	—
24	**Kattowitz**, Neben-Zollamt I.	—	**Kattowitz**, Neben-Zollamt I.	—
25	**Oesterr. Oderberg**, Neben-Zollamt I.	—	**Oesterr. Oderberg**, Neben-Zollamt I.	—
26	**Ziegenhals**, Neben-Zollamt I.	—	—	—
27	**Mittelwalde**, Haupt-Zollamt.	—	—	—
28	**Liebau**, Haupt-Zollamt.	—	—	—
29	**Seidenberg**, Neben-Zollamt I.	—	—	—
30	—	—	**Breslau**, Haupt-Steueramt I.	—
31	—	—	**Glogau**, Haupt-Steueramt.	—
	g. Provinz Sachsen.			
32	—	—	**Magdeburg**, Haupt-Steueramt I.	—
33	—	—	**Halle a. S.**, Haupt-Steueramt.	—
34	—	—	**Erfurt**, Haupt-Steueramt.	—

Lfde. Nr.	Einlassstellen	beschränkt auf	Untersuchungsstellen	beschränkt auf
1.	2.	3.	4.	5.
	h. Provinz Schleswig-Holstein.			
35	**Hvidding**, Neben-Zollamt I.	—	—	—
36	**Woyens**, Neben-Zollamt I.	—	**Woyens**, Neben-Zollamt I.	frisches Fleisch.
37	**Flensburg**, Haupt-Zollamt.	—	**Flensburg**, Haupt-Zollamt.	—
38	**Kiel**, Haupt-Zollamt.	—	**Kiel**, Haupt-Zollamt.	—
39	—	—	**Neumünster**, Steueramt I.	—
40	—	—	**Rendsburg**, Steueramt I.	—
41	—	—	**Altona**, Haupt-Zollamt.	—
	i. Provinz Hannover.			
42	**Geestemünde**, Haupt-Zollamt.	—	**Geestemünde**, Haupt-Zollamt.	—
43	**Emden**, Haupt-Zollamt.	—	**Emden**, Haupt-Zollamt.	—
44	**Bentheim**, Neben-Zollamt I.	—	**Bentheim**, Neben-Zollamt I.	—
45	**Weener**, Neben-Zollamt I.	—	**Weener**, Neben-Zollamt I.	—
	k. Provinz Westfalen.			
46	**Suderwick**, Neben-Zollamt I.	frisches Fleisch.	**Suderwick**, Neben-Zollamt I.	frisches Fleisch.
47	**Bocholt**, Neben-Zollamt I.	—	**Bocholt**, Neben-Zollamt I.	—
48	**Borken**, Neben-Zollamt I.	—	**Borken**, Neben-Zollamt I.	—
49	—	—	**Münster**, Haupt-Steueramt.	—
50	—	—	**Dortmund**, Haupt-Steueramt.	—
51	—	—	**Lippstadt**, Haupt-Steueramt.	—
52	—	—	**Bielefeld**, Steueramt I am Bahnhofe.	—
	l. Provinz Hessen-Nassau.			
53	—	—	**Frankfurt a. M.**, Haupt-Steueramt.	—

Lfde. Nr.	Einlassstellen	beschränkt auf	Untersuchungsstellen	beschränkt auf
1.	2.	3.	4.	5.

m. Rheinprovinz.

54	**Cranenburg,** Neben-Zollamt I.	—	—	—
55	**Elten,** Neben-Zollamt I.	—	**Elten,** Neben-Zollamt I.	frisches Fleisch.
56	**Horbach,** Neben-Zollamt II.	frisches Fleisch.	**Horbach,** Neben-Zollamt II.	frisches Fleisck.
57	**Herbesthal,** Neben-Zollamt I.	—	—	—
58	**Aachen,** Haupt-Zollamt.	—	**Aachen,** Haupt-Zollamt.	—
59	**Trier,** Haupt-Steueramt.	—	**Trier,** Haupt-Steueramt.	—
60	**Kaldenkirchen,** Haupt-Zollamt.	—	**Kaldenkirchen,** Haupt-Zollamt.	—
61	**Dalheim,** Neben-Zollamt I.	—	**Dalheim,** Neben-Zollamt I.	—
62	**Goch,** Neben-Zollamt I.	—	**Goch,** Neben-Zollamt I.	—
63	**Emmerich,** Haupt-Zollamt.	—	**Emmerich,** Haupt-Zollamt.	—
64	—	—	**Cleve,** Haupt-Zollamt.	—
65	—	—	**Duisburg,** Haupt-Steueramt.	—
66	—	—	**Düsseldorf,** Haupt-Steueramt.	—
67	—	—	**Crefeld,** Haupt-Steueramt.	—
68	—	—	**Cöln,** Haupt-Steueramt für ausländische Gegenstände.	—
69	—	—	**Düren,** Haupt-Steueramt.	—
70	—	—	**Elberfeld,** Haupt-Steueramt.	—
71	—	—	**St. Johann-Saarbrücken,** Haupt-Steueramt.	—
72	—	—	**Essen,** Steueramt I am Cöln-Mindener Bahnhofe.	—
73	—	—	**Ruhrort,** Steueramt I.	—

Lfde. Nr.	Einlassstellen	beschränkt auf	Untersuchungsstellen	beschränkt auf
1.	2.	3.	4.	5.
		II. Bayern.		
74	**Asch i. Böhmen,** Neben-Zollamt I.	—	—	—
75	**Eger,** Neben-Zollamt I.	—	**Eger,** Neben-Zollamt I.	frisches Fleisch.
76	**Furth a. W.,** Haupt-Zollamt.	—	**Furth a. W.,** Haupt-Zollamt.	—
77	**Simbach,** Haupt-Zollamt.	—	**Simbach,** Haupt-Zollamt.	—
78	**Passau,** Haupt-Zollamt.	—	**Passau,** Haupt-Zollamt.	—
79	**Salzburg,** Neben-Zollamt I.	—	**Salzburg,** Neben-Zollamt I.	frisches Fleisch.
80	**Kufstein,** Neben-Zollamt I.	—	**Kufstein,** Neben-Zollamt I.	frisches Fleisch.
81	**Lindau,** Haupt-Zollamt.	—	**Lindau,** Haupt-Zollamt.	—
82	—	—	**Augsburg,** Haupt-Zollamt.	—
83	—	—	**Fürth,** Haupt-Zollamt.	—
84	—	—	**Hof,** Haupt-Zollamt.	—
85	—	—	**Kaiserslautern,** Haupt-Zollamt.	—
86	—	—	**Landau i. Pfalz,** Haupt-Zollamt.	—
87	—	—	**Landshut,** Haupt-Zollamt.	—
88	—	—	**Ludwigshafen a. Rh.,** Haupt-Zollamt.	—
89	—	—	**München I,** Haupt-Zollamt.	—
90	—	—	**München II,** Haupt-Zollamt.	—
91	—	—	**Nürnberg,** Haupt-Zollamt.	—
92	—	—	**Regensburg,** Haupt-Zollamt.	—
93	—	—	**Rosenheim,** Haupt-Zollamt.	—
94	—	—	**Würzburg,** Haupt-Zollamt.	—

Lfde. Nr.	Einlassstellen	beschränkt auf	Untersuchungsstellen	beschränkt auf
1.	2.	3.	4.	5.

III. Königreich Sachsen.

95	**Bodenbach**, Neben-Zollamt I.	—	**Bodenbach**, Neben-Zollamt I.	—
96	**Tetschen**, Neben-Zollamt I.	—	**Tetschen**, Neben-Zollamt I.	—
97	**Warnsdorf**, Neben-Zollamt I.	frisches Fleisch.	**Warnsdorf**, Neben-Zollamt I.	frisches Fleisch.
98	**Zittau**, Haupt-Zollamt.	—	**Zittau**, Haupt-Zollamt.	—
99	**Zittau**, Neben-Zollamt II vor Zittau.	frisches Fleisch.	—	—
100	**Reitzenhain**, Neben-Zollamt I.	—	—	—
101	**Voitersreuth**, Neben-Zollamt I.	—	—	—
102	—	—	**Dresden**, Haupt-Zollamt I.	—
103	—	—	**Chemnitz**, Haupt-Zollamt.	—
104	—	—	**Leipzig**, Haupt-Zollamt I.	—
105	—	—	**Plauen i. V.**, Haupt-Zollamt.	—
106	—	—	**Zwickau**, Haupt-Zollamt.	—
107	—	—	**Riesa**, Zoll-Abfertigungsstelle am Hafen.	—
108	—	—	**Glauchau**, Steueramt.	—

IV. Württemberg.

109	**Friedrichshafen**, Haupt-Zollamt.	—	**Friedrichshafen**, Haupt-Zollamt.	—
110	—	—	**Stuttgart**, Haupt-Zollamt.	—
111	—	—	**Heilbronn**, Haupt-Zollamt.	—
112	—	—	**Ulm**, Haupt-Zollamt.	—

V. Baden.

113	**Konstanz**, Haupt-Steueramt.	—	**Konstanz**, Haupt-Steueramt.	—
114	**Säckingen**, Haupt-Steueramt.	frisches Fleisch.	**Säckingen**, Haupt-Steueramt.	frisches Fleisch.

Lfde. Nr.	Einlassstellen	beschränkt auf	Untersuchungsstellen	beschränkt auf
1.	2.	3.	4.	5.
115	**Basel,** Zollamt am badischen Bahnhofe.	—	**Basel,** Zollamt am badischen Bahnhofe.	—
116	**Stetten,** Neben-Zollamt I.	frisches Fleisch.	—	—
117	—	—	**Lörrach,** Haupt-Steueramt.	frisches Fleisch.
118	—	—	**Mannheim,** Haupt-Zollamt.	zubereitetes Fleisch.
119	—	—	**Singen,** Haupt-Steueramt.	desgl.
120	—	—	**Lahr,** Haupt-Steueramt.	desgl.
121	—	—	**Freiburg,** Haupt-Steueramt.	desgl.
122	—	—	**Baden,** Haupt-Steueramt.	desgl.
123	—	—	**Karlsruhe,** Haupt-Steueramt.	desgl.
124	—	—	**Heidelberg,** Haupt-Steueramt.	desgl.

VI. Hessen.

125	—	—	**Darmstadt,** Haupt-Steueramt.	zubereitetes Fleisch.
126	—	—	**Mainz,** Haupt-Steueramt.	desgl.
127	—	—	**Offenbach,** Haupt-Steueramt.	desgl.

VII. Mecklenburg-Schwerin.

128	**Warnemünde,** Neben-Zollamt I.	—	**Warnemünde,** Neben-Zollamt I.	—
129	—	—	**Rostock,** Haupt-Zollamt.	—

VIII. Oldenburg.

130	**Brake,** Haupt-Zollamt.	—	**Brake,** Haupt-Zollamt.	—
131	—	—	**Oldenburg,** Haupt-Steueramt.	—

Lfde. Nr.	Einlassstellen	beschränkt auf	Untersuchungsstellen	beschränkt auf
1.	2.	3.	4.	5.
	IX. Braunschweig.			
132	—	—	**Braunschweig**, Haupt-Steueramt.	—
	X. Gebiet des thüringischen Zoll- und Steuervereins.			
133	—	—	**Erfurt**, Haupt-Steueramt.	—
	XI. Anhalt.			
134	—	—	**Dessau**, Haupt-Steueramt.	—
	XII. Reuss ä. L.			
135	—	—	**Greiz**, Steueramt.	frisches Fleisch.
	XIII. Reuss j. L.			
136	—	—	**Gera**, Haupt-Steueramt.	—
	XIV. Lübeck.			
137	**Lübeck**, Haupt-Zollamt.	—	**Lübeck**, Haupt-Zollamt.	—
	XV. Bremen.			
138	**Bremen**, Haupt-Zollamt.	—	**Bremen**, Haupt-Zollamt.	—
139	**Bremerhaven**, Haupt-Zollamt.	—	**Bremerhaven**, Haupt-Zollamt.	—
	XVI. Hamburg.			
	Haupt-Zollämter:		Haupt-Zollämter:	
140	Erikus,	—	Erikus,	—
141	St. Annen,	—	St. Annen,	—
142	Jonas,	—	Jonas,	—
143	Meyerstrasse,	—	Meyerstrasse,	—
144	Kehrwieder,	—	Kehrwieder,	—
145	Entenwärder.	—	Entenwerder.	—

Lfdc. Nr.	Einlassstellen	beschränkt auf	Untersuchungsstellen	beschränkt auf
1.	2.	3.	4.	5.
	XVII. Elsass-Lothringen.			
146	**Basel**, Neben-Zollamt I.	—	**Basel**, Neben-Zollamt I.	—
147	**Altmünsterol**, Neben-Zollamt I.	—	**Altmünsterol**, Neben-Zollamt I.	—
148	**Deutsch-Avricourt**, Neben-Zollamt I.	—	**Deutsch-Avricourt**, Neben-Zollamt I.	—
149	**Novéant**, Neben-Zollamt I.	—	**Novéant**, Neben-Zollamt I.	—
150	**Fentsch**, Neben-Zollamt I.	—	**Fentsch**, Neben-Zollamt I.	—
151	—	—	**Altkirch**, Haupt-Zollamt.	—
152	—	—	**Metz**, Haupt-Zollamt.	—
153	—	—	**Diedenhofen**, Haupt-Zollamt.	—
154	—	—	**Mülhausen**, Haupt-Steueramt.	—
155	—	—	**Strassburg**, Haupt-Steueramt.	—

Nachtrag.

Bekanntmachung,

betreffend die Gebührenordnung für die Untersuchung des in das Zollinland eingehenden Fleisches.

Vom 12. Juli 1902.

(Centralbl. f. d. Deutsche Reich, S. 238.)

Auf Grund der Bestimmung im § 22 Nr. 3 des Gesetzes, betreffend die Schlachtvieh- und Fleischbeschau, vom 3. Juni 1900 (R.-G.-Bl. S. 547) hat der Bundesrath nachstehende Gebührenordnung beschlossen.

Gebührenordnung für die Untersuchung des in das Zollinland eingehenden Fleisches.

§ 1. Für die auf Grund des Gesetzes, betreffend die Schlachtvieh- und Fleischbeschau, vom 3. Juni 1900 (R.-G.-Bl. S. 547) stattfindende Untersuchung des in das Zollinland eingehenden Fleisches sind von dem Besitzer des Fleisches Gebühren nach Massgabe der nachstehenden Bestimmungen zu entrichten. Diese Gebühren umfassen insbesondere auch die Vergütungen für die Entnahme und Versendung von Proben, für Benachrichtigungen, Eintragungen in die Beschaubücher, Ausstellung von Befundscheinen, Kennzeichnung des Fleisches und etwa nothwendige Reisen der Sachverständigen.

§ 2. Die Gebühren betragen, abgesehen von den in den §§ 4 bis 6 für besondere Untersuchungen festgesetzten Gebühren,

A. bei frischem Fleische:

1.	für ein Stück Rindvieh (ausschliesslich der Kälber) oder ein Rennthier	2,50 Mk.,
2.	für ein Kalb	0,75 „
3.	für ein Schwein oder Wildschwein	0,75 „
4.	für ein Schaf oder eine Ziege	0,60 „
5.	für ein Pferd oder ein anderes Thier des Einhufergeschlechts (Esel, Maulthier, Maulesel)	3,00 „ ;

B. bei zubereitetem Fleische (ausgenommen Fett):

6.	von Därmen für jedes Kilogramm	0,01 Mk.,
7.	von Speck für jedes Kilogramm	0,02 „
8.	von sonstigem zubereiteten Fleische für jedes Kilogramm	0,025 „

Jedoch sind von Därmen mindestens 0,40 Mk., von sonstigem zubereiteten Fleische mindestens 0,50 Mk. für jede Sendung zu erheben.

Bei nicht gleichartigen Sendungen (§ 12 Abs. 3 der Ausführungsbestimmungen D) oder wenn im Falle der Beanstandung einer Stichprobe die Untersuchung in Bezug auf den Beanstandungsgrund an der ganzen gleichartigen Sendung ausgeführt wird (§ 12 Abs. 4 ebenda) sind die unter B Nr. 6 bis 8 festgesetzten Gebühren in doppelter Höhe zu entrichten.

Pfennigbeträge bei der Endsumme sind auf eine durch 5 theilbare Zahl nach oben abzurunden.

§ 3. Erfolgt die Herrichtung des Fleisches für die Beschau (Herausnahme der Eingeweide, Loslösen der Liesen, Zerlegung der Schweine in Hälften, Aufhängen oder Auflegen der Fleischtheile im Untersuchungsraume) nicht durch den Empfangsberechtigten oder eine von ihm zur Verfügung gestellte Hülfskraft, so wird für diese Arbeiten noch ein Zuschlag von 20 Prozent zu den nach Massgabe des § 2 festgesetzten Untersuchungsgebühren erhoben. Pfennigbeträge bei der Endsumme sind auf eine durch 5 theilbare Zahl nach oben abzurunden.

§ 4. Die Gebühren für die Untersuchung auf Trichinen betragen:

1. für ein ganzes Schwein oder Wildschwein . . . 1,00 Mk.,
2. für ein einzelnes Stück Fleisch, ausgenommen Speck (z. B. Schinken, Stück Pökelfleisch und dergleichen) 0,50 „
3. für ein Stück Speck . . . . 0,35 „

Für die Hülfeleistung der Trichinenschauer bei der Finnenschau sind besondere Gebühren nicht zu erheben.

§ 5. Unbeschadet der nach Massgabe des § 6 zur Erhebung gelangenden Gebühren betragen die Gebühren für die chemische Untersuchung von zubereitetem Fleische, ausgenommen Fett, 0,02 Mk., für die chemische Untersuchung von zubereitetem Fette, einschliesslich der Vorprüfung, 0,01 Mk. für jedes Kilogramm einer gleichartigen Sendung (§ 12 Abs. 3 der Ausführungsbestimmungen D). Jedoch beträgt die Mindestgebühr bei der chemischen Untersuchung von Fleisch 1 Mk., bei der von Fetten 0,40 Mk. für jedes Packstück der Sendung. Bei nicht gleichartigen Sendungen, oder wenn im Falle der Beanstandung einer Stichprobe die Untersuchung in Bezug auf den Beanstandungsgrund an der ganzen gleichartigen Sendung vorgenommen wird (§ 12 Abs. 4 der Ausführungsbestimmungen D), sind die doppelten Gebühren zu entrichten.

Pfennigbeträge bei der Endsumme sind auf eine durch 5 theilbare Zahl nach oben abzurunden.

§ 6. Für die chemische Untersuchung von zubereitetem Fleische auf das Vorhandensein von Pferdefleisch (§ 14 Abs. 3 unter a der Ausführungsbestimmungen D) wird, wenn der Verdacht durch die Untersuchung bestätigt wird, eine Gebühr von 0,15 Mk. für jedes Kilogramm der Sendung erhoben. Für die Untersuchung von Schinken in Sendungen unter 10 Stück, von Speck und von Därmen, desgleichen von frischem Fleische auf die Anwesenheit der im § 5 Nr. 3 der Ausführungsbestimmungen D genannten Stoffe (§ 14 Abs. 3 unter b, § 13 Abs. 2 der Ausführungsbestimmungen D) ist unter der gleichen Bedingung eine Gebühr von 0,05 Mk. für jedes Kilogramm der Sendung zu entrichten.

Die Mindestgebühr bei der Untersuchung auf das Vorhandensein von Pferdefleisch beträgt 15 Mk., diejenige bei der Untersuchung auf die Anwesenheit der verbotenen Stoffe 2,50 Mk. für eine Sendung.

§ 7. Insoweit die Untersuchungsgebühren nach dem Gewichte der Waare zu berechnen sind, ist das Nettogewicht zu Grunde zu legen. Behufs Ermittelung dieses Gewichts ist, soweit nicht eine Nettoverwiegung eintritt, nach den für die zollamtliche Ermittelung des Nettogewichts vorgeschriebenen Bestimmungen zu verfahren. Das Bruttogewicht kann zu diesem Zwecke aus der Deklaration entnommen werden, sofern die Angaben als zuverlässig und ausreichend anzusehen sind.

Insoweit das zollamtlich ermittelte Gewicht zur Zeit der Gebührenberechnung bereits bekannt ist, kann es der letzteren zu Grunde gelegt werden.

§ 8. Falls die Sendung auf Grund der Beanstandung einer Stichprobe freiwillig zurückgezogen wird (§ 12 Abs. 6 der Ausführungsbestimmungen D), sind die im § 2 unter B Nr. 6 bis 8 und die im § 4 festgesetzten Gebühren nur von demjenigen Theile der Sendung zu erheben, an welchem die betreffenden Untersuchungen zur Zeit der Zurückziehung bereits ausgeführt sind. Insoweit nur Stichproben-Untersuchungen stattgefunden haben, ist von der für die Gesammtsendung nach § 2 unter B Nr. 6 bis 8 zu berechnenden Gebührensumme derjenige Theilbetrag zu erheben, welcher dem Verhältnisse der Zahl der untersuchten Stichproben zu der Gesammtzahl der entnommenen Stichproben entspricht.

Im gleichen Falle sind die im § 5 festgesetzten Gebühren nur zur Hälfte zu erheben, wenn zur Zeit der Zurückziehung nicht mehr als die Hälfte der zum Zwecke der chemischen Untersuchung des Fleisches oder zur Hauptprüfung des Fettes entnommenen Proben untersucht ist. Die einzelnen Proben gelten schon dann als untersucht, wenn auch nur eine der in der Anweisung für die chemische Untersuchung von Fleisch und Fetten beschriebenen Prüfungen ausgeführt ist. Ist bereits mehr als die Hälfte der Proben untersucht, so sind die vollen Gebühren von der ganzen Sendung zu erheben.

§ 9. Die Bemessung und Festsetzung der im Falle des § 30 Abs. 1 der Ausführungsbestimmungen D dem Beschwerdeführer zur Last fallenden Kosten einer unbegründeten Beschwerde erfolgt nach Massgabe der hierüber ergehenden Anordnungen der Landesregierungen.

§ 10. Die Behörde kann die Einzahlung eines angemessenen von ihr zu bestimmenden Vorschusses vor Beginn der Untersuchung verlangen. Wenn in den Fällen des § 6 der Verdacht als unbegründet sich erweist, oder die Sendung freiwillig zurückgezogen wird (§ 8), sind die entsprechenden Beträge zurückzuzahlen.

Sachregister.

GPSR Compliance

The European Union's (EU) General Product Safety Regulation (GPSR) is a set of rules that requires consumer products to be safe and our obligations to ensure this.

If you have any concerns about our products, you can contact us on ProductSafety@springernature.com

In case Publisher is established outside the EU, the EU authorized representative is:

Springer Nature Customer Service Center GmbH
Europaplatz 3
69115 Heidelberg, Germany

Batch number: 10844627

Printed by Printforce, the Netherlands